# OS 12 MANDAMENTOS DA GESTÃO DE CUSTOS

George S. Guerra Leone
Rodrigo José Guerra Leone

Os 12 Mandamentos da Gestão de Custos

ISBN — 978-85-225-0614-9

Copyright © George S. Guerra Leone e Rodrigo José Guerra Leone

Direitos desta edição reservados à
EDITORA FGV
Rua Jornalista Orlando Dantas, 37
22231-010 — Rio de Janeiro, RJ — Brasil
Tels.: 0800-021-7777 — 21-3799-4427
Fax: 21-3799-4430
e-mail: editora@fgv.br — pedidoseditora@fgv.br
web site: www.editora.fgv.br

Impresso no Brasil / Printed in Brazil

Todos os direitos reservados. A reprodução não autorizada desta publicação, no todo ou em parte, constitui violação do copyright (Lei nº 9.610/98).

Os conceitos emitidos neste livro são de inteira responsabilidade dos autores.

1ª edição — 2007, 1ª reimpressão — 2013

PREPARAÇÃO DE ORIGINAIS: Ana Paula Dantas

EDITORAÇÃO ELETRÔNICA: FA Editoração

REVISÃO DE ORIGINAIS: Aleidis de Beltran e Fatima Caroni

CAPA: Studio Creamcrackers

Ficha catalográfica elaborada pela
Biblioteca Mario Henrique Simonsen/FGV

Leone, George Sebastião Guerra, 1929-
   Os 12 mandamentos da gestão de custos / George S. Guerra Leone, Rodrigo José Guerra Leone. Rio de Janeiro : Editora FGV, 2007.
   256p. (Coleção FGV negócios)

   Inclui bibliografia.

   1. Contabilidade de custo. 2. Contabilidade gerencial. 3. Logística empresarial. I. Leone, Rodrigo José Guerra. II. Fundação Getulio Vargas. III. Título. IV. Série.

CDD — 657.42

Sumário

Prefácio	9
Apresentação	11
1º Mandamento — Entenda perfeitamente os conceitos	15
Contabilidade de custos e gestão de custos	15
A gestão estratégica de custos	16
O que dizem os grandes mestres	17
Explicando alguns conceitos básicos: uma tentativa	17
E a contabilidade gerencial, o que será?	20
Fazendo novas incursões no campo da expressão "gestão de custos"	22
Mais uma pequena incursão ao campo da contabilidade gerencial	23
Reflexões relacionadas à gestão de custos	26
O "pulo do gato" e a procura por custos exatos	27
Familiarização com os critérios empregados pelos especialistas da informação e principalmente com a linguagem técnica usada por eles	28
A sintomatologia	30
2º Mandamento — Crie um dueto harmonioso	33
Esclarecimento necessário	33
Gerar e gerir: dois verbos de grafias parecidas, mas de conceitos completamente diferentes	35
As seguintes afirmações são novíssimas, algumas espantosas	37
Flexibilidade das informações	41
Desvios provocados por conduta inflexível	41
Algumas diferenças óbvias	42
A familiaridade, uma alameda de duas mãos	44
3º Mandamento — Acompanhe e controle a quebra dos paradigmas	47
Os paradigmas	47
Exemplos de paradigmas, acreditem ou não	48

O que aconteceu com a contabilidade de custos? 50
Os mitos e as realidades 51
Vejamos as realidades 51

4º MANDAMENTO — NÃO ESTIGMATIZE O RATEIO DE CUSTOS COMO UMA AÇÃO
       INEVITÁVEL 55
Tipos de alocação 56
Então, por que as alocações são feitas? 57
Definições e conceitos 58
O que dizem os especialistas 60
A alocação dos custos indiretos: um exemplo simples 62
A alocação e o custeio por absorção 63
O oposto ao critério do custeio por absorção 64
O que é reflexo? 64
Conclusões 65

5º MANDAMENTO — NÃO PERCA TEMPO PROCURANDO O CUSTO EXATO. É UMA UTOPIA 67
Conceituação indispensável para a definição dos termos 68
Os argumentos apresentados por Arisxerxes 69
Pegando o bonde andando 76
Nota importante 78

6º MANDAMENTO — UTILIZE AS EQUIVALÊNCIAS COMO FERRAMENTAS PARA A
       DETERMINAÇÃO DOS CUSTOS 81
Cuidados e definições para ajustar o cenário 81
Alguns exemplos simples 82
Outros casos onde surge a necessidade das equivalências 85
Opiniões e ressalvas quanto ao uso das equivalências 88
Por que fazer o rateio dos custos comuns? 88
As equivalências no custeamento da produção contínua 89
As equivalências em outros procedimentos 91
Conclusões 92

7º MANDAMENTO — DESFAÇA AS CONTROVÉRSIAS DE ALGUNS CUSTOS ESPECIAIS 95
Campo de aplicação do capítulo 95
Objetivo do capítulo 95
Metodologia 96
Análise diferencial: custos especiais, custos diferenciais e relevantes 102
Custos evitáveis 104
Custo de capital 105
Custo imputado 107

Custos afundados 109
Decisões de curto prazo e de longo prazo 110
Custo de oportunidade 113
Custo da capacidade 117

8º Mandamento — Fique atento aos sinais e aos sintomas 131
O problema 131
O que fazer? 132
Quando os administradores suspeitam de algo no sistema de custos? 133
Reflexões baseadas numa simples comparação 134
Alguns casos reais à guisa de exemplos 134
Algumas definições e alguns conceitos que podem nos ajudar 137
Sinais e sintomas 138
Uma pretensa teoria de balizamentos 140
Exemplos de balizamentos 142
Conclusões 143

9º Mandamento — Determine e controle os custos de distribuição.
 Administre a logística 145
Algumas noções preliminares sobre logística 145
Os custos de distribuição 146
Acrescentando mais alguns conceitos e definições sobre logística 151
A logística é uma atividade bem antiga 153
A administração da logística: alguns exemplos marcantes da expansão 154
O grande gargalo 157
Avaliação e controle 158
Redução de custos e integração de funções 161

10º Mandamento — Conheça e utilize os métodos quantitativos 165
Procurando "simplificar" a "complicação" 168
A teoria comportamental dos custos 169
Considerações em torno de relatórios gerenciais sobre o comportamento
da margem bruta e de outros aspectos operacionais 170
Retornando aos métodos quantitativos usados na aplicação das
equivalências 171
O impacto da informática na contabilidade de custos 171
Análise de investimentos 173
As técnicas estatísticas 173
Problemas de custos resolvidos por métodos quantitativos 174
Por último, as "medições gerenciais" 176

11º Mandamento — Encare a redução de custos como uma atividade permanente   183
   Ajustando o conceito   185
   A organização para a redução de custos   186
   Passamos a descrever um exemplo simples   191
   Voltando a fazer outras reflexões   192
   Onde colocar este caso?   193
   Os melhores locais   193
   Sobre indicadores e medições   194
   E os gastos da administração superior?   197
   Qualidade é algo difícil de conceituar e de definir   198
   Casos e dicas   198
   Conclusões   207

12º Mandamento — Fique atento ao custo Brasil   211
   O que dizem por aí   212
   Custos da segurança industrial   213
   Custos da segurança particular   214
   Custos das estradas esburacadas   216
   Custos da burocracia privada   217
   Custos da burocracia estatal   218
   Custos da carga tributária e de outros encargos obrigatórios   221
   Custos da saúde   223
   Custos da tecnologia   224
   Custos da falta de bom senso   226
   Custos dos feriados   227
   Custos do "fantasma" da inflação   228
   Custos da corrupção   229
   Custos da lentidão da Justiça   230
   Custos da má vontade política   230
   Custos da poluição   231

Índice remissivo   235

Prefácio

Fui brindado com o convite dos professores George e Rodrigo Leone para escrever o prefácio deste seu novo livro. Acho que o professor George se esqueceu de que suas obras dispensam apresentação. O que mais me chamou a atenção é que esta obra é completamente diferente dos livros acadêmicos convencionais, abordando aspectos de gestão de custos de forma muito criativa, com uma poderosa mensagem subliminar: é preciso refletir sobre determinadas questões do mundo dos custos. Os autores utilizam uma abordagem crítica, com opiniões seguras na caracterização dos "mandamentos", porém buscando referências em obras clássicas. O livro traz interessantes contribuições na dimensão cultural e técnica da gestão de custos, insistindo na reflexão sobre as questões colocadas — sejam elas consideradas polêmicas, sejam aparentemente aceitas sem discussão.

    O primeiro mandamento orienta que é preciso entender perfeitamente os conceitos amplamente utilizados na área de custos. Neste contexto são discutidos diversos conceitos, tais como contabilidade de custos, gestão de custos, contabilidade gerencial e gestão estratégica. O segundo mandamento trata do dueto harmonioso que deve ser executado pelo contador de custos — responsável pela geração das informações de custos — e o administrador, usuário dessas informações no processo de tomada de decisões. O terceiro mandamento fala sobre quebra de paradigmas, ou de modelos mentais difíceis de mudar e que condicionam a ação humana. O quarto mandamento trata do rateio de custos fixos, discutindo a inevitabilidade e a obrigatoriedade das alocações de custos em diferentes objetos. O quinto lembra que o custo exato não existe, ou seja, a mensuração é sempre um processo de aproximação daquilo que se poderia considerar o exato valor. O sexto fala sobre equivalências como instrumentos para a determinação de custos. O sétimo procura elucidar controvérsias sobre alguns custos especiais, tais como custos imputados, custos afundados e custos de oportunidade. O oitavo aborda os sinais e os sintomas que um sistema de custos apresenta quando não está funcionando de forma adequada. O nono traz à tona a discussão sobre custos de distribuição e logística, o que é extremamente relevante no contexto atual das empresas. O décimo mandamento aborda a importância do conhecimento de métodos quantitativos. O décimo primeiro mostra que a redução de custos é uma tarefa permanente.

Finalmente, o décimo segundo mandamento trata de um dos mais importantes temas da realidade brasileira, ou seja, o custo Brasil.

Parabenizo os autores pela construção desta obra e recomendo fortemente sua leitura. Além de agradável, é uma grande contribuição para todos os que, de forma direta ou indireta, estão envolvidos com a área de custos.

Reinaldo Guerreiro
Vice-diretor da Faculdade de Economia,
Administração e Contabilidade da USP

Apresentação

Provavelmente, e por incrível que pareça, um dos momentos mais difíceis na preparação de um livro é a hora derradeira de escolher o título, muito embora seja uma ação que nos gratifica. É o instante do acabamento. O título deve dar a idéia clara do conteúdo da obra. Ao mesmo tempo, deve ser atraente, para que o leitor pare, pegue e leia de modo dinâmico as primeiras páginas do livro. Não é muito fácil juntar num título essas duas qualidades. Ele não deve ser muito grande, pois, com certeza, vai perder o impacto e, conseqüentemente, muitos leitores. Podemos acrescentar como subtítulo uma seleção dos assuntos mais sugestivos da obra. Por exemplo: "Gerar e gerir os custos: o indispensável dueto", "A sintomatologia", "A redução de custos" e "O custo Brasil".

Após essa explicação quanto à dificuldade de dar ao livro o título certo, é hora de apresentarmos um breve comentário sobre a façanha ou a aventura de escrever um livro.

Os conhecimentos sobre um assunto vão se acumulando como as camadas de um bolo, até que os "confeiteiros" devem colocá-lo no balcão, para atrair não só os "consumidores" distraídos como também os obstinados. Com base nessa metáfora, podemos voltar e afirmar que o título do livro é a cobertura do bolo.

Tivemos o cuidado de escolher apenas 12 camadas. Se, por um descuido próprio de confeiteiros jubilosos, tivéssemos colocado mais algumas camadas, mesmo que fossem deliciosas, o resultado poderia se transformar num daqueles gigantescos "bolos de casamento" sem gosto, de que os convidados provam um pedacinho, somente em respeito aos noivos e suas famílias.

No início de 2006, proferimos uma palestra em Macapá, promovida pelo CRC-AP, com o título "Dez aspectos da contabilidade de custos e da gestão dos custos pouco divulgados". Não resta dúvida de que o título era atraente. A palestra foi um composto de 10 temas que, no nosso entendimento, são significativos para compreendermos melhor o que acontece, na prática, com a contabilidade e a gestão.

Dissertamos sobre as dificuldades existentes na tarefa de determinar e controlar os custos e, mais, a certeza de que:

- os custos exatos não existem, sendo resultado das ações e decisões tomadas pelos administradores;

- a contabilidade está no meio de dois verbos — gerar e gerir —, sendo imprescindível a harmonia do dueto;
- os médicos têm à sua disposição uma série bem clara de sinais de alerta para definir algumas das enfermidades, mas os contadores e administradores ainda não dispõem dessas medições, muito embora já tenham inovado nesse tema na última década;
- muitas das medições devem ser tratadas por métodos quantitativos;
- a absorção dos custos indiretos, principalmente os fixos, é evitável;
- nossa tarefa especial é ajudar os administradores a trabalhar na redução dos custos;
- que a determinação dos custos deve se apoiar bastante nas equivalências existentes nas operações;
- nós, contabilistas e administradores, devemos estar alertas aos supostos novos paradigmas.

Com base nos temas da palestra, aceleramos, com vontade, a preparação deste livro, pois ele trata de temas semelhantes e muitas vezes repetidos, porém com mais profundidade e extensão.

Devemos explicar, até para nós mesmos, o motivo que nos obrigou, no desenvolvimento do texto, capítulo a capítulo, e até mesmo dentro de cada capítulo, a fazer o uso de algumas repetições.

Há muitos anos — não nos lembramos, infelizmente, da origem — aprendemos a expressão "devemos comer o boi aos bifes". Se quisermos, como uma enorme sucuri, comer o boi de uma vez só, teremos uma dolorosa indigestão, podendo, mesmo, terminar numa UTI. Assim, explicamos sempre aos nossos estudantes, ansiosos por saber assuntos que serão apresentados mais tarde, que fiquem calmos, pois o "boi inteiro", o conjunto *contabilidade de custos e gestão de custos*, será deglutido bife por bife, de forma fácil e saborosa.

Confessamos que os capítulos não constituem o "boi inteiro", nem mesmo uma boa parte dele. Ficam faltando, ainda, partes importantes, como as medições (o que os estudiosos denominam "métricas"), a questão do controle da produtividade, os diversos relatórios gerenciais, as medições quantitativas dos ativos intangíveis, como o intelectual e o relacional, a competição entre a qualidade e os respectivos custos, as medições e a conseqüente administração das agressões ao meio ambiente, os mais diversos tipos de custos que, por falta de espaço, foram tratados quando apresentamos o conjunto "maldito" chamado custo Brasil, a possível e a desejável administração de uma harmonização doméstica e internacional dos termos, procedimentos e critérios da gestão de custos e tantos outros temas.

De qualquer modo, como as diversas partes do grande pedaço do boi que analisamos (ou comemos) neste livro são interdependentes, fomos obrigados, muitas vezes, a nos repetir. Isto foi inevitável. As repetições (não se assustem, porque não são muitas) oferecem um entendimento mais sólido de cada idéia e de cada reflexão que, no fundo, são entrelaçadas.

Essa explicação nos tira uma grande preocupação. Esperamos que os nossos prováveis leitores se sintam mais confortáveis.

Acrescentamos os seguintes temas: uma análise de custos especiais, procurando desmanchar controvérsias entre economistas e contadores; os custos de distribuição e a novata atividade da logística; o uso dos métodos quantitativos, de aplicação prática cada vez mais simples, por causa do progresso da informática; e, finalmente, um tema que sempre nos preocupou — o custo Brasil, que consiste em um conjunto de situações que geram custos altíssimos, os quais, muitas vezes, não são definidos, caracterizados, avaliados, controlados e administrados. São custos que influenciam bastante a economia das empresas e do país, exigindo a atenção do dueto contabilista/administrador.

Esperamos que as nossas considerações, comentários, análises e simples descobertas sejam um efetivo auxílio para nossos contabilistas, bem como para os administradores de empresas e instituições públicas e privadas.

Sinceramente, nossa preocupação foi passar adiante os conhecimentos que acumulamos ao longo de nossa experiência, estudos e conversas produtivas com outros colegas e interessados. Infelizmente, não esgotamos todo o tema. Mas é bom saber que ainda teremos — não só nós mesmos, mas outros estudiosos brasileiros — boas oportunidades para preparar outros tantos livros.

Pôr no papel o resultado de nossas reflexões sobre os conhecimentos que vamos acumulando pela vida é uma empreitada especialmente gratificante, apesar de muito trabalhosa. Sistematizar nossas experiências para apresentá-las do modo o mais inteligível e agradável possível traz uma satisfação incomparável.

Não podemos deixar de agradecer, como sempre, o auxílio, direto e indireto, que recebemos de nossos companheiros e parceiros, dos executivos com os quais trabalhamos e aprendemos muito, de nossos alunos e de todos os autores de livros e artigos, sempre citados com clareza, que nos ensinaram tanta coisa e dos quais retiramos muitas das idéias e reflexões que estão expostas neste livro. Todos são coadjuvantes.

Agradecemos a todos os amigos e parentes, sobretudo aos filhos, o apoio decidido, até mesmo aceitando os momentos em que nos afastávamos de seu convívio para nos dedicar à tarefa de escrever. E essa turma vem aumentando, com os netos.

Não podemos deixar de agradecer à Editora FGV — de grande prestígio entre os estudiosos de administração, finanças e economia — pela decisão de aceitar o nosso trabalho. Ninguém pode imaginar nossa alegria. Nossa satisfação se deve, também, ao fato de que dois de nossos livros, editados em 1971 pela FGV, chegaram a 14 edições e muitas tiragens ao longo de 30 anos.

Caso os leitores estejam dispostos a consultar os resumos de nossos currículos, vão tomar conhecimento de nossas relações profissionais com a Fundação Getulio Vargas desde 1953. Hoje, ainda estamos colaborando em suas novas atividades de ensino a distância. De certa forma, dedicamos este nosso trabalho à FGV, principalmente aos seus muitos executivos e funcionários, que, através do tempo, sempre nos trataram com muito carinho e amizade, principalmente nos ajudando em nossa trajetória profissional.

Nossos agradecimentos ao autor do prefácio, professor Reinaldo Guerreiro. Essa espécie de chancela, por parte de um estudioso de grande prestígio como o professor Reinaldo, nos deixa tranqüilos e, mais ainda, aos nossos prováveis leitores.

Desejamos, ainda e finalmente, agradecer as críticas, sugestões e indicações de enganos ou de falta de clareza que possam ser enviadas para nós. Desse modo, poderemos aperfeiçoar nosso trabalho.

* * *

Dedicamos este livro à nossa família e a todos aqueles que, sem interesse, cientes ou não, nos ajudaram durante nossa vida profissional: amigos, colegas, chefes, subordinados, professores, alunos e empresas onde trabalhamos.

Eu, Rodrigo, gostaria de reforçar a dedicatória a meus pais — professores e pesquisadores do mais alto nível, referências entre seus colegas, orgulho de seus alunos, exemplos de dedicação, caráter, postura e sucesso, estímulo para um filho que sempre os teve como imagem clara de "o que eu quero ser quando crescer".

1º Mandamento

Entenda perfeitamente os conceitos

Contabilidade de custos e gestão de custos

Antes de tudo, pedimos licença aos leitores para iniciar a nossa exposição com duas afirmações especiais, que são o alicerce deste capítulo:

- a expressão "contabilidade estratégica de custos" não significa nada para nós. Mesmo porque, jamais vimos essa "contabilidade" na prática, e muito menos na ficção científica;
- no entanto, a expressão "gestão estratégica de custos" tem um significado claro e define uma função muito importante.

Vale esclarecer nosso pensamento a respeito dessas duas afirmações. "Nosso", porque é baseado em idéias próprias, decorrentes do que aprendemos e sistematizamos. Os custos não nascem "estratégicos". Mais ainda, podemos dizer que os custos são como os bebês: só ganham identificação depois que seus pais decidem dar-lhes nomes.

A contabilidade de custos é, ninguém nega, uma atividade que produz informações de custos para alguém que tem, por função, a gestão dessas informações. Como resultado, temos a gestão de custos, que pode ser operacional, decisória, estratégica, analítica, controladora ou tantos outros qualificativos, dependendo das necessidades de quem solicitou a preparação das informações.

Atualmente, percebe-se o uso inadequado do termo contabilidade estratégica de custos. Vamos esclarecer esse engano com a ajuda de estudiosos.

Segundo Hansen e Mowen (2001), professores da Oklahoma State University, "nos últimos 20 anos, mudanças no ambiente de negócios têm afetado profundamente a contabilidade de custos e a gestão de custos". Essa afirmação é a primeira frase do livro *Gestão de custos — contabilidade e controle*. A obra foi editada nos Estados Unidos em 2000, portanto a edição brasileira está bastante atualizada.

Concordamos totalmente com a afirmação daqueles dois professores americanos. É exatamente o que pensamos. Contabilidade e gestão são duas atividades diferentes, não se confundem, embora sejam funções que trabalham em completa harmonia.

Infelizmente, muitos estudiosos e praticantes da contabilidade não acompanham com firmeza o que os dois professores americanos afirmaram. Temos a sensação que alguns estudiosos nunca viveram na prática, principalmente em uma empresa industrial, os problemas contábeis e gerenciais de custos.

Porém, não podemos negar que os estudiosos de custos, cujos trabalhos teóricos conhecemos e usamos em nossas aulas e como apoio a nossos próprios estudos, apresentam um saber acadêmico irrefutável sobre a contabilidade de custos e a gestão de custos.

Costumamos consultar tais estudos para tirar dúvidas que normalmente nos afligem pois, com toda certeza, não somos os donos da verdade e estamos em permanente aprendizado.

De qualquer modo, devemos, como profissionais de custos, pesquisadores e professores, tecer comentários sobre os estudos, principalmente quando não estão de acordo com nosso pensamento. Tal atitude faz parte da discussão, profissional ou acadêmica.

Assim, prossigamos na análise dos conceitos de contabilidade e de gestão de custos.

A gestão estratégica de custos

Essa atividade de nome tão atraente faz parte da gestão de custos que estamos tentando conceituar como diferente da contabilidade de custos, apesar de terem o mesmo objeto de trabalho: os custos dos objetos. Notem que a palavra "objetos" tem, nesse texto, um significado muito específico. No decorrer deste livro vamos sempre nos referir a eles.

Em primeiro lugar, a contabilidade de custos prepara informações de custos para os diversos níveis gerenciais, que chamamos de "departamentos" como um substantivo coletivo. Ela tem capacidade para produzir informações sob medida, dependendo das necessidades de cada "departamento". Ou, melhor dizendo, de cada "objeto" e de seus custos.

A gerência de custos (ou gestão de custos) usa as informações provenientes da contabilidade, tanto para atender a uma gestão estratégica — normalmente de uma operação de longo prazo — ou para atender a uma necessidade operacional de curto prazo. As informações de custos podem ser preparadas exclusivamente para atender às necessidades de planejamento e tomada de decisões estratégicas. Todavia, insistimos nessa tecla: quem usa e abusa das informações de custos é o gestor de custos. Se o gestor de custos deseja administrar os custos da cadeia de valor, estendida ou não, se deseja conhecer os custos que se relacionam a alternativas de investimentos de longo prazo ou se quer gerenciar as informações de custos relevantes ou não, irreversíveis ou não, de custos imputados e de custos de oportunidade, para tomar decisões que afetarão o longo prazo, cabe a ele escolher os caminhos.

O que dizem os grandes mestres

A obra do professor Charles T. Horngren (1965) é padrão de referência internacional. Tivemos a oportunidade de, nos Estados Unidos, entre 1966 e 1968, cursar o MBA, na USC. Ali, adotamos o livro do professor Horngren, na sua primeira edição, de 1965. Ele foi um dos primeiros estudiosos norte-americanos a apresentar a contabilidade de custos com um enfoque gerencial, adicionando ao livro o seguinte subtítulo: "Custos diferentes para finalidades diferentes". Apreciamos muito, não só o "enfoque", como o subtítulo. O livro e o subtítulo têm nos acompanhado em nossas profissões. No Brasil, o livro já está em sua 9ª edição e conta com a colaboração de mais três professores universitários americanos. Sugerimos consultarem Leone (1968) onde apresentamos nossos comentários sobre o livro básico de Charles Horngren. Não poderíamos deixar de incluir neste livro alguns pontos de vista do eminente professor e de seus colaboradores.

Horngren e colaboradores (2000:2) afirmam que a contabilidade de custos moderna tem os gestores como clientes da contabilidade, enfatizando que "a tarefa principal dos gestores é o gerenciamento dos custos" e que "usamos o gerenciamento de custos para descrever as ações que os gerentes tomam com o intuito de satisfazer os clientes enquanto continuamente reduzem e controlam os custos".

Muitos estudiosos se atrapalham com os seus próprios conceitos, quando tentam comparar as funções exclusivas da contabilidade financeira, da contabilidade de custos, da contabilidade gerencial e da gestão de custos. Aliás, a bem da verdade, são expressões ainda não totalmente entendidas por muita gente. Temos o receio natural de que também possamos estar atrapalhados. Tomara que não. Vamos tentar esclarecer esses termos.

Explicando alguns conceitos básicos: uma tentativa

Alguns estudiosos farão o papel do nosso "contraditório". Se não houvesse a discordância, o que seria do progresso de qualquer saber? Deve haver sempre o "contraditório". Até mesmo Horngren e colaboradores (2000:2) não definem com clareza o que sejam a contabilidade gerencial, a contabilidade financeira e a contabilidade de custos. Vejamos:

> A contabilidade gerencial mensura e relata informações financeiras bem como outros tipos de informações que ajudam os gerentes a atingir as metas da organização. A contabilidade financeira se concentra nos demonstrativos dirigidos ao público

externo que são guiados pelos princípios contábeis geralmente aceitos. A contabilidade de custos mensura e relata informações financeiras e não-financeiras relacionadas à aquisição e ao consumo de recursos pela organização. Ela fornece informação tanto para a contabilidade gerencial quanto para a contabilidade financeira.

É claro que os autores estão pressionados pela concisão natural, característica inevitável de afirmações introdutórias. Eles não têm espaço para oferecer maiores explicações. Nesse sentido, vejamos o que dizem Hansen e Mowen (2000:28):

> A contabilidade financeira é dedicada a fornecer informações para usuários externos, incluindo investidores, agências governamentais e bancos. Esses usuários externos acham as informações úteis nas tomadas de decisão para comprar ou vender ações, comprar obrigações, emitir empréstimos e para observar os atos regulatórios e para outras tomadas de decisões financeiras. Como as necessidades de informação desse grupo de usuários externos são diversas e, já que as informações precisam ser altamente confiáveis, o sistema de contabilidade financeira é projetado de acordo com regras e formatos contábeis claramente definidos, ou princípios contábeis geralmente aceitos (PCGA).

Devemos acrescentar: não são somente essas "regras e formatos contábeis claramente definidos" que existem em nosso país. Por aqui, as imposições legais são muitas e até mesmo excessivas, segundo alguns estudiosos. Alguns até acham que essas imposições são muitas vezes antagônicas. Pois essas "regras" têm diversos significados.

A Lei das Sociedades por Ações, de dezembro de 1976, anota algumas imposições. O Conselho Federal de Contabilidade (CFC) edita os princípios fundamentais de contabilidade (PFCs) e as normas brasileiras de contabilidade (NBCs), a Comissão de Valores Mobiliários (CVM) edita postulados, princípios e convenções que são quase idênticos aos PFCs do CFC. A Receita Federal emite normas, a Susep emite normas, o INSS emite normas, o Banco Central emite normas, o Tesouro emite normas, o Ibracon apresenta as NICs (normas internacionais de contabilidade).

Por que esse emaranhado de regras? Há uma razão que prepondera. Cada uma dessas "entidades" as propõe porque tem suas próprias e exclusivas finalidades.

Na verdade, porém, a contabilidade, dita financeira, deve seguir essas normas, quase sempre. É um serviço que deveria estar sob a responsabilidade de Hércules, tal a complexidade de atender a cada um dos órgãos citados. Esse poderia ser seu 13º trabalho.

Felizmente, Hansen e Mowen conceituam a contabilidade financeira corretamente, embora de forma incompleta. Porém, devemos nos vestir com o manto visível do "bom senso". É claro que eles (assim como aconteceu com Horngren e seus colegas) apresentaram esse conceito em capítulo introdutório. Mais adiante, eles constroem os conceitos mais condizentes com as muitas realidades.

Iniciamos nosso primeiro livro (Leone, 1971) quando cursávamos o mestrado nos Estados Unidos, sofrendo forte influência dos ensinamentos de Horngren. Tínhamos nos desligado da General Electric, depois de 10 anos. Na GE, o aprendizado era voltado inteiramente para uma contabilidade gerencial. Essas orientações estão retratadas no próprio título do livro: *Custos — um enfoque administrativo*. Preferimos não utilizar "gerencial" para qualificar melhor o termo "enfoque", porque era nossa intenção inserir o livro como literatura técnica destinada a uma escola de administração pública. O termo "gerencial" soava, e ainda soa, aos nossos ouvidos, como exclusivamente relacionado à gestão empresarial.

Hansen e Mowen (2000:28) sugerem caminhar praticamente na mesma direção:

> A *gestão de custos* produz informações para usuários internos. Especificamente, a gestão de custos identifica, coleta, mensura, classifica e relata informações que são úteis aos gestores para o custeio (determinar quanto algo custa), planejamento, controle e tomada de decisão.

O que os autores conceituam como "gestão de custos" é apenas a nossa conhecida contabilidade de custos e os gestores dessas informações são os usuários das informações, provenientes dos contadores de custos. Não achamos correto dar aos contadores de custos uma função que é dos gerentes dos muitos componentes organizacionais, operacionais ou administrativos.

A seguir, podemos apresentar o entendimento, ou o conceito, da atuação de contadores e gestores em relação ao objeto "custos". Cada gerente (ou gestor) é responsável pela requisição de recursos e pelo uso mais eficiente desses recursos caros e até mesmo raros nas suas operações. Portanto, é o gerente quem faz a administração dos custos, que são, nada mais nada menos, do que o valor dos recursos consumidos. E quem é que controla o consumo dos recursos? O próprio gerente do componente organizacional. Além disso, os custos são reflexos de ações e decisões tomadas pela gerência dos diversos setores. Planejamento, controle e tomada de decisões são ações exclusivas dela.

Alguém pode perfeitamente argüir: a idéia, até coerente, que os autores americanos querem passar é o fato de que

> a coleta, registro, mensuração, organização, análise e interpretação dos custos são tarefas exclusivas do contador de custos que está dentro do próprio setor operacional e que as tarefas de gerir essas informações são da alçada de um "dueto" formado pelo contador de custos e o gerente do setor operacional.

Se essa é a idéia, estamos de acordo. Já trabalhamos em uma fantástica empresa industrial, já citada, cuja administração superior praticava esse entendimento. Fomos contadores de custos exclusivos, mas não simultaneamente, de dois departamentos que fabricavam produtos diferentes. Com isso, era comum fazermos parte da equipe da gerência dos custos. O contato cotidiano com as operações — engenheiros, mestres, operários e processos (o que chamamos de "chão-de-fábrica") — nos tornou especialistas em problemas de planejamento e controle dos custos daqueles dois setores. Daí podermos auxiliar os responsáveis pelos setores a tomarem decisões não só operacionais como estratégicas de longo prazo, embora estas fossem normalmente tomadas pelos níveis gerenciais superiores. Naquelas ocasiões, era bastante comum os gerentes trabalharem em conjunto com os contadores, formando um "dueto" harmonioso.

Quando as entidades trabalham com a orientação acima, a contabilidade de custos produz informações costumeiras de custos para planejamento, controle e decisões estratégicas. Porém, isso não quer dizer que a contabilidade de custos é estratégica. Ela continua a ser a nossa velha conhecida, com capacidade, conhecimento e habilidade para produzir informações do tipo que os administradores desejam; não é preciso mudar de nome. Vale lembrar que o contador de custos é um membro importante no quadro dos profissionais das empresas, que têm apenas duas atividades-fim: a fabricação de produtos ou a realização de serviços e a atividade comercial. O resto faz parte das atividades-meio, sem as quais as atividades-fim não poderão cumprir seus objetivos: produzir e vender. O contador de custos é um ente especial, pois está sempre com um pé nas atividades-fim e o outro nas atividades-meio.

E a contabilidade gerencial, o que será?

Estamos voltando ao tema porque a discussão é muito útil para os nossos propósitos. A contabilidade gerencial é, apenas, uma idéia ou uma atitude. Ela não existe na realidade. É simplesmente um modo de tratar as várias informações contábeis, administrativas, financeiras, econômicas, orçamentárias, ambientais, sociais e o que mais houver. Jamais vimos em alguma empresa uma sala em cuja porta estivesse indicado "contador gerencial". O que mais se aproxima hoje, nos organogramas e fisicamente, é a função denominada "controladoria". Essa inovação surgiu nos Estados Unidos, por volta dos primeiros anos da década de 1960. Temos muitas considerações a fazer sobre o tema "controladoria". A propósito, já ministramos disciplinas intituladas controladoria, contabilidade gerencial, contabilidade de custos, contabilidade financeira e até a "perturbadora e enigmática" disciplina intitulada contabilidade decisorial estratégica.

Tais observações nos fazem lembrar de um programa de mestrado em administração cuja diretoria estava sendo substituída. A nova diretoria foi composta por professores mais jovens, que estavam chegando com mestrados e doutorados realizados fora do Brasil. Para atender às comissões do governo federal, que coordenavam e controlavam as atividades do ensino superior, os novos diretores resolveram modernizar a grade curricular. Em lugar de manter os mesmos nomes, "rebatizaram" as antigas disciplinas com títulos pomposos de difícil entendimento, mas que soavam muito bem aos ouvidos de pessoas chegadas a movimentos de modernidade. Os professores do quadro não souberam nem sequer montar as ementas, tal a dificuldade em saber o significado do título. Um colega, responsável há vários anos pela disciplina orçamento empresarial, preferiu abandonar o programa, pois, com a mudança de nome, ele não saberia mais o que mostrar aos mestrandos. Não é ficção, é realidade.

Em relação à contabilidade gerencial, Hansen e Mowen (2000:28), nosso principal "contraditório", mostram o seguinte conceito: "a contabilidade gerencial se preocupa especificamente com a forma como informações sobre custos e outras informações financeiras e não-financeiras devem ser usadas para o planejamento, controle e tomada de decisão".

Os professores citados tratam a contabilidade gerencial apenas como uma atitude diante dos trabalhos de preparação de informações gerenciais. O conceito verdadeiro de contabilidade gerencial se aproxima bastante do conceito de gestão dos custos, pois ela, mesmo continuando como contabilidade de custos, faz o elo "escancarado" entre o usuário das informações (os gestores dos custos) e os contadores de custos (que produzem as informações). O contador de custos e o gestor devem compor naturalmente o dueto que faz a administração dos custos.

Os custos são a medida do consumo de recursos necessários para que o gerente do setor possa se desobrigar de suas responsabilidades e para que possa alcançar os objetivos traçados. Se o gerente solicita os recursos e os consome, somente ele terá a responsabilidade de administrá-los e, portanto, controlar os custos decorrentes. Se o gerente tem a autoridade para fazer planos, executá-los e controlá-los, somente ele terá a obrigação de administrar os respectivos custos. Se o gerente tem o poder de tomar decisões, somente ele terá a incumbência de controlar os custos dessas decisões.

Normalmente, o gerente, em todas essas ocasiões, solicita o auxílio do contador de custos, que está capacitado a ajudá-lo, uma vez que tem habilidade técnica específica acerca do comportamento dos custos. Assim surge a figura, já definida, do "dueto" harmonioso formado pelo contador — *fornecedor* das informações — e pelo administrador — *cliente*, que usa as informações para gerenciar com mais eficiência as operações que dirige.

Tais explicações apresentam claramente as duas funções que trabalham em parceria as informações de custos nas entidades: a contabilidade de custos e a gestão dos custos.

Fazendo novas incursões no campo da expressão "gestão de custos"

No início deste capítulo, enfatizamos que a "contabilidade estratégica de custos" não existe, porém a "gestão estratégica de custos" é uma realidade.

Hansen e Mowen (2000), apesar de serem nosso contraditório, adotam em diversos capítulos posições que estão em sintonia com as nossas opiniões. Há capítulos inteiros dedicados à gestão estratégica de custos e à gestão de custos ambientais. Nessas passagens, percebemos que Hansen e Mowen (2000:423) se esquecem da contabilidade de custos e se dedicam especialmente à gestão dos custos: "A *gestão estratégica de custos* é o uso de dados de custos para desenvolver e identificar estratégias superiores que produzirão uma vantagem competitiva sustentável".

Essa afirmação confirma a nossa percepção. Nas entrelinhas está a idéia de que "os dados de custos" foram fornecidos por um outro setor (uma contabilidade de custos, separada, um órgão independente) ou, mesmo, segundo o nosso ponto de vista, por uma contabilidade de custos departamentalizada, parte integrante do setor usuário dos dados de custos.

Vamos analisar melhor a situação. Suponhamos uma contabilidade de custos sob a responsabilidade de uma contabilidade gerencial, de uma controladoria, ou de um órgão superior ligado às tarefas usualmente denominadas "administração financeira". Nesse caso, a missão da contabilidade de custos é um enorme desafio. Pois, de acordo com Hansen e Mowen, o contador de custos deverá ser capaz de fornecer informações, especialmente organizadas, para atender à "liderança dos custos no mercado", aos custos "da cadeia de valor", aos custos "do ciclo de vida dos produtos", à tarefa de "redução de custos", à "manufatura *just-in-time*" que inclui a "manufatura celular".

A grande dificuldade que se apresenta são o tamanho e a complexidade da tarefa reservada a uma contabilidade de custos única e centralizada e, até mesmo, uma contabilidade de custos, embora única, separada por unidades de custos em cada um dos setores operacionais, preocupados com o planejamento, o controle e as decisões estratégicas.

Por um lado, será uma enorme estrutura administrativa. Caberá a um controlador, ou a um gerente-geral ou a um contador gerencial, todos de alto coturno.

Na verdade, é preocupante o fato de os dados de custos estarem definidos basicamente como informações para serem usadas em decisões estratégicas.

Seguramente, uma decisão estratégica envolve os órgãos superiores, tendo como característica principal ser uma decisão que afetará a empresa ou um setor, por um prazo bem longo. Além de tudo, é uma decisão geralmente irreversível por causa dos enormes custos necessários para uma reversão, ou mesmo uma desistência ou um cancelamento. É bem diferente de uma decisão operacional que pode ser perfeitamente tomada pelos setores com a ajuda de dados especiais, fornecidos por uma contabilidade de custos de tamanho condizente com a importância da decisão.

Outro capítulo sugestivo do livro de Hansen e Mowen é o que trata da gestão de custos ambientais, um problema caído de pára-quedas nas mãos do contador de custos. Embora seja uma preocupação nova, os estudos já estão bem adiantados em todo o mundo, notadamente no Brasil, visto sua área natural imensa, precisando ser cuidadosamente administrada e vigiada, e sua numerosa população, crescente e com exigências que certamente afetarão o meio ambiente.

Uma das características básicas da gestão dos custos ambientais é a sua independência em relação à "ditadura do mercado". Os custos até agora estudados são influenciados pela competição. Os administradores das empresas sempre se preocuparam em ter custos competitivos. Temos a sensação de que os custos ambientais, não somente pela dificuldade de mensuração, mas pelo controle unilateral com que são feitos, são informações cujos montantes são administrados; e também são incontroláveis, pois são, muitas vezes, resultado de desastres ambientais inesperados. São de natureza diferente dos custos de produção e de realização de serviços. Estes, apesar de estudados há dezenas de anos, ainda preocupam os administradores e os empresários. Logicamente, uma preocupação diferente.

Trata-se de outra face da contabilidade de custos, diferente da que estamos acostumados a trabalhar. Neste livro, temos um capítulo dedicado aos custos complexos, invisíveis em alguns casos, controvertidos, incontroláveis, preocupantes, que formam o coletivo "custo Brasil", em que discutimos a presença dos custos da poluição, muito difíceis de mensurar, e portanto de administrar. Esse capítulo trata do tema de modo abrangente, envolvendo um objeto ainda em processo de sistematização e trazendo complexidade diante de sua face forte e polêmica entre as nações e dentro de cada nação. Os sistemas de custos, ali ensaiados, precisam, ainda, de muito estudo e de muitas reflexões.

Mais uma pequena incursão ao campo da contabilidade gerencial

Entre os estudos de uma excelente literatura técnica em nosso país, tanto de autores estrangeiros, sobretudo norte-americanos, quanto de autores brasileiros, escolhemos outro "contraditório", a recente obra de Atkinson e co-autores (2000). A 1ª edição data de 1995 nos Estados Unidos. Os autores são Atkinson, PhD em administração industrial; Banker, doutor em administração de empresas; Young, aparentemente tem um doutorado em contabilidade; e Kaplan, "o patrão", como dizem os acadêmicos franceses, formado em engenharia elétrica e doutor em pesquisa operacional.

Fizemos essa apresentação dos autores por um motivo muito claro: a obra deles é uma relevante evolução. Podemos considerá-la uma obra "revolucionária" no campo da contabilidade, pois aumentou, embora não fosse esse o propósito, o objeto de atuação dos contadores, reconduzindo-os para aquela imagem de atuantes e imprescindíveis profissionais na administração das entidades.

Percebam que, entre os autores, apenas um, o professor Young, parece ter um doutorado em contabilidade. Todos os demais não são contadores. Da mesma forma que um dos livros brasileiros mais didáticos sobre contabilidade, editado pela Atlas, com o sugestivo título *Contabilidade para administradores*, cujo autor, professor Hélio de Paula Leite, tampouco é contador. Outra curiosidade em relação a esse livro acontece no prefácio, quando o autor diz aproximadamente o seguinte: "Eu tinha pela contabilidade um solene preconceito (...) Não vemos nenhuma criança dizer aos pais que desejam ser contadores, quando crescerem".

Qual é a idéia central de uma contabilidade gerencial?

Não há dúvida quanto à difusão do termo "gerencial" atrelado ao termo "contabilidade". Até a metade do século XX, a contabilidade operava normalmente para atender ao público externo. A contabilidade de custos seguia a reboque da contabilidade, tentando escapulir da idéia central, em algumas ocasiões forçada a atender exclusivamente os gerentes operacionais internos que, cada vez mais, precisavam das informações contábeis para gerir os seus custos e para tomar decisões importantes.

Todavia, a situação não tinha esse caráter, muito antes do desenvolvimento comercial e industrial e a conseqüente necessidade dos países em acompanhar e controlar o desenvolvimento econômico. A contabilidade gerencial, simples e objetivamente, teve sempre sua utilidade voltada para a administração interna das atividades.

O texto a seguir foi incluído para ampliar, completar e esclarecer alguns pontos deste capítulo. Traz observações, análises de nós mesmos e de outros autores que estudamos e fomos arquivando em nossa memória, sem fazer os registros completos. Esse adendo está apoiado na palestra que proferimos no Congresso Brasileiro de Custos, realizado em 2004, em Porto Seguro, Bahia, com o apoio, entre outras, da Fundação Visconde de Cairu, Salvador, Bahia.

É fato que todos nós, ao longo da nossa vida de estudiosos, vamos acumulando conhecimentos de muitos mestres de nossa área e áreas conexas, sem a preocupação de guardar as coordenadas completas das manifestações desses mestres. Ficamos muito tristes com esse fato, pois gostaríamos de citá-los. Estudamos administração e contabilidade desde 1953. Matematicamente, foram leituras e estudos durante 18 anos, cujos conhecimentos ficaram simplesmente guardados em nossa mente.

É nosso dever esclarecer mais uma vez que paira sempre uma dúvida entre os leigos e alguns contadores a respeito da palavra "contabilidade", principalmente quando vem acompanhada da expressão "de custos". Vejamos: o termo "contabilidade" deve ser, por nós todos, bem conceituado, caso contrário vai estabelecer, como tem acontecido, uma belíssima confusão, sobretudo para quem não estudou contabilidade, com certa profundidade e extensão. O termo "contabilidade", em alguns cenários, atrapalha o entendimento. Quando se fala em contabilidade, muitas pessoas pensam imediatamente que se fala da escrituração. Do emprego do débito e do crédito para registrar as operações. Essas pessoas esticam essa idéia para a contabilidade de custos e pensam que o contador de custos somente faz lançamentos contábeis. No entanto, o termo "contabilidade" encerra um significado muito mais amplo, contém a idéia de inventário, de contagem, de medir um patrimônio ou uma riqueza e de prestação de contas. Com frequência, ouvimos pessoas dizendo que estão "contabilizando" seus haveres, que estão levantando a contabilidade de suas vidas. Na Pré-história, por exemplo, os homens faziam a sua contabilidade registrando a quantidade de seus bens ao lado da pintura representativa desses bens. Fazer contabilidade também traz a idéia de registros a débito e a crédito, em diários geral e especiais, em razões e razonetes, como mandam as normas e as leis. A essa contabilidade especial muita gente dá o nome de contabilidade financeira. Não apreciamos muito esse "apelido" porque utiliza o termo "financeira" de maneira curiosa, como se as práticas contábeis somente se referissem a atos que envolvem qualquer coisa de finanças, sobretudo porque lembra "dinheiro". E essa contabilidade não pode se desvencilhar dessa idéia, uma vez que, embora registrando atos e fatos econômicos, é obrigada a valorá-los em moeda. Poderíamos denominá-la contabilidade legal, que trouxe para si a importante atribuição de produzir informações, tanto para os gerentes internos, quanto, e principalmente, para o público externo que se interessa pelo desempenho e pela perspectiva da entidade.

Não haveria, pelo menos até onde chega a nossa visão, meios de produzir essas informações, ditas "financeiras", senão utilizando unidades monetárias, o que é a melhor forma, alcançada pelo homem, para, de maneira matemática, homogeneizar, padronizar e uniformizar tantos atos e fatos administrativos e operacionais diferentes. Apenas para lembrarmos, existem hoje relatórios, demonstrações e balanços que apresentam atos e fatos patrimoniais, principalmente para o público externo, que empregam outros tipos de medições, diferentes das medições monetárias, mesmo que não sejam oriundas de uma contabilização de "débito e crédito". Esses relatórios não se preocupam em mostrar uma igualdade entre ativos e passivos, eles são trabalhados pela contabilidade ambiental e pela contabilidade social. De qualquer modo, não podemos também esquecer que muitos pesquisadores estão trabalhando com muita seriedade para definir e preparar demonstrações contábeis que mostrem os atos e fatos econômicos relacionados às atividades de responsabilidade ambiental e social. Tais responsabilidades são denominadas gestão ambiental e gestão social. O termo "gestão" tem a mesma interpretação que quando ligado às expressões "gestão de custos", "gestão financeira" e qualquer outra atividade de gerência e administração. Ou seja, a palavra "gestão" representa o conjunto de administradores que recebe informações, monetárias ou não, de qualquer setor contábil, necessárias para que esse conjunto cujas atividades são de planejamento, controle e tomada de decisões, possa realizar de modo satisfatório suas responsabilidades.

Diante disso, podemos fazer uma incursão a uma suposta "contabilidade gerencial".

A contabilidade gerencial é, portanto, apenas um jeito de fornecer informações exclusivamente para os gerentes das entidades com a finalidade de ajudá-los a dirigirem os seus negócios. Dentro dessa contabilidade gerencial, incluímos a contabilidade de custos, aqui com uma idéia bem mais correta, pois a contabilidade gerencial utiliza, também, dados físicos (não-monetários). Atualmente, percebemos uma nova configuração, em que os dados físicos vão se juntando aos monetários para produzir melhores informações gerenciais.

Em resumo, a idéia que pensamos estar presente na ação de distinguir contabilidade de custos e gestão de custos se baseia exatamente no fato de que a "gestão" administra os custos com base nas informações que são provenientes da contabilidade de custos, onde, mesmo não se fazendo a escrituração, realiza-se todo o trabalho de planejamento, acumulação, aplicação de critérios, análise, interpretação dos dados e a preparação de relatórios destinados especialmente aos gestores dos custos de cada uma das atividades da entidade.

Diante dessas considerações, podemos sentir que é possível fazer a distinção entre gestão de custos e contabilidade de custos. De qualquer modo, vamos continuar nessa caminhada de reflexões, tentando chegar a uma certeza maior.

Reflexões relacionadas à gestão de custos

Tentaremos identificar alguns critérios básicos e algumas ações que dizem respeito exclusivamente ao modo com que os administradores devem "gerir" as informações de custos recebidas da contabilidade de custos.

Os custos são reflexos de ações "disparadas" pelos administradores

As ações, decisões, metas e procedimentos resultantes das funções exercidas pelos administradores causam os custos (e, por que não dizer, as despesas). A contabilidade de custos não cria os custos e as despesas. Este fato só acontece quando o contador controla os custos e as despesas de seu próprio departamento. Uma das idéias fundamentais do pensamento de Robert N. Anthony, apresentada, com serenidade e sem alardes, desde a década de 1960, relacionada à constatação de que os custos e as despesas são reflexos das atividades restritas, exercidas pelos administradores de cada unidade organizacional, está retratada, de forma permanente, em seus trabalhos.

Podemos perceber, se olharmos com mais atenção, que a maior parte dos estudiosos envolvidos com os custos deixa escapar essa visão. Um exemplo disso é o termo "departamentalização", bastante usado por professores e autores de contabilidade de custos, que é a idéia de quem controla os custos e as despesas departamentais, os responsáveis por essas unidades organizacionais, quando tomam decisões. A bem da verdade, o termo "departamentalização" é empregado como o resultado do trabalho do contador de custos. Nada mais equivocado. Em primeiro lugar, a "departamentalização" não se refere apenas às unidades organizacionais que possuem formalmente esse nome; significa repartir o processo administrativo em partes que podem ser divisões, departamentos, setores, seções, unidades, processos, atividade, produtos e serviços. Cada uma dessas partes está associada a alguém habilitado a desempenhar as funções inerentes. Está claro que, para se desincumbirem de suas responsabilidades, deverão utilizar recursos. Todos nós sabemos que os recursos usados são representados, de forma automática, pelos respectivos custos ou despesas. É nesse ponto que se define o papel do contador de custos. Ele possui tecnologia suficiente e sofisticada para fazer o acompanhamento, a distribuição, a apropriação, a avaliação, a análise e o relato dos custos e despesas.

Acreditamos que os custos e as despesas são reflexos das ações e decisões dos responsáveis pelos "departamentos", inclusive, para não deixar algum ponto obscuro, as decisões tomadas em níveis mais altos na hierarquia, como as diretorias e a presidência das entidades, tratando-as como se "departamentos" fossem. Poderíamos denominar tais "departamentos" como verdadeiros "centros de custos".

Com tais idéias bastante claras, podemos com facilidade entender um dos pilares do famoso custeamento baseado em atividades: "as atividades consomem recursos e os produtos consomem atividades".

Deve ficar claro ainda que os custos (e as despesas) envolvidos e mais relevantes se referem aos custos (e as despesas) indiretos, tanto variáveis como fixos. E mais, para completar o "arrazoado" aqui exposto, lembramos que os custos (e despesas) representam, em unidades monetárias, os recursos disponíveis que foram consumidos, mas que não puderam, de modo menos dispendioso, ser identificados aos respectivos usuários.

O "pulo do gato" e a procura por custos exatos

O professor estava no início de um curso de custos para um grupo de executivos. Lá pelas tantas, durante o intervalo, o representante da turma veio falar com o professor, informando que o grupo esperava que ele lhes ensinasse o "pulo do gato" da contabilidade de custos. O professor pediu um tempo para pensar e prometeu que, quando retornassem à sala de aula, tentaria dar uma resposta apropriada. Foi o que fez. Disse para a turma que o "pulo do gato", muito embora todos desejassem conhecê-lo, ainda não tinha sido alcançado. Não existe o famoso "pulo do gato" em custos. Ou seja, não existe um sistema de custos capaz de resolver todos os problemas das entidades, principalmente nessa área. Todas as manifestações recentes como a teoria das restrições; o sistema das unidades do esforço de produção; o ABC; o Gecon; o custo por absorção e o custo direto; o custo-meta; os relatórios gerenciais, principalmente o *balanced scorecard*; a gestão estratégica de custos; a administração por objetivos; o orçamento base-zero; e tantos outros, embora tenham dado uma grande contribuição, ainda não descobriram o "pulo do gato".

Para amenizar a insatisfação do grupo, o professor contou que o "pulo do gato" poderia estar sendo formado com a ajuda de "pulinhos do gato", que seriam todas as manifestações já citadas, e também com a ajuda dos modelos da matemática e da estatística e principalmente pelo concurso da tecnologia da informação com base na computação eletrônica.

Como conseqüência da inexistência do famoso "pulo-do-gato", não conseguimos, ainda, determinar os custos exatos de produtos e serviços, para citar apenas esses dois objetos.

Em muitas ocasiões, os professores e estudiosos fazem dissertações sobre essa terrível falha, apresentando muitos dos fatores existentes, causadores de obstáculos intransponíveis, na busca dessa ambrosia que somente os deuses do Olimpo tiveram a oportunidade de provar. Nós, simples mortais, ainda estamos longe de determinar os custos exatos.

Segundo Silva (1966:82),

> é-se obrigado a utilizar números que não podem inspirar confiança absoluta. Trabalha-se em parte com dados aproximados e meras estimativas. Os cálculos vêm sempre mais ou menos eivados de subjetivismo. Os preços de custo aparecem maiores ou menores consoante o critério pessoal de quem os apura e, por isso mesmo, não podem considerar-se absolutamente fidedignos. Por outras palavras: os custos de produção rigorosamente "exactos" não passam de uma utopia.

Daquele ano até hoje muitos avanços foram realizados por muitos estudiosos, mas, em virtude de várias condições e cenários, não conseguimos, ainda, determinar custos exatos.

É muito importante que os gestores dos custos das diversas áreas sob suas responsabilidades tenham consciência de que os custos exatos não existem, muito embora todos nós estejamos estudando e pesquisando modelos e instrumentos capazes de torná-los visíveis e passíveis de controle. A trabalheira deve ser dividida entre os especialistas das informações, os contadores de custos; e os usuários das informações, os administradores.

Um dos capítulos deste livro está inteiramente dedicado aos problemas da procura de custos exatos.

Familiarização com os critérios empregados pelos especialistas da informação e principalmente com a linguagem técnica usada por eles

Os contadores de custos devem se familiarizar com as operações, seus problemas, o fluxo dos recursos que consomem e com os termos técnicos empregados pelo pessoal operacional. Não estamos nos referindo apenas à produção. Quando falamos em operações, estamos nos referindo a todas as atividades realizadas pelas entidades, tanto na área administrativa, quanto nas áreas financeiras e comerciais.

Ressaltamos também que os usuários das informações de custos para melhor gerenciá-los, devem, da mesma forma, se familiarizar com os procedimentos, práticas, técnicas e com os termos específicos usados pelos contadores de custos.

Um dos "mandamentos" que deve ser observado por esse conjunto — fornecedor e cliente — ensina que os contadores de custos devem preparar informações dentro de formato e com critérios e termos técnicos que o usuário entenda perfeitamente. Caso contrário, os usuários terão dificuldade em gerenciar os seus custos e controlar o consumo dos recursos que necessitam para cumprir seus objetivos e metas.

Objetos e objetivos são termos que devem ser adequadamente aplicados no trabalho de familiarização dos procedimentos.

Os objetos dos custos são todos os setores que consomem recursos de fácil identificação e recursos gerais, indiretamente, de várias procedências cuja identificação é de difícil determinação.

Entender os objetos do custeio é de suma importância para a inteligência e o uso dos relatórios gerenciais de custos por parte de quem vai gerir os recursos com base nas informações de custos, sobretudo quando acontece a necessidade da apropriação dos custos (e despesas) gerais, resultantes do consumo de recursos que também são consumidos por vários setores, sem que haja um procedimento, com rigor matemático, que identifique o que cada setor consumiu.

O professor Olívio Koliver utiliza o que denominou "o princípio da causação" para explicar o problema fundamental em análise de custos chamados, em geral, de "apropriação de custos diretos e indiretos". Em resumo, quem deve receber os custos são aqueles que os causaram pelo consumo dos recursos. Para auxiliar os leitores, cumpre apresentar mais coordenadas de Olívio Koliver. Ele foi professor durante muitos anos da Faculdade de Economia da UFRS. É o mais produtivo articulista de ensaios apresentados pela *Revista de Contabilidade*, do Conselho Regional de Contabilidade do Estado do Rio Grande do Sul, que já alcançou o centésimo número. Nos 99 números anteriores, constam estudos do citado professor. Ele deixou de publicar um ensaio de sua autoria em apenas um dos números. Certa feita, perguntamos a ele qual foi o motivo que o forçou a não apresentar um único ensaio em 100 números da revista. Ele não soube o motivo. Os ensaios do professor Koliver merecem ser consultados, pois contêm preciosos ensinamentos.

Voltando ao nosso "chão", podemos afirmar que, para os contadores de custos, tudo gira em torno da definição dos objetos de custeio.

O usuário deve saber distinguir entre os objetos e os objetivos do custeio. A contabilidade de custos tem os seus objetivos, que se confundem com os objetivos dos seus usuários. Todos nós sabemos que os objetivos, da contabilidade de custos e dos seus usuários são a determinação da rentabilidade, o controle dos custos e das operações, o planejamento e a tomada de decisões tanto estratégicas de longo prazo, quanto operacionais de curto prazo.

Podemos identificar algumas informações básicas geradas pela contabilidade de custos, cujos conceitos devem estar perfeitamente claros, sem o que os usuários não poderão, de forma eficiente e eficaz, gerir os custos dos setores que administram. São os seguintes: relevância, diretibilidade e variabilidade dos custos.

A sintomatologia

O capítulo 8 deste livro apresenta uma faceta especial da administração dos custos de uma entidade. É necessário que o "dueto" — contador/administrador — fique atento aos sintomas e sinais de que alguma disfunção esteja acontecendo tanto nas informações de custos, quanto nas operações propriamente ditas. Nas organizações, é possível detectar um problema com base em um sinal ou em um sintoma. Por exemplo, uma queda nas vendas pode levar o administrador a pensar que o mal está nos custos que não estão sendo determinados com maior precisão.

Vamos resumir o que está no capítulo 8.

O "dueto" deve estar ciente de que:

- existem mudanças inexplicáveis nos custos;
- a empresa está perdendo seguidamente concorrências e licitações;
- os concorrentes têm melhores preços;
- acontecem grandes desvios em relação às estimações e aos padrões;
- não há um acompanhamento contínuo das bases empregadas pelo critério do custo por absorção e de outros critérios;
- a empresa altera significativamente o seu processo de produção e o sistema de custos continua com os mesmos critérios;
- o sistema de custos é antigo e não houve nenhuma análise para corrigir certas práticas;
- não está utilizando modelos para acompanhar os custos da qualidade, da produtividade, das atividades que não acrescentam valor e outras preocupações atuais;
- os relatórios gerenciais não estão sendo periodicamente revisados junto aos gestores;
- a contabilidade de custos está demorando muito a prestar informações de custos gerenciais para atender necessidades não-recorrentes;
- não fazem nenhum esforço para identificar custos ocultos nem com a intenção de administrá-los.

Talvez, este capítulo esteja longo demais e tenha repetições. Porém, a aplicação dessas orientações foi proposital. Afinal, este é o capítulo 1. Isso o torna diferente. Nele, tentamos, como o próprio mandamento indica, ajustar os conceitos básicos, segundo os nossos pensamentos. Há muitos anos estamos estudando, praticando e dando aulas de contabilidade de custos e de gestão dos custos, mas nunca tivemos tempo para analisar melhor essa divisão de funções.

Esperamos que este capítulo e todos os demais estejam articulados, inteligíveis e sirvam de base para uma discussão maior. Estamos prontos para receber com satisfação os comentários de nossos colegas e de qualquer um de nossos leitores.

Referências

ATKINSON, Anthony A. et al. *Contabilidade gerencial*. São Paulo: Atlas, 2000.

BASSETTO, José Luiz (Org.). *A alquimia de uma corporação*. São Paulo: Edições Inteligentes, 2004.

> *É uma obra especial. Trata de 12 depoimentos de ex-trainees do BTC/FMP da General Electric no Brasil, com suas experiências dentro da empresa.*

GUERREIRO, Reinaldo; FREZATTI, Fábio; CASADO, Tânia. Em busca de melhor entendimento da contabilidade gerencial através da integração de conceitos de psicologia, cultura organizacional e teoria institucional. *Revista Contabilidade & Finanças*, ano XVII, v. 3, p. 7-21, 2006.

HANSEN, Don R.; MOWEN, Maryanne M. *Gestão de custos* — contabilidade e controle. São Paulo: Pioneira, Thomson Learning, 2001.

HORNGREN, Charles T. *Accounting for management control*: an introduction. New Jersey: Prentice Hall, 1965.

_____ et al. *Contabilidade de custos*. Rio de Janeiro: LTC, 2000.

KOLIVER, Olívio. *Revista de Contabilidade do Conselho Regional de Contabilidade do Rio Grande do Sul*, n.100, 2000.

LACERDA, Joabe Barbosa. A contabilidade como ferramenta gerencial na gestão financeira das micro, pequenas e médias empresas (MPMEs): necessidade e aplicabilidade. *Revista Brasileira de Contabilidade*, ano 35, n. 160, p. 39-53, 2006.

LEITE, Hélio de Paula. *Contabilidade para administradores*. São Paulo: Atlas, 1991.

LEONE, George S. Guerra. Notas de livros. *Revista de Administração Pública*, n. 4, p. 259-261, 1968.

_____. *Custos*: um enfoque administrativo. Rio de Janeiro: FGV, 1971.

_____. *Custos*: um enfoque administrativo. 14. ed. Rio de Janeiro: FGV, 2000.

OLIVEIRA, Manoel Paula de. O contador e a modernidade tecnológica na produção de informações especializadas. *Revista Mineira de Contabilidade*, ano VII, n. 23, p. 6-15, 2006.

SILVA, F. V. Gonçalves da. *Contabilidade industrial*. 3. ed. Vila Nova de Famalicão: Centro Gráfico de Famalicão, 1966.

2º Mandamento

Crie um dueto harmonioso

Esclarecimento necessário

Neste capítulo, vamos revelar as funções de dois personagens apresentados no capítulo anterior. São eles que sustentam as funções contabilidade de custos e gestão de custos. Vamos defini-los, para fechar o círculo que envolve os verbos *gerar, informar* e *gerir*. Assim, pretendemos dar mais substância às observações apresentadas sobre esse dois personagens que constroem *o dueto: contador de custos e gerente*.

O que é **um** dueto?

Segundo o *Dicionário Aurélio*, um dueto é uma composição musical para duas vozes ou dois instrumentos. Neste livro, um dueto é um par de cantores de vozes diferentes ou um par de músicos com instrumentos diferentes. Um dueto implica a existência de harmonia. Se um dueto não for harmonioso, o som que emitirá fará mal aos ouvidos. A harmonia em um dueto de vozes ou de instrumentos é uma qualidade indispensável. A harmonia, ainda com o auxílio do *Dicionário Aurélio*, é uma disposição bem ordenada entre as partes de um todo e também uma consonância ou sucessão agradável de sons.

O que é **o** dueto?

O dueto a que nos referiremos é um par de pessoas: o *contador de custos* e o *administrador*, o *fornecedor de informações* e o *usuário dessas informações*. Resumindo, o *fornecedor* e seu *cliente*.

O dueto existe há séculos. Os dois indivíduos devem compor um conjunto harmonioso, caso contrário, a transação — objetivo final, tanto de um indivíduo quanto do outro — não se realizará.

Tomemos, por exemplo, o dueto formado por dois cantores sertanejos. São vozes diferentes que criam um som harmonioso, agradável aos ouvidos. Nenhum dos dois perde a sua característica ou a sua individualidade.

Esse fenômeno é, sem dificuldade, transposto para o dueto formado pelo contador de custos e o administrador, este o usuário principal das informações de custos. Um não trabalha sem o outro, mas nenhum perde as suas características. Os dois se encaixam perfeitamente, sem a necessidade de perder as suas formas. O contador de custos continua com a sua técnica e o administrador permanece com as suas responsabilidades. Se um deles desejar atropelar o outro, o conjunto deixa de ter harmonia.

Todo o trabalho, desde a identificação de uma necessidade até a produção da informação que vai suprir essa necessidade, passando pelo planejamento, pela organização, pelo controle e pela preparação dos relatos, é feito sem escapatória, pelo conjunto contador de custos/administrador.

O contraditório

O contraditório é um duelo entre duas pessoas; uma luta com armas iguais.

Dependendo do tipo de duelo, um dos dois morre ou os dois morrem. No final, tem-se sempre um vencedor e um perdedor, ou dois perdedores.

Partindo da premissa de que o conjunto formado pelo contador de custos e pelo administrador é *o dueto* e que *o duelo deve ser evitado*, a prática nos mostra uma situação contraditória, em que o duelo acontece muitas vezes e se mostra uma das principais razões para que os sistemas de custos não funcionem a contento das duas partes, sobretudo da parte do administrador.

Apresentaremos algumas técnicas, na intenção de contribuir para atenuar os duelos, já que sua total eliminação é difícil: alguns dos obstáculos continuam intransponíveis.

Apropriamos as idéias de *dueto* e de *duelo* de um trabalho divulgado pela professora Nilda Leone (1996), que trata, de forma muito criativa, do problema sucessório em empresas familiares.

Um exemplo frisante dessas funções diferentes que formam o dueto parece estar na consideração de Rose (1971:9) que, apesar de "antiga", ainda prevalece:

> Trata-se de um campo em que o administrador e o contador têm de trabalhar conjuntamente, de vez que grande parte das informações necessárias — se bem que nem todas — provêm dos livros de contas. Mas o superior deve ser sempre o administrador que tem de administrar a empresa, tarefa a que o contador não está obrigado (...) O contador e o industrial usam a contabilidade de modo muito diferente (e, comumente, espantam-se com isso) e é importante que haja discussões entre eles sobre os fatores que são significativos e sobre como deve ser preparada a contabilidade, a fim de ter o melhor valor prático. Mas a participação do contador no controle da empresa, por mais vital que seja, nunca pode ir além da metade do campo.

A afirmação tem mais de 34 anos e, apesar da idade, ainda é muito válida. Até mesmo para esclarecer a "embrulhada" que os novos estudiosos fazem com relação aos indivíduos que constituem o *dueto* dentro das entidades.

A idéia de Paula (1967:35), embora antiga também, nos ajuda a alicerçar a nossa idéia do indispensável *dueto*: "É claro que nenhum problema de custo será resolvido satisfatoriamente sem que haja a preocupação pelo jeito, gostos e aversões do provável usuário da informação".

Gerar e gerir: dois verbos de grafias parecidas, mas de conceitos completamente diferentes

É comum nos dias de hoje, em livros sobre contabilidade e administração, nos depararmos com expressões do tipo gestão de custos e administração de custos, sem que tenham sido definidas.

Vale lembrar o que escreveu, há mais de 30 anos, o eminente cientista Robert N. Anthony (Anthony e Hekimian, 1974:11):

> Há uma tendência generalizada em considerar o *controller* como a pessoa basicamente responsável pelo exercício da função de controle. Tal inferência, embora natural, em virtude da semelhança das palavras, é errônea. Em geral, o *controller* é responsável pelo planejamento e operação do sistema pelo qual a informação de controle é coletada e relatada, mas o uso dessa informação no controle efetivo é da responsabilidade da administração de linha.

Gostamos de destacar essa afirmação, porque ela se encaixa perfeitamente nas idéias de "gestão de custos" e de "contabilidade de custos", como veremos mais adiante.

Há anos estamos engajados nessa tarefa de não só estudar como também executar a contabilidade de custos. Lemos muito e procuramos colocar em prática o aprendido. Dessa forma, assimilamos a diferença entre "administrar e gerir" os custos e "trabalhar a contabilidade" dos custos.

Algumas idéias, no entanto, são recentes. Hansen e Mowen (2000) destacam, no prefácio de seu livro, que "nos últimos vinte anos, mudanças no ambiente de negócios têm afetado profundamente a contabilidade de custos e a gestão de custos". Sobre essa afirmação, entendemos que os autores erraram no tempo: as mudanças a que eles se referem se iniciaram a partir do final da II Guerra Mundial. Nessa época, os termos "gerar" e "gerir" passaram a ter mais espaço nos livros de administração.

Mais à frente, eles nos dizem que "o contador de custos está assumindo um papel com implicações mais amplas e uma definição menos estreita. É dessa forma que a contabilidade de custos está evoluindo para a gestão de custos".

Porém, em seguida, afirmam que:

> A gestão de custos engloba tanto o sistema de informações da contabilidade de custos quanto da contabilidade gerencial. A contabilidade de custos tenta satisfazer

os objetivos de custeio para a contabilidade gerencial e financeira (...) A gestão de custos identifica, coleta, mensura, classifica e relata informações que são úteis aos gestores para o custeio (determinar quanto algo custa), planejamento, controle e tomada de decisão.

Essa afirmação é complicada, pois, em conjunto com a afirmação anterior, parece sugerir que a gestão de custos caberá ao contador de custos. Assim, o seguinte questionamento é imediato: o que farão os gestores ou administradores?

Segundo nossa visão, os contadores de custos coletam e organizam os custos gerados pelo consumo de recursos, analisando-os e interpretando-os, provendo informações aos gerentes de linha para que estes, então, façam a gestão de seus custos. Os gerentes de linha geram os custos porque consomem recursos para cumprir os objetivos de seus departamentos. Com essa idéia, nos aproximamos bastante dos fundamentos do ABC, que refletem, com certa acurácia, o que acontece nas atividades.

Hansen e Mowen (2000:38) completam a confusão indicando que "o papel dos contadores gerenciais e de custos em uma organização é de apoio".

Notem que, quando os dois especialistas — os contadores gerenciais e os de custos — são separados, os leitores ficam atrapalhados, já que a contabilidade de custos deve ser parte integrante das responsabilidades da contabilidade gerencial.

Percebe-se, no entanto, que os autores citados desejaram enfatizar a presença do contador de custos, porque o contador gerencial, além de se responsabilizar pela preparação das informações de custos para os demais níveis gerenciais da empresa, também prepara informações sobre outros assuntos, como o controle orçamentário, análises financeiras e análise dos investimentos de longo prazo.

Continuando com as explicações de Hansen e Mowen (2000:38-39) sobre os contadores gerenciais e os contadores de custos: "Eles ajudam os indivíduos que são responsáveis por levar a cabo os objetivos básicos de uma empresa. Posições que têm uma responsabilidade direta pelos objetivos básicos de uma organização são chamadas de posições de linha". E enfatizam:

> Embora contadores gerenciais, tais como *controllers* e gestores da contabilidade de custos possam exercer considerável influência na organização, eles não têm autoridade sobre gestores nas áreas de produção (...) Os gestores nas posições de linha são aqueles que estabelecem políticas e tomam decisões que têm impacto na produção. No entanto, ao fornecer e interpretar informações contábeis, os contadores têm muito o que dizer no estabelecimento de políticas e nas tomadas de decisão (...) O contador gerencial e de custos é responsável por gerar informações financeiras necessárias pela empresa para relatórios internos e externos. Assim, esse indivíduo é responsável por coletar, processar e relatar informações que ajudarão os gerentes nas suas atividades de planejamento, controle e tomada de decisão.

Entendemos que ficaria muito mais claro se os autores afirmassem que "o contador gerencial e o contador de custos são responsáveis por gerar informações econômicas necessárias" (acreditamos que "informações financeiras" é ininteligível em algumas situações, porque é um termo restrito que alcança apenas atividades traduzidas em moeda).

Essas afirmações tornam mais claras as idéias de *gerar e gerir*.

Sobre esse tema, Hansen e Mowen (2000:40) apresentam um exemplo bastante simples, sobre o qual fizemos pequenas alterações para melhor sintonizá-lo.

A contabilidade de custos coleta, organiza, interpreta e relata os gastos de hospedagem de uma equipe de vendedores do departamento XYZ. Se esses gastos estiverem orçados, então o gestor do departamento tem um instrumento para exercer o controle desses gastos. Entretanto, se o contador de custos for esperto, mas sem se "meter" no trabalho do gestor departamental, poderá fazer uma pesquisa de campo e verificar que existem hotéis da mesma categoria naquela cidade específica, com diárias bem mais baratas. No caso de o contador de custos integrar o grupo de consultores responsáveis pelo estudo das melhores formas de redução de custos dos departamentos operacionais, o mesmo deverá informar os resultados da pesquisa. Caso contrário, guarda os resultados da pesquisa, revelando-os somente quando for solicitado ou quando for mais oportuno.

Mesmo quando solicitado a passar essas informações para o gerente do departamento XYZ, o contador de custos deixará que o gerente faça o gerenciamento desses gastos. Uma coisa é gerar as informações de custos, outra é gerir essas informações de custos. Gerenciamento significa que alguém deve estar fazendo o controle dos gastos e deve estar tomando decisões adequadas no sentido de reduzi-los.

Simplesmente porque é impossível para o contador de custos e sua equipe, por maior e mais bem organizada que seja, gerir (ou gerenciar) todas as funções, departamentos, processos e atividades de uma entidade. Em suma, não cabe ao contador de custos fazer a gestão dos custos ou o gerenciamento dos custos de um departamento operacional que não seja o seu próprio, onde é sua obrigação controlar o consumo dos recursos disponíveis, por ele planejados, requisitados, controlados e relatados para seu superior direto.

As seguintes afirmações são novíssimas, algumas espantosas

Segundo Atkinson e colaboradores (2000:23), "os administradores devem aprender que o desenho dos sistemas de contabilidade gerencial é muito importante para ser de responsabilidade única dos contadores gerenciais".

É uma afirmação bastante taxativa. E continuam:

Por muitos anos, dentro das empresas, os administradores foram intimidados pelos profissionais treinados e certificados em contabilidade gerencial. Esses administradores eram consumidores passivos da informação produzida pelo sistema contábil da empresa. Apesar de reconhecer que esse sistema fornecia, geralmente, informações atrasadas relatadas a um nível agregado, contaminadas de alocações arbitrárias e, freqüentemente, distorcidas, não havia remédio, pois era o único sistema contábil disponível. (...) Os gerentes expressam seus sentimentos em torno de seus sistemas contábeis descrevendo-os como "sistemas desenhados por contadores para contadores".

Em nossa opinião, os autores deveriam, para a completa informação de seus leitores, indicar de onde tiraram essa opinião sobre os administradores, ou se é apenas intuição.

Tal afirmação nos faz lembrar do caso singular de um *controller* de uma empresa industrial de grande porte, onde oferecemos consultoria, que afirmava, com toda a pompa e circunstância, com um revólver em cima de sua mesa de trabalho, que não enviava as informações contábeis para os diretores e gerentes de linha simplesmente porque "não iria dar, para controle, suas couves para as cabras".

Vale dizer que trabalhamos, durante 10 anos, em uma empresa industrial norte-americana, onde as informações contábeis eram destinadas exclusivamente ao pessoal das operações, separadas por níveis hierárquicos. Éramos, todos os contadores de custos, doutrinados dentro da filosofia de que nosso trabalho era indispensável para que os diretores e gerentes de linha recebessem informações de custos gerenciais que os auxiliassem em seu trabalho cotidiano de planejamento, controle e de tomada de decisões. Essa experiência única possibilitou-nos, 12 ex-executivos dessa empresa e eu, George Leone, a elaboração de um livro, cuja leitura sugerimos, intitulado *Alquimia de uma corporação — a magia de um treinamento*. Esses 12 executivos, ex-funcionários brasileiros da empresa norte-americana, foram treinados internamente pelo programa *business training course/financial management program*.

Segundo Atkinson e colaboradores (1997:67), o Institute of Management Accounting definiu, em 1981, a contabilidade gerencial como o processo de identificação, mensuração, acumulação, análise, preparação, interpretação e comunicação de informações financeiras usadas pela administração para planejar, avaliar, controlar, dentro de uma empresa, e assegurar o uso apropriado e responsável de seus recursos.

Imaginamos que divulgar a definição anterior sem comentários adicionais seja um indício de que os autores estão de acordo com ela. Entretanto, curiosamente, em Atkinson e co-autores (2000), como o próprio leitor pôde perceber, os autores expressam opiniões que não "batem" com a definição do instituto.

Diante dessas afirmações sem lastro (qualquer veículo de carga sem lastro está sempre na iminência de emborcar na curva seguinte — é uma lei da física, portanto imutável) e das definições colocadas, achamos interessante apontar a definição de contabilidade de custos, como parte integrante da contabilidade gerencial, apresentada por nós em 1971 (Leone, 2000b:18):

> A contabilidade de custos é o ramo da função financeira que acumula, organiza, analisa e interpreta os custos dos produtos, dos estoques, dos serviços, dos componentes da organização, dos planos operacionais e das atividades de distribuição para determinar o lucro, para controlar as operações e para auxiliar o administrador no processo de tomada de decisões e de planejamento.

Em 1982 (Leone, 2000a:21), elaboramos uma definição mais concisa: "a contabilidade de custos é uma atividade que se assemelha a um centro processador de informações, que recebe (ou obtém) dados, acumula-os de forma organizada, analisa-os e interpreta-os, produzindo informações de custos para os diversos níveis gerenciais".

Gostaríamos de transcrever aqui o primeiro capítulo inteiro do livro citado. Ele traz informações úteis para um melhor entendimento do que é a verdadeira contabilidade de custos. Porém, não seria oportuno, nem adequado.

Para concluir esta seção, destacamos outra afirmação de Atkinson e co-autores (2000:23): "os desafios atuais da concorrência exigem que os sistemas de contabilidade gerencial centrem seus focos nos clientes, que forneçam valiosas informações aos gerentes das empresas, em vez de simplesmente servirem às necessidades do pessoal contábil".

Apesar de reconhecermos que, em outros estudos, os autores aqui apresentados deram valiosas contribuições para o desenvolvimento da contabilidade gerencial, incluindo a contabilidade de custos, não estamos de acordo com as afirmações anteriores. Entendemos que tais definições estão na contramão da história, principalmente porque, desde o final da década de 1950 e dos primeiros anos da década de 1960, não se fala mais em "contabilidade para contadores".

Vamos por partes.

Não podemos acreditar que existiram administradores e proprietários de empresas que não trabalhassem em conjunto com os contadores na adoção de um comportamento gerencial para as informações contábeis, uma vez que tal comportamento estaria sendo adotado exatamente para fornecer-lhes as informações demandadas.

Os autores estão certos quando dizem que as informações contábeis chegavam com atraso. Todavia, essa "luminosa" constatação é "o óbvio ululante" (agradecemos ao nosso maior dramaturgo, Nelson Rodrigues, por essa feliz expressão). Se compararmos a velocidade que temos hoje, proporcionada pela informática, é evidente que no passado as informações contábeis não poderiam jamais ter a velocidade atual. O desenvolvimento das comunicações tem sido vertiginoso desde os últimos anos do século passado. Lembramo-nos do "sufoco" pelo qual passava um colega nosso que, em 1966, na função de contador-geral de uma famosa multinacional do ramo da fabricação e venda de grandes computadores, deveria entregar seus relatórios contábeis na matriz, em Nova York, em até oito dias úteis após o encerramento do mês. Da mesma forma, nós, que também trabalhávamos em uma empresa americana que fazia questão de entregar os relatórios do mês o mais rápido que fosse possível à matriz em Nova York, nos lembramos das "peripécias" e "truques" que éramos obrigados a fazer para cumprirmos os prazos. Hoje, ficamos pensando em como seríamos felizes se, naquele tempo, tivéssemos as facilidades da computação e das comunicações para nos ajudar. A informática foi a nossa "fada madrinha".

Quanto ao fato de prepararmos informações "agregadas", fica claro que os autores aqui "sorteados" não leram (ou não se lembram) dezenas de autores norte-americanos que, em seus livros, desde 1950, apresentam um grande número de exemplos onde há claramente informações detalhadas, de acordo com as necessidades gerenciais internas. Podemos citar alguns dos mais famosos, listados nas referências deste livro. Infelizmente, eles não lêem autores de outros países, ou porque não querem, ou porque não entendem outros idiomas que não o inglês. Caso se dessem ao trabalho, saberiam que, no Brasil, nosso país pouco desenvolvido, existem notáveis estudiosos de contabilidade de custos e de contabilidade gerencial. Poderíamos listar pelo menos uns 50. Não o faremos por dois motivos: primeiro, porque não é necessário. Eles estão por aí pontificando, e todos nós os conhecemos. Segundo, porque poderíamos nos esquecer de outros tantos que têm lugar nesse pódio.

Voltando a Atkinson e colaboradores (2000), os autores alertam para as "informações contaminadas de alocações arbitrárias e freqüentemente distorcidas", mas atentam que "não havia remédio, pois era o único sistema contábil disponível".

Nesse ponto, acertaram ao caracterizar as informações contábeis como distorcidas por causa das alocações arbitrárias, que são lembradas devido ao critério "de absorção". Porém, precisamos esclarecer outros dois pontos dessa afirmação: primeiro, os autores se esquecem de que havia outro critério muito mais verdadeiro, divulgado por um compatriota deles, em 1936, denominado "custeio variável/direto"; segundo, que os contadores de custos não devem ser culpados pelo critério do custeio por absorção. Ele não é "inevitável"; é aplicado porque é "obrigatório". Se não fosse obrigatório, os contadores de custos certamente teriam satisfação em deixá-lo de lado na preparação de muitas informações contábeis gerenciais. Mais adiante, neste livro, estudaremos o critério do custo por absorção e veremos que esse famoso "rateio" dos custos gerais ou indiretos é evitável.

Mas o que salta aos olhos — como diria nosso colega, o professor Olívio Koliver, ex-professor da UFRS — é que o famoso "custeamento baseado em atividades", cunhado pela sigla ABC, e tirado do baú pelos autores aqui citados, é a "exacerbação" do critério por absorção. Portanto, é um custeamento totalmente propício a produzir "informações arbitrárias e distorcidas". A ambrosia divina, somente saboreada pelos deuses do Olimpo — onde não existem despesas e custos indiretos, onde todos os custos e despesas são perfeitamente identificados a qualquer objeto de custeio —, é inalcançável por nós, contadores/administradores.

Flexibilidade das informações

Na verdade, o subtítulo acima ficaria mais claro se acrescentássemos "diferentes informações de custos para atender a diferentes finalidades gerenciais". Uma coisa puxa a outra.

Dissertar sobre a característica flexível das informações de custos exige que façamos algumas considerações sobre o contraditório: a inflexibilidade das informações contábeis.

As idéias que muitos têm da contabilidade e de como trabalham os contadores trazem no seu bojo o conceito de "não-flexibilidade". Tal inferência se espalhou por toda parte, ao longo do tempo, devido à idéia de que os trabalhos dos contadores são pautados por imposições normativas oriundas da lei, dos princípios fundamentais e dos diretamente interessados. Esquecem-se da qualidade intrínseca e definitivamente confiável das informações contábeis dirigidas ao mundo externo. Uma dessas qualidades obrigatórias é a total objetividade. As informações contábeis destinadas às entidades do mundo externo não contêm nada "inventado", tudo deve ter o suporte documental e ser um consenso entre as partes envolvidas. É o que os contadores denominam, com muita propriedade, documento hábil. Por isso, ao seguirem à risca tais procedimentos internos de preparação das informações, os contadores as dotam de uma imagem de confiabilidade e segurança. Um dos pontos que ajuda a esclarecer o que estamos tentando conceituar está montado numa realidade evidente: as pessoas ou entidades que recebem informações contábeis não fazem parte da direção das empresas. Estão do lado de fora. As informações são inflexíveis. Nada de subjetivismo. Entretanto, as informações contábeis que se destinam aos administradores da entidade não precisam se basear no princípio da inflexibilidade. Quem comanda a flexibilidade dessas informações internas são os membros do dueto. As informações precisam atender às necessidades gerenciais. Portanto, para seus usuários, a flexibilidade é indispensável.

Desvios provocados por conduta inflexível

Muitas vezes, são casos envolvendo somas vultosas de dinheiro e que trazem consigo enormes e variados prejuízos. Aconteceram recentemente nos Estados Unidos e no Brasil. Entretanto são casos pontuais. Não há como escapar de conluios bem organizados. A menos que dispuséssemos de uma cadeia de controle muito dispendiosa: auditores que fiscalizassem outros auditores, que fiscalizassem outros auditores e assim por diante. Onde parar? Essa cadeia deveria conter auditores governamentais, independentes privados, internos, administradores, contadores e, inclusive, os próprios clientes e fornecedores. Nesse momento, o dueto que estamos descrevendo aumenta para quarteto, quinteto e assim por diante até a um "multieto" ou "polieto", se é que esses termos existem, mas que representam uma odiosa "associação", difícil de ser detectada.

Voltando ao nosso inocente dueto, teoricamente confiável, formado por contadores e administradores, devemos, mais uma vez, trazer a lume o conceito sobre o qual se assentam as particularidades dos constituintes do dueto, com as respectivas características e responsabilidades que, embora diferentes, se juntam formando um conjunto harmonioso.

Em virtude dessa harmonia natural, os contadores de custos podem preparar informações flexíveis para auxiliar os administradores a se desincumbirem de suas responsabilidades gerenciais internas.

Algumas diferenças óbvias

O contador que prepara informações para clientes externos não pode usar critérios, procedimentos e práticas flexíveis e muito menos montadas com base em subjetivismos.

Por outro lado, os contadores de custos em conjunto com os seus "clientes" internos, os administradores, podem fazer uso da flexibilidade que não agrida substancialmente nem a verdade e nem a ética. O termo "substancialmente" não é lá grande coisa em termos de acurácia, mas se encaixa dentro do contexto, porque é sempre muito difícil entre os homens chegar a alguma ação totalmente verdadeira e ética...

Vale a pena relatar um caso real, que nos contou um colega, gerente financeiro (na verdade, uma espécie de controlador) de uma grande empresa industrial. O superintendente-geral, segundo homem na hierarquia administrativa (o primeiro era o dono da empresa), solicitou ao colega que se apresentasse no gabinete da superintendência. O superintendente disse o seguinte: "Estou pedindo esta conversa com você para que me explique por que a demonstração de resultado do mês traz um resultado completamente diferente da demonstração do fluxo de caixa do mesmo mês".

Nosso colega, muito cuidadoso, tinha ido à presença do superintendente com o contador, seu subordinado, porém uma pessoa conhecedora de todos os meandros da empresa, não só por sua sagacidade e capacidade de organização de arquivos, mas, também, por estar na empresa, desempenhando o mesmo cargo, há 25 anos. O contador então explicou: "O problema existe em virtude da competência".

Nesse momento, o superintendente ficou ofendido seriamente, porque parecia que ambos estavam duvidando da competência do executivo. O gerente financeiro teve que intervir para explicar o que se entendia, em contabilidade, pelo termo "competência". Aproveitou para dizer que dali em diante entregaria ao superintendente uma demonstração de resultados em sintonia com o que demonstrava o fluxo de caixa. Além disso, o contador iria preparar imediatamente um relatório explicando a diferença (entre as demonstrações) que havia surpreendido o superintendente.

Ao saírem do gabinete da superintendência, o contador disse que seria impossível preparar uma demonstração de resultados fora das normas contábeis existentes, ou seja, que não poderia levantar uma demonstração de resultados que não tivesse por base o princípio fundamental da competência.

Nosso colega explicou, então, ao preocupado contador, o que poderia ser feito, usando o dito de Dadá Maravilha (extraordinário jogador de futebol da Seleção do tri): "uma coisa é uma coisa, outra coisa é outra coisa". Em termos práticos, o contador faria uma demonstração com base no regime de caixa, apenas para uso gerencial interno e continuaria preparando a demonstração de resultado oficial na base do regime de competência para o público externo: fiscalização, bancos, investidores e financiadores de todos os tipos. Assim foi feito. E todos ficaram satisfeitos. Nosso colega e o contador marcaram pontos positivos em seus registros de desempenho funcional.

Embora simples, é um exemplo da flexibilidade das informações. Foi um caso pontual. Não acreditamos que ainda possa existir algum contador, principalmente de custos, que não use a flexibilidade em seus relatórios para os administradores das entidades onde trabalha.

Sugerimos a leitura de Leone (1990), onde existem 10 tipos de demonstração de resultados para atender a necessidades gerenciais diferentes. Entre eles, uma forma que se assemelha muito à demonstração do valor adicionado, tão divulgada hoje em dia.

Precisamos do apoio de alguns notáveis estudiosos

Paula (1971:49) afirma que os contadores de custos, nos seus relatórios, devem usar a linguagem técnica do usuário.

Todavia, existem estudiosos renomados que se esquecem de relevar a flexibilidade das informações gerenciais de custos, provavelmente porque devem achar que é óbvio. E, por ser óbvio, os contadores, outros especialistas e os usuários não percebem a importância da flexibilidade.

Ensinam-nos que a contabilidade de custos só trabalha com vistas à produção industrial, que os contadores de custos continuam a se utilizar de dados da mão-de-obra direta para a determinação, a alocação e o controle dos custos indiretos, mesmo quando a atividade passou a ser intensiva em capital; que os contadores usam modelos tradicionais da década de 1920; que os contadores insistem em usar custos-padrão e orçamentos; que os contadores de custos ainda não perceberam que podem fazer uso de unidades físicas e não apenas de unidades monetárias; que os contadores de custos usam dados muito agregados; que os contadores de custos empregam critérios ultrapassados, que não têm acompanhado as mudanças nos cenários econômicos, que foi a contabilidade de custos que causou a má produtividade das atividades empresariais nos Estados Unidos e assim por diante.

Os estudiosos que insistem em manter essa imagem de não-flexibilidade, pode parecer incrível, são excelentes e renomados profissionais e, apesar de divulgarem esses juízos caricatos, têm dado uma contribuição especial para a própria contabilidade.

Com a justa intenção de divulgar novos modelos e novos critérios de contabilidade de custos criados por eles, investem contra o que fazem hoje os contadores de custos em todo o mundo (a maioria, pelo menos no mundo ocidental). Tal abordagem não precisava ser empregada, pois os "tradicionais e conservadores" contadores têm aplicado esses novos modelos, conseguindo aperfeiçoar as informações de custos, tornando-as mais reais.

Esses desbravadores como divulgadores de métodos inovadores como o custeamento com base nas atividades, o método UEP, os métodos com base na "teoria" das restrições, o uso das informações de custos para planejamento e decisões estratégicas, os métodos relacionados à busca de melhor qualidade de produtos e de serviços, os novos modelos de relatórios de acompanhamento do desempenho econômico projetado, não devem se esquecer de que há sempre o "dueto" formado pelos contadores de custos e os seus usuários; e de que há sempre, graças ao dueto, oportunidades que são aproveitadas, quando possível, de flexibilizar os critérios, os instrumentos e os métodos de determinação dos custos e do seu controle.

A flexibilização permite e adota novos critérios, novos procedimentos. O dueto facilita esse aproveitamento e essa adoção.

Por fim, somos obrigados a levantar algumas questões.

Quem inventou que os contadores de custos trabalham independentemente, produzindo informações de custos, da "idade da pedra polida" (ainda bem que não é da pedra lascada), somente por eles entendidas?

Quem inventou que os administradores não são suficientemente inteligentes, aceitando informações de custos planejadas e preparadas sem a sua participação efetiva?

É verdade que os administradores não conseguem administrar bem a sua empresa ou um de seus departamentos, se não receberem informações de várias origens, mesmo sem entendê-las, inclusive aquelas vindas da contabilidade de custos?

A familiaridade, uma alameda de duas mãos

A familiaridade pode se comparar a uma rua, talvez uma estrada... Porém, o que melhor se assemelha é uma alameda, tranqüila, cheia de árvores, sombra, com canteiros floridos, utilizada de modo agradável.

A familiaridade, portanto, tem dois lados. O contador de custos precisa estar familiarizado com as operações, e o usuário deve ter confiança nas informações, saber como elas são preparadas, quais são os critérios, os problemas, as soluções, a terminologia (evitando a Torre de Babel).

A preparação dos relatórios é feita em conjunto, a "quatro mãos". O contador de custos dispõe de técnica e conhecimentos especiais, enquanto o administrador sabe o que quer receber da contabilidade para ajudá-lo a resolver seus problemas. É muito natural atentarmos para o fato de que quem vai fazer uso dos relatórios não é o contador, e sim o usuário.

Referências

ANTHONY, Robert; HEKIMIAN, J. *Controle de custos de operações.* São Paulo: Brasiliense, 1974.

ATKINSON, Anthony et al. *Contabilidade gerencial.* São Paulo: Atlas, 2000.

Tradução do livro Management accounting, *editado pela Prentice Hall em 1997.*

BACKER, Morton; JACOBSEN, Lyle. *Contabilidade de custos*, um enfoque de administração de empresas. São Paulo: McGraw-Hill do Brasil, 1978.

BASSETTO, José Luiz (Org.). *A alquimia de uma corporação* — a magia de um treinamento. São Paulo: Inteligente, 2004.

BIERMAN Jr., Harold. *Managerial accounting* — an introduction. New Jersey: Macmillan, 1959.

DOPUCH, Nicholas; BIRNBERG, Jacob G. *Cost accounting:* data for management decisions. New York: Harcourt, Brace & World, 1969.

FERREIRA, Aurélio Buarque de Holanda. *Dicionário Aurélio da língua portuguesa.* São Paulo: Nova Fronteira, 1995.

HANSEN, Don R.; MOWEN, Maryanne M. *Gestão de custos* — contabilidade e controle. São Paulo: Pioneira, Thomson Learning, 2000.

HORNGREN, Charles T. et al. *Contabilidade de custos.* Rio de Janeiro: LTC, 2000.

LEONE, George S. Guerra. Os vários tipos de demonstrações de resultados e a flexibilidade da informação. *Revista Brasileira de Contabilidade*, n. 98, 1990.

_____. *Custos* — planejamento, implantação e controle. São Paulo: Atlas, 2000a.

_____. *Custos* — um enfoque administrativo. Rio de Janeiro: FGV, 2000b.

LEONE, Nilda Maria de Clodoaldo Pinto Guerra. A sucessão nas empresas familiares. *Revista de Administração da USP*, v. 31, n. 3, 1996.

MATZ, Adolph; CURRY, Othel; FRANK, George W. *Contabilidade de custo.* São Paulo: Atlas, 1967.

PAULA, F. C. de. *Management accounting in practice.* Londres: Pitman Paperbacks, 1967.

ROSE, T. G. *Controle administrativo*. Rio de Janeiro: Livro Técnico, 1971.

SHILLINGLAW, Gordon. *Cost accounting*: analysis and control. New Jersey: Prentice Hall, 1964.

WILLSON, James D.; HECKERT, J. B. *Controllership*. New York: Ronald Presso, 1963.

3º Mandamento

Acompanhe e controle a quebra dos paradigmas

Este capítulo está baseado no artigo publicado pela *Revista do Conselho Regional de Contabilidade de São Paulo*, em 1999, feito a partir de uma fita de vídeo: "Descobrindo o futuro: os paradigmas dos negócios", de Joel A. Baker.

Sabemos que a contabilidade de custos existe há muito tempo. Se afinarmos um pouco mais a idéia de contabilização, acreditamos que ela exista há mais de 6 mil anos! Quem deixará de acreditar que quando um ancestral nosso gravava, nas paredes de sua caverna, figuras de animais e traços que contavam a quantidade deles, não estaria "contabilizando" o seu patrimônio? E que na sua mente poderia estar avaliando esses bens de sua propriedade? Ele deveria estar usando alguma medição rudimentar, mesmo que não soubesse ainda como inscrevê-la na parede.

Sendo a contabilidade de custos e, por que não, a gestão dos custos, tão antigas, onde se esconderam seus "paradigmas" todo esse tempo? Quais são esses paradigmas tão antigos? Por que estamos mudando de paradigmas? Quais são os novos paradigmas?

E o que quer dizer a palavra "paradigma"?

Se conseguirmos entender o que é um paradigma e relacionar os paradigmas antigos com os novos, poderemos verificar se os paradigmas são importantes ou não. E, principalmente, qual a relação entre eles e o dueto contador e administrador.

Os paradigmas

Sugerimos que ampliemos nosso campo de reflexões sobre o tema. Vamos pensar em idéias mais ou menos conexas. Revolução, evolução, descobertas, resistências, mudanças, idéias fixas, modelos, padrões, regras, regulamentos, mitos, realidades, mitomania, tradição, órbitas e muitas outras que possam surgir.

Ao escrevermos o artigo, em 1999, tínhamos ciência da existência de um "paradigma", porque resistíamos a tomar uma atitude em relação aos paradigmas antigos da contabilidade de custos, como também aos novos.

Os paradigmas sempre nos acompanharam. Sustentamos nossas crenças em virtude deles. Eles fazem parte do nosso cotidiano. São, na verdade, um corpo de regras, normas e padrões que estabelecem o espaço onde devemos agir para resolver os nossos problemas.

Consultando os melhores dicionários, verificamos, com um certo desalento e espanto, que eles não nos esclarecem. Apenas apresentam sinônimos que já conhecemos: modelo, padrão e estalão. Precisamos de outros conceitos.

O paradigma é uma crença arraigada, uma idéia fixa, alguma coisa encastelada em nossa mente, um filtro que só deixa passar o que aceitamos. Se os paradigmas fossem um modelo ou um padrão, poderíamos mudá-los com facilidade.

É muito mais fácil dizer não a uma idéia nova. Não só porque aquele filtro não a aceita, mas porque ela representa uma mudança. Mudanças representam incerteza, que é ameaça. Portanto, resistimos.

Sempre foi assim e será por muitos anos. É da natureza humana sermos tradicionais, conservadores. Tradição, família e propriedade são três paradigmas do mundo ocidental. Fica difícil alterarmos essa trindade.

Vemos o mundo sob a ótica de nossas idéias fixas, dos nossos paradigmas, em torno dos quais nascemos e crescemos.

Constantemente selecionamos os dados e as informações que concordam com os nossos paradigmas e esse comportamento nos impede de vermos as mudanças e o futuro.

Alguns estudiosos afirmam que estamos, a todo o momento, mudando de paradigmas; no entanto, são pequenos paradigmas que não radicalizam.

Esse é o conceito de evolução: mudanças gradativas. Do contrário, teríamos as revoluções, que são mudanças radicais de paradigmas, portanto traumáticas. Daí sermos contra.

Queiramos ou não, as mudanças batem freqüentemente em nossas portas. Até mesmo as rápidas e radicais. Nossos paradigmas estão sendo mudados. O que dizer dos avanços nas comunicações e na produção de informações, aliados ao progresso da computação? O que dizer das mudanças tecnológicas nos processos produtivos e nos serviços?

Nossos antigos paradigmas da contabilidade de custos, se existiam, estão sendo substituídos por novos. O problema está em definir quais são os antigos e quais são os novos.

Exemplos de paradigmas, acreditem ou não

Alguém que não aceita mudanças que podem melhorar sua vida, é imediatamente taxado de teimoso. Entretanto, são os paradigmas que estão por trás desse comportamento. A seguir, apresentamos alguns exemplos clássicos, outros cômicos e muitos nem são paradigmas, apesar de parecerem.

Ptolomeu, um sábio grego do século I a.C., em seus estudos sobre os astros, chegara à conclusão de que a Terra era o centro do sistema e não o sol. Essa idéia foi grata, alguns séculos depois, aos adeptos e propagadores do cristianismo. Eles a aceitaram porque acreditavam que os homens são a imagem de Deus e, portanto, a sua morada deveria ser o centro do firmamento. Tal modelo durou 15 séculos.

No século XVI, no entanto, Copérnico, um estudioso polonês, chegou à conclusão de que o sol era o centro do sistema planetário. Esta "heresia" só não lhe custou a vida, porque ele residia na Polônia, local muito distante da ação da Santa Inquisição.

Galileu, um sábio italiano, adotou a idéia de Copérnico e passou a divulgá-la. Foi preso pela Santa Inquisição, cujos líderes não conseguiam fazê-lo mudar os seus paradigmas. Fizeram-no se retratar em público, diante da fogueira.

Hoje, talvez a contragosto, dada a evolução da ciência, a Igreja Católica perdoou Galileu.

Os suíços, por mais de 100 anos, dominaram o mercado de relógios. No final da década de 1960, os japoneses passaram a produzir relógios de quartzo e, no prazo de 10 anos, a relojoaria suíça, que ainda produzia relógios tradicionais e caríssimos, passou a ter apenas 10% do mercado. O que aconteceu?

A indústria suíça tinha um paradigma forte, construído ao longo de muitos anos. Esse paradigma, ou idéia fixa, os impediu de ver o futuro do quartzo na relojoaria. Os japoneses viram a idéia sob uma outra ótica, porque os limites de seus paradigmas eram mais amplos.

Outro importante fato, notável paradigma, de enorme influência, mas que poucos admitem, é a evolução humana, anunciada por Charles Darwin, em sua pesquisa denominada "A origem das espécies". Viemos realmente do mar e somos parentes dos macacos. A negação da constatação de Darwin é uma crença encastelada em todos nós.

Thomas Khun, em *A estrutura das revoluções científicas*, apresentou vários exemplos para explicar os paradigmas existentes em nós, seres humanos, racionais. Um deles é apresentado com o auxílio de um baralho de cartas.

De outra feita, amigos conhecidos, reunidos, numa noite gelada de julho, hospedados em um hotel, em Itatiaia, resolveram apresentar jogos de mágicas, perguntas e charadas. Lá pelas tantas, uma senhora, que se dizia psicóloga, apresentou um problema de fósforos. Só um dos amigos, depois de algum tempo, conseguiu vislumbrar a solução. Para nós, o interesse foi maior ainda. O descobridor era um contador. Os amigos formavam um grupo de aproximadamente 15 pessoas. Todos nós, inclusive aquele que solucionou o problema, estávamos presos a uma idéia fixa, estávamos em uma órbita da qual, como satélites artificiais, não conseguíamos sair. A solução foi encontrada quando o contador mudou de órbita, mudou de espaço.

A indústria japonesa, a exemplo do que acontece com outras nações asiáticas, principalmente em "bugigangas" pirateadas, fabricava, há cerca de 30 anos, produtos de péssima qualidade, embora muito baratos. Contam, como anedota, que os torcedores, presentes nos estádios de futebol em Manaus, levavam, quase todos, pequenos radinhos de pilha japoneses e que, quando não concordavam com uma marcação do juiz, atiravam esses radinhos em sua direção, como se fossem laranjas chupadas, coisas de pouco valor.

De repente, a indústria japonesa passou a fabricar produtos de alta qualidade, que acabaram dominando o mercado mundial, como no caso dos relógios. Segundo alguns estudiosos, os japoneses mudaram os seus paradigmas. Um deles, que passou a ser uma crença generalizada, baseava-se no fato de que a qualidade deveria deixar de ser tratada como artigo de luxo, partilhada apenas pela elite, para ser considerada uma expectativa de todos os consumidores. A busca da qualidade foi uma "epidemia". Uma das metas eleitas era o "defeito-zero". E outras tantas, como o "melhoramento contínuo", o "lucro-meta", "os círculos de qualidade", "a análise de valor em toda a cadeia produtiva". Muitos estudiosos afirmam que o mentor dessa "evolução" foi um americano, Edward Deming, que, por estar fora do contexto, da órbita generalizada, conseguiu enxergar a oportunidade sob outro prisma, e adotou novos paradigmas, passando suas idéias para os japoneses.

Joel A. Baker nos ensina, entre outras, duas principais características dos paradigmas e suas aplicações práticas. A primeira se refere ao fato de que, na grande maioria dos casos, os novos paradigmas são vistos por pessoas de fora, que não têm idéias arraigadas e imutáveis, ou que têm seus espaços limitados; a segunda nos ensina que não devemos jamais eleger o nosso paradigma como *o paradigma*, isto é, como o filtro que impede as outras idéias e procedimentos de chegarem até nós. Citamos, em outro capítulo, o senador Cristovam Buarque nos ensinando que as pessoas de fora conseguem ver melhor que as que estão dentro dos problemas. Por isso, muitas vezes, um consultor externo surge com boas soluções.

As pessoas que vislumbram e decidem mudar os paradigmas são consideradas pioneiras. Pois os novos paradigmas ainda não têm consistência, são tênues, é preciso muita tenacidade e desprendimento para aceitá-los e influenciar outras pessoas a aceitarem-nos, também.

O que aconteceu com a contabilidade de custos?

Quais são os novos paradigmas? Quais eram os antigos? Será que os conceitos, os procedimentos e os sistemas que usamos devem ser revisados? O que nos impede de aceitar essas mudanças? Será que nós, contadores, e de quebra os administradores, temos apenas um paradigma difícil de ser mudado?

Sabemos que os paradigmas formam aquilo que acreditamos ser o melhor e aquilo que estamos acostumados a fazer. Os paradigmas moldam as nossas percepções. Nos preocupa o fato de que as pessoas que estão nos mostrando os novos paradigmas sejam pessoas que não estão envolvidas com os nossos problemas. Pelo menos, parece que são mais aptas para vislumbrar novos paradigmas. Ou que estejamos cegos.

Os mitos e as realidades

Existem muitos mitos. Os mitos levam à mitomania, o que é bastante prejudicial. Temos que separar o mito da realidade.

Mitos são fábulas, histórias imaginárias, quimeras, mistérios, enigmas. Mitomania é uma tendência patológica, mais ou menos voluntária e consciente, à mentira e à criação de fantasias.

Em contabilidade de custos, na modernidade, vemos alguns mitos. Sentimos que algumas idéias podem ser realidades, mas nem todas. Observamos prosperar a mitomania.

Vejamos os mitos. Em seguida, vamos apresentar as realidades, em relação a eles.

A mão-de-obra direta e qualquer variável relacionada não valem mais como medidas para formar alguma informação gerencial em empresas que fabricam produtos ou vendem serviços.

O volume de produção não pode ser o único indicador para a análise de custos.

A contabilidade de custos só se preocupa com os custos de produção.

Os contadores não possuem instrumentos para auxiliar a gerência na busca de melhor qualidade e produtividade.

As mudanças nos cenários econômicos estão acontecendo de forma acelerada e a contabilidade de custos não as acompanha.

Os contadores só se preocupam com as atividades externas e não vêem que os fatos relacionados às atividades internas — do lado do administrador — são muito importantes para a preparação de informações úteis.

Os conceitos de departamentalização, orçamentos e padrões estão ultrapassados.

As informações de custos estão baseadas em conceitos de curto prazo.

As bases de volume e os critérios de rateio atualmente empregados não servem para preparar informações estratégicas.

Parece-nos que há uma verdadeira mitomania em tudo isso. Para nós, isso não passa de mitologia, grega ou romana, com fantasmas, duendes, monstros de duas cabeças, seres de um olho só, sereias deslumbrantes, lugares infernais, redemoinhos traiçoeiros e fantásticos. Todos esses mitos criam visões inacreditáveis na cabeça dos administradores, que terminam não recebendo, com tranqüilidade e confiança, as nossas informações.

Vejamos as realidades

No item anterior, mostramos alguns dos mais importantes "mitos" que surgem, vez por outra, na literatura. Agora, pretendemos esclarecê-los.

A mão-de-obra (valores, horas, número de empregados e outras variáveis relacionadas) continua a ser usada e é muito útil. É claro que, em uma fábrica de capital intensivo, onde predomina a automação, a robotização, a variável mão-de-obra direta é inócua. O contador de custos que, nesse cenário, continua empregando algum fator de volume relacionado à mão-de-obra para analisar os custos dos produtos, dos processos e das atividades, deve ser trancafiado, com urgência.

Quando precisamos fazer a apropriação dos custos gerais e comuns, chamados muitas vezes de indiretos de fabricação (os americanos do norte os denominam *overhead*), devemos usar os critérios mais adequados. Inclusive porque essa é uma decisão que normalmente é tomada em conjunto com os administradores. Não há, nem nunca existiu (e, talvez, nunca existirá) nenhuma obrigatoriedade de se usar um único fator ou uma única base. Esse verdadeiro "dueto harmonioso" é responsável por selecionar o critério de rateio.

O volume de produção não é o único indicador usado. Em certos casos, ele é bastante útil. Na contabilidade de custos, os contadores e os usuários estão constantemente à procura de indicadores mais informativos, que representem melhor a realidade. Assim, é inútil criar figuras aterrorizantes como essa de que só existe, para os contadores, um único indicador, baseado no volume de produção. Dependendo do cenário, das necessidades gerenciais e dos recursos disponíveis, a contabilidade de custos estabelece indicadores sob medida.

Os contadores sempre se preocuparam com todos os custos e despesas das entidades onde trabalham. É evidente que, há muito tempo, a análise de custos mais estudada é a análise dos custos de produção. Por quê? Porque são relevantes e é preciso calcular e compreender os custos fabris, por produto, por linha de produto, por departamento e, agora, por atividade. Obviamente, os contadores consideram os custos comerciais, denominados com muita propriedade "custos de distribuição", e os custos administrativos sempre que precisam atender a alguma necessidade específica da gerência.

As ações relacionadas à busca de melhor qualidade de produtos, processos e de atividades, bem como à busca de maior produtividade são exclusivas dos vários níveis gerenciais. Quando há facilidade de determinar os custos dessas ações, os contadores têm a maior preocupação em trabalhar com eles no sentido de produzir informações pertinentes que possam ajudar os diversos níveis gerenciais a acompanhar os respectivos desempenhos em relação a uma melhor qualidade e uma maior produtividade. Cumpre repetir que a busca da qualidade e da produtividade são ações administrativas e não da competência dos contadores de custos. Se a empresa estiver organizada, a contabilidade de custos terá facilidade em analisar os custos relacionados a essas duas ações e em produzir informações coerentes. Isso sempre foi feito no passado. Por que não agora?

Este não é um mito, é uma realidade. Entretanto, não acontece apenas com a contabilidade de custos. Acontece em todos os setores. A contabilidade de custos, infelizmente, não tem influência decisiva nas mudanças, embora possa colaborar com informações oportunas para que elas aconteçam. Não se trata de nenhuma novidade, mas os custos são reflexos das atividades e das mudanças que, porventura, ocorreram. Pode-se coletar os custos previstos, estimados, orçados e padronizados, relativos às possíveis mudanças, organizá-los, analisá-los e interpretá-los, com os recursos disponíveis, e produzir as informações necessárias. Entretanto, todo o trabalho de previsão vai depender dos diversos níveis gerenciais. Atualmente, está na moda dizer que a contabilidade de custos precisa ser estratégica. Esse modismo tem muita relação com essas previsões de mudanças. É claro, desde que sejam mudanças com certas características.

Mais uma realidade. A cadeia de valor é um fato. Não podemos deixá-la de lado. Não é de hoje que os contadores estão trabalhando nesse sentido. Atualmente, tal conceito está na ordem do dia. Não há nada de novo. Na General Electric aqui no Brasil, na década de 1950, já adotávamos e praticávamos esse conceito. Henry Ford já o usava no início do século XX. Ouvimos freqüentemente que o conceito de cadeia de valor é um elemento estratégico, porque afeta toda a cadeia de atividades de uma empresa. Corretíssimo! Porém, essa não é uma idéia nova. Nem é paradigma. Mito é dizer que isso é um paradigma! Se os administradores quiserem saber os custos necessários para que a empresa alcance, controle e domine as atividades de fornecedores ou de clientes, a contabilidade de custos os determinará, sem grandes dificuldades. Se a empresa, porém, quiser saber quais os custos de seus fornecedores, ou de seus clientes, para ajudá-los a administrar esses custos para obter maior lucro, o contador de custos agirá como um mero consultor ou auditor.

Essa afirmação nos parece um mito. Não podemos idealizá-la, senão como parte da mitomania. Aqui, ficamos preocupados. Será que estamos nos prendendo a nossos paradigmas? Será que não conseguiremos sair de nossa órbita? Será que, na verdade, quem está de fora está vendo que não são mais úteis? É difícil para nós pensarmos que sim. Não podemos vislumbrar uma empresa que não seja dividida em departamentos, que não tenha orçamentos e onde os custos não sejam subdivididos por departamentos, que não use os padrões em seus controles da área fabril. Como fazer planejamento, como controlar as operações e os próprios custos, como administrar os desvios? Tentamos entender os novos paradigmas, mas não conseguimos. Por isso, talvez estejamos completamente fora da realidade. Acreditamos que todos esses novos conceitos são verdadeiros mitos e que estamos diante da famosa mitomania.

Não é verdade! Existem informações de custos de todos os tipos. A contabilidade de custos está capacitada a fornecer as informações que os usuários necessitam. Algumas informações destinam-se a solucionar problemas de curto prazo. Outras, no entanto, são relacionadas a problemas de longo prazo. Quem separa os prazos dos problemas são os próprios problemas! Os custos são informações que podem ser aplicadas a problemas de curto ou longo prazo. Se os administradores, ou os usuários, de forma geral, utilizam-se, por exemplo, dos custos classificados em relação a seu comportamento diante do comportamento de alguma unidade de medida, qualquer que seja, para aplicá-los à solução de problemas de longo prazo, parece-nos, a princípio, que estão enganados; esses tipos de custos certamente não serão adequados. Se os administradores usam as informações de custos resultantes da aplicação do custeio variável (ou direto) para solucionar problemas de longo prazo, estão errados, porque a própria construção dessas informações está relacionada ao curto prazo. Por aí se vê que não estamos diante de nenhum novo paradigma. Tal reflexão vem sendo feita há mais de 60 anos.

Precisamos definir, em primeiro lugar, o que são ações estratégicas. Para nós, isso parece uma boa "salada" de conceitos. As ações estratégicas são ações tomadas pela alta direção e envolvem a maior parte dos setores da empresa; são ações cujos resultados serão distinguidos comumente no longo prazo, enquanto as ações não estratégicas (operacionais ou táticas) são de curto prazo. Pedir informações de custos, preparadas para atender às ações de curto prazo, e empregá-las em soluções de longo prazo, é uma incoerência. As bases de volume e os critérios de rateio, quaisquer que sejam, serão sempre técnicas empregadas para preparar informações de custos para atender a problemas de curto prazo. Não conseguimos ver, ao menos pelo filtro de nossos próprios paradigmas, nada diferente do que afirmamos. Informações estratégicas são informações estratégicas. Não podemos mudá-las. A contabilidade de custos utilizará outros critérios. Não devemos colocar em nossa feijoada outros ingredientes diferentes do que usamos tradicionalmente. A não ser que alguém esteja mudando os paradigmas de uma boa feijoada.

Referências

ATKINSON, Anthony et al. *Management accounting*. Englewwod Cliffs: Prentice Hall, Inc., 1997.

BRIMSON, John. *Activity accounting*. New York: John Wiley & Sons, 1991.

GENTZEL, Gerson; ALLORA, Valério. *Revolução nos custos*. Casa da Qualidade, 1996.

HICKS, Douglas T. *Activity-based costing in small and mid-sized business*. New York: John Wiley & Sons, 1991.

HORNGREN, Charles T. et al. *Cost accounting* — a managerial emphasis. Englewwod Cliffs: Prentice Hall, 1997.

NAKAGAWA, Masayuki. *Gestão estratégica de custos*. São Paulo: Atlas, 1993.

_____. *ABC*: custeio baseado em atividades. São Paulo: Atlas, 1995.

RAYBURN, Letricia Gayle. *Cost accounting*: using a cost management approach. New York: Irwin, McGraw-Hill, 1993.

ROBLES Jr., Antonio. *Custos da qualidade*: uma estratégia para a competição global. São Paulo: Atlas, 1994.

4º Mandamento

Não estigmatize o rateio de custos como uma ação inevitável

Este capítulo objetiva discutir a validade e, principalmente, a inevitabilidade e a obrigatoriedade do emprego da alocação dos custos (e despesas) indiretos aos objetos de custeio, sobretudo de produtos e serviços. A alocação de custos faz parte do conhecido critério de custos por absorção. O trabalho tem, também, a finalidade de apresentar os motivos pelos quais todos preferem usar o critério dos custos por absorção apesar de estarem cientes e conscientes de suas desvantagens.

Consideremos a afirmação de Horngren e co-autores (2000): "a alocação de custo é um problema inevitável em quase todas as organizações e em quase todos os aspectos da contabilidade".

Nossa dúvida é: a alocação é realmente um procedimento inevitável?

Pretendemos apresentar uma resposta convincente para essa questão. Seja ela afirmativa ou negativa.

Cumpre notar que a palavra "alocação" tem o mesmo significado das palavras "apropriação" e "atribuição". Esta é definida da seguinte forma: "A atribuição de custos é um dos processos-chave do sistema de contabilidade de custos. Melhorar o processo de atribuição de custos tem sido um dos principais desenvolvimentos na área de gestão de custos nos anos recentes".

Quantas vezes, em nossas aulas, alertamos os estudantes para o fato de que o rateio (instrumento básico para se fazer a atribuição, a alocação ou a apropriação, de modo que acaba sendo o pilar principal do critério do custo por absorção) é o "tendão de Aquiles"[1] da contabilidade de custos, ou seja, o seu ponto mais fraco.

---

[1] Os leitores sabem que o deus Aquiles era invulnerável, à exceção dos seus dois calcanhares. Foi justamente em um deles que seu inimigo acertou uma flechada envenenada e mortal.

Trabalhamos, recentemente, em uma indústria de porte médio que fabricava apenas 20 produtos diferentes. A contabilidade costumava fazer os rateios das despesas e dos custos gerais e compartilhados para todos os produtos, em comum acordo com a administração. Entretanto, esta última, numa espécie de *benchmarking*, havia verificado que as duas únicas empresas concorrentes, do mesmo porte, tinham preços mais competitivos em alguns produtos, sobretudo os mais rentáveis. Nosso primeiro procedimento foi determinar as margens de contribuição de cada um dos produtos, deixando de lado os rateios, evidenciando que eles mascaravam os custos dos produtos e, portanto, seus preços e suas respectivas rentabilidades. Após essa simples constatação, partimos para a análise das atividades operacionais e dos custos e despesas comuns relacionados em face de sua relevância. Os resultados dessas análises, postas a serviço da determinação de novos custos e, conseqüentemente, de novos preços, permitiu que a empresa desanuviasse o nevoeiro existente causado pelos procedimentos de determinação dos custos.

Os estudos relativos à atribuição de custos (despesas) comuns, gerais e indiretos são antigos. Em 1923, nos Estados Unidos, surgiu o estudo de J. Maurice Clark, apresentando suas preocupações com o controle do *overhead*, que define o conjunto das despesas indiretas de fabricação. Em 1936, Jonathan Harris publicou um artigo "revolucionário" que anunciou uma nova modalidade de determinação dos custos dos objetos de custeio. A partir da década de 1950, os contadores, administradores e outros estudiosos começaram a discutir, com maior intensidade, os procedimentos contábeis, incluindo os relacionados à alocação de custos. Basta consultar a produção científica da época. O famoso caso dos saquinhos de amendoim fez história. Imaginamos que o caso seja daquela época, pois foi ali que tomamos conhecimento dele. Em Leone (1982), já apresentávamos o caso. Vimos, com satisfação, que o caso também é apresentado em Maher (1997). Para aqueles que nunca o leram, o caso expõe um problema (curioso e engraçado) de apropriação de custos, concernente ao problema particular do custeio por absorção.

Tipos de alocação

Voltemos à afirmação de Horngren e co-autores (2000), apresentada no início da seção anterior. Acreditamos que, ao indicarem a alocação dos custos como inevitável, os autores devem ter interpretado a palavra "alocação" no sentido mais amplo, considerando as alocações direta e indireta.

Analisemos essa extensão da idéia.

Se a alocação for direta, isto é, se o custo for de fácil identificação com o objeto cujo custeio estamos querendo determinar, o trabalho contábil estará se referindo às despesas diretas e aos custos diretos.²

Se, por outro lado, a alocação for indireta, tal idéia se referirá ao fato de que as despesas e os custos são de difícil identificação com objeto do custeio, ou seja, será necessário usar artifícios para se fazer a apropriação. Tais artifícios são os famosos "rateios".

Caso não seja a intenção de Horngren e colaboradores (2000) representarem essa idéia, a afirmação não tem sentido. Vamos tentar explicar.

Acreditamos que os autores estenderam a idéia para horizontes muito amplos. Essa é a única justificativa para poderem afirmar que a alocação é inevitável. Só faz sentido falar em inevitabilidade quando o trabalho envolve apropriação de custos (e despesas) diretos. Pois, já que são diretos, é inevitável que sejam alocados. Se não fossem assim alocados, não teríamos o custeio, em primeiríssimo lugar. A tarefa de alocação de custos diretos, além de simples, é uma necessidade evidente.

No entanto, em relação aos custos (e despesas) indiretos, a contabilidade, em conjunto com a administração da entidade, poderá deixar de lado o trabalho extra de usar rateios, exatamente porque esses procedimentos são artificiais e, geralmente, não representam a realidade que pretendem representar. Por essa idéia, as alocações são evitáveis. Considerando os custos (e despesas) indiretos, a inevitabilidade só acontece quando se deseja atender às imposições legais e baseadas em necessidades externas como, também, a certas decisões gerenciais.

Então, por que as alocações são feitas?

A nosso ver, alocação é apenas a ação de aplicar despesas e custos gerais, comuns e indiretos aos objetos de custeio com base em suposições indicativas de que o objeto faz uso do recurso comum, geral e indireto. Por essa razão, deve ser onerado por esse uso ou consumo. Embora possam existir outras razões, na verdade, o que está na base da alocação é mesmo a idéia de que o objeto a custear fez uso do recurso comum. E que a relação causal é de difícil mensuração.

Daí vem a idéia, muito especial, de que não há alocação em relação a despesas e custos que são facilmente identificados com os objetos que usam os recursos. É muito difícil imaginar "alocações" nos casos das despesas e custos diretos, exata-

---

² Sugerimos que os leitores dêem uma "parada" para consultar a obra de Martins (2003) no ponto em que o autor apresenta o critério ABC (*activity-based costing*) e define a palavra "rastreamento". Para Hansen e Mowen (2001), "*rastreabilidade* é a capacidade de se atribuir um custo diretamente ao objeto de custos, de forma economicamente viável por um relacionamento causal". Um pouco mais adiante enfatizam que "seria ideal se todos os custos pudessem ser debitados para os objetos de custos, usando o rastreamento direto".

mente porque eles, por natureza, já estão identificados, sem esforço algum, aos objetos do custeio. Por exemplo, se um setor fabril emite uma requisição de materiais para uso na produção do produto A, o uso desse recurso vai se transformar naturalmente em despesa ou custo de material direto, não havendo nada parecido com os procedimentos de alocação. O recurso já está identificado, desde o nascimento, a seu portador, a seu consumidor ou usuário, por sua própria natureza.

Definições e conceitos

Nesse ponto, é importante que busquemos a definição clara para *alocação*, *apropriação* e *atribuição*.

Alocar, apropriar ou atribuir (observe que os estamos considerando sinônimos) são ações referentes aos procedimentos de identificação indireta dos custos (e das despesas) aos objetos que se deseja custear. É muito comum, na prática, empregar esses termos para definir os casos de identificação indireta. A alocação indireta é realizada sempre por meio de rateios dos custos (e despesas) aos objetos, cujos custos totais estão sendo determinados.

Vamos definir alguns termos importantes.

O que é um *objeto* para a contabilidade de custos? Para Horngren, objeto "é qualquer coisa para a qual se deseja mensurar isoladamente o custo." Um objeto, para a contabilidade de custos, é o que queremos que seja, dependendo de nossas necessidades. Sistemas de contabilidade gerencial são estruturados para medir e atribuir custos para *objetos de custo* (Hansen e Mowen, 2001).

Normalmente, os autores e praticantes empregam os seguintes objetos: a empresa, um departamento (operacional ou administrativo), um produto ou uma linha de produtos, um processo, uma atividade, uma encomenda, um serviço (interno ou externo), uma promoção, um programa, uma alternativa, um estudo especial e tantos outros.

Todos sabem que a contabilidade de custos faz parte da contabilidade gerencial e, portanto, do sistema de informações gerenciais. As informações gerenciais, como a própria expressão dá a entender, são destinadas aos gerentes dos diversos níveis administrativos das entidades. Os clientes (ou usuários) das informações de custos são os gerentes, os diretores e os executivos ou, entendendo melhor, todos aqueles com responsabilidades objetiva e contábil por algum setor da organização. A responsabilidade objetiva é aquela definida pela missão que deve desempenhar, registrada no planejamento geral, ou seja, fazer o que lhe foi atribuído. Por exemplo: o setor de pintura de uma montadora de veículos deve pintar todos os carros que estiverem anotados como objetivos diários, mensais ou anuais. Já a responsabilidade contábil do gerente do setor de pinturas se traduz pelo controle dos recursos que a entidade pôs à sua disposição e necessários para atingir a responsabilidade objetiva. A existência nas entidades dessas duas responsabilidades simultâneas é percepção tão evidente quanto útil.

Para que os gerentes cumpram essas duas responsabilidades, é necessário que recebam informações inteligíveis e oportunas de várias fontes, uma delas a contabilidade de custos.

Daí a preocupação geral em clarear os conceitos básicos na mente dos administradores e gerentes. É necessário haver a familiarização com tudo o que os contadores de custos estão fazendo. Somente assim entenderão os relatórios gerenciais de custos.

Todas as obrigações e os desembolsos assumidos pelos empresários, em termos monetários, chamam-se *gastos*, que podem ser imediatamente tratados como *despesas*. Em outro caso, serão *despesas* depois que passarem por algum tipo de ativo. As despesas, quando alocadas a algum objeto, tornam-se *custos*. Os custos de um objeto podem se tornar custos de outro objeto, segundo a cadeia de valor e, assim por diante, até que sejam comparados com as respectivas receitas, sendo, nesse momento, como estipula a atual e aceita orientação contábil, transformados, de novo, em *despesas*. Esse fluxo evidente, apresentado pela contabilidade, encontra-se anotado em quase todos os manuais e livros sobre contabilidade de custos ou teoria da contabilidade.

Na tarefa de alocação, surge a necessidade de se distinguir se os custos e as despesas são atribuídos direta ou indiretamente aos objetos do custeio. Como conseqüência, surgem as despesas e os custos diretos e indiretos.

Vale informar que tal caminho, desde os gastos até as despesas finais, passando por despesas intermediárias e custos, embora amplamente aceito, está constantemente sujeito a grandes controvérsias. Alguns estudiosos da matéria apresentam caminhos ligeiramente diferentes. Por exemplo, de acordo com Hansen e Mowen (2001), os custos de produção, além de materiais diretos e mão-de-obra direta, são reunidos em uma categoria chamada de custos indiretos de fabricação (CIFs). Em uma empresa de manufatura, os CIFs são conhecidos como despesas indiretas de fabricação (DIFs), gastos gerais de fabricação (GGFs) ou gastos gerais de manufatura (GGMs), ou ainda como despesas indiretas de fábrica ou encargos indiretos de fabricação.

Sentimos a necessidade de explicar, de modo breve, o que são, no nosso entendimento, despesas e custos indiretos, gerais e comuns, apesar de já termos deixado, mais ou menos evidente, a conceituação desses termos, ao comentarmos a alocação indireta. Para tanto, nada melhor do que um exemplo.

O sr. Alcebíades mora com a família no segundo andar de prédio próprio. No primeiro andar, sua esposa e quatro costureiras trabalham em uma confecção que produz, por encomenda, artigos femininos de luxo para lojas de marca. No térreo, o sr. Alcebíades administra uma oficina mecânica para ajustes de motores de carros importados. Essa oficina tem três mecânicos especializados.

Tanto a confecção quanto a oficina dispõem de equipamentos apropriados e de precisão. A manutenção é cara e é feita por empresas especializadas.

Como se pode notar, o cenário é de fácil entendimento. No entanto, o cálculo e a contabilização dos custos são tarefas complicadas.

Surgem os custos (e as despesas) indiretos, gerais e comuns.

Vamos apresentar ao sr. Alcebíades e à sua esposa alguns desses custos (e despesas).

As despesas de manutenção das máquinas e dos equipamentos, as despesas de energia elétrica, de limpeza, de impostos, de água, de telefones, de gás e as despesas com o escritório especializado que cuida da contabilidade e da administração trabalhista e social das duas atividades-fim: a oficina e a confecção. Essas despesas, conforme se pode notar, são despesas gerais, comuns (portanto, compartilhadas pelos objetos do custeio) e, naturalmente, consideradas indiretas, porque serão alocadas aos objetos do custeio por meio dos artifícios denominados rateios.

O sr. Alcebíades e sua esposa conhecem muito bem essas despesas. Elas são, geralmente, relevantes em termos monetários.

O contador deve explicar para o sr. Alcebíades e para a esposa por que denomina esses *gastos* como despesas e não como custos. Neste capítulo, já explicamos para os nossos leitores os motivos pelos quais adotamos essa conceituação.

Depois de toda a explicação, o sr. Alcebíades e a esposa, d. Doralice, uma vez tomado conhecimento das despesas comuns, compartilhadas, certamente desejam saber como farão para as dividirem entre os vários objetos do custeio. Para os dois empresários, os objetos do custeio são os seguintes: o segundo andar do prédio, onde fica a residência da família, o primeiro andar, onde está localizada a confecção, e o térreo, onde se encontra a oficina, os dois produtos encomendados e fabricados pela atividade dirigida pela d. Doralice: o costume Di-Or e a saia Leididi, as ordens de serviço de um Mercedes-Benz e um Porsche vermelho.

Eles conhecem com certa precisão os custos diretos; os materiais, a mão-de-obra e um ou outro serviço, eventual ou permanente, prestado por terceiros. Esses são considerados custos diretos. Chegando nesse ponto, os administradores se perguntam se é realmente necessário fazer a alocação das despesas comuns (gerais e indiretas). Quais as finalidades do rateio? O que acontecerá se não usarem esse artifício? Os resultados serão confiáveis? O resultado da relação custo/benefício será favorável? Temos que ajudá-los a tomar uma decisão nesse sentido.

O que dizem os especialistas

A nosso ver, o rateio dos custos, na maior parte dos aspectos da contabilidade de custos, não é um problema inevitável. Os diversos estudiosos, referindo-se aos motivos que levam os contadores e os administradores a tomar a decisão de proceder à atribuição de custos (e despesas) comuns, gerais, portanto indiretos, aos objetos de custeio, tratam de sublinhar que há, isto sim, uma obrigação, seja ela resultado da legislação tributária e comercial, das diversas regulamentações, dos Princípios Fundamentais de Contabilidade editados pelo CFC e das normas brasileiras de contabilidade, ou dos conceitos apresentados pela Estrutura Conceitual Básica da Contabilidade, aprovada pela CVM. A alocação, na sua maioria, é um problema inevitável apenas porque existe uma obrigatoriedade.

Uma das "divisas" ou um dos "aforismos" da contabilidade de custos é o seguinte: "informações de custos diferentes para atender finalidades gerenciais diferentes". Isso evidencia sua enorme flexibilidade e seu poder informacional. É, a tiracolo, o contraditório: se deve existir uma flexibilização, não há razão para dizer que há, também, uma inevitabilidade. São idéias um tanto quanto contraditórias.

O que podem ser as exigências (obrigações)? Sabemos que contabilidade de custos deve atender à legislação tributária, à legislação societária, às regulamentações específicas, aos princípios fundamentais e às normas, estas no caso de:

- preparação de demonstrações contábeis destinadas a interessados externos à entidade;
- contabilizar, diferir e apropriar os custos (e as despesas) de ativos permanentes que vão trazer benefícios futuros;
- preparação de relatórios contábeis pelas empresas concessionárias de serviços públicos diante de determinadas regulamentações especiais;
- fornecedores de obras de grande porte contratadas com os diversos níveis e esferas governamentais e que contenham cláusulas de "custos mais taxas" que incluem os custos (e as despesas) indiretos e mais uma parcela de lucro;
- ser *conveniente* para a entidade apropriar custos (e despesas) indiretos para os departamentos e setores com a finalidade de controlar as ações que podem estar influenciando esses itens de custos;
- algumas organizações *acreditam* que se a contabilidade de custos proceder ao rateio de custos para unidades descentralizadas, provavelmente as gerências dessas unidades tudo farão para obter lucros que cubram esses rateios.

Observe que enfatizamos os termos "conveniente" e "acreditam" para sublinhar o fato de que em tais situações não há obrigatoriedade, como, também, em alguns dos casos citados, embora possa parecer, não há uma "inevitabilidade". Tudo vai depender de julgamento e de acordos entre as partes.

Existem casos em que a alocação de custos parece ser inevitável. São os casos da alocação de custos nos processos, geralmente fabris, em que existem co-produtos e subprodutos. São, porém, custos relacionados ao consumo de recursos diretos. A inevitabilidade é conseqüência da falta de outro meio que possa ser empregado para a determinação dos custos dos objetos de custeio nesse tipo de operação peculiar. O que o administrador pode questionar é se vale a pena determinar os custos da produção conjunta desse modo, ou seja, utilizando rateios carregados de procedimentos artificiais. Horngren e colaboradores (2000) apresentam os objetivos da alocação de custos.

Um dos motivos mais contundentes é o montante atual dos custos (e das despesas) comuns, gerais e indiretos. A proporção desses custos em relação aos custos diretos é cada vez maior à medida que a tecnologia de produção e de administração aumenta. Antes de surgirem cenários com essas características, a proporção do montante dos custos, considerados indiretos, numa indústria, era em média de 1/3 do custo total de produção. Hoje, esses custos ocupam uma proporção de quase 70% do custo total de produção. Assim, pode-se falar até em inevitabilidade da sua alocação.

Essas proporções são resultado de nossa sensibilidade diante não só de nossa experiência, como também do muito que temos lido a respeito do assunto. Em Leone (2000a e 2000b), os comentários sobre as proporções tradicionais apresentam-nas como de 1/3 do total do custo de produção.

Para Horngren e colaboradores (2000), os motivos que levam os administradores e os contadores a admitir o emprego de rateios são os seguintes:

- fornecer informações para certas decisões econômicas;
- motivar administradores e empregados;
- justificar custos ou calcular reembolsos;
- mensurar o lucro para atendimentos das exigências legais dos relatórios destinados ao público externo.

Esses mesmos autores ainda mostram os "critérios para orientação das decisões de alocação de custos" que são, na verdade, os fundamentos teóricos das alocações:

- causa e efeito (aparentemente, em acordo com o que o professor Olívio Koliver, em suas aulas e súmulas, ensina como o "princípio da causação");
- vantagens obtidas (no caso em que podem ser identificadas as vantagens recebidas pelo emprego de consumos gerais e indiretos);
- imparcialidade ou eqüidade (no caso de contratos com o governo);
- capacidade de absorção (aqueles objetos que terão uma capacidade maior para absorver os custos recebidos por meio de alocações indiretas).

A alocação dos custos indiretos: um exemplo simples

Por definição, custos comuns a dois ou mais objetos provavelmente serão rateados aos objetos de forma mais ou menos arbitrária.

Vejamos uma história muito simples, porém verídica.

Certa feita, o professor Xenofontes da Silva, da Universidade do Brasil, foi convidado por seu amigo professor Ferdinando Smith, na época diretor da Faculdade de Economia em Leopoldinópolis, para proferir uma palestra sobre um ponto controverso da economia. Após a palestra, o diretor convidou o amigo palestrante para almoçar numa grande churrascaria no centro da pequena cidade. É bom lembrar que o professor Ferdinando pesava uns 140 kg. Esse dado é essencial para o entendimento da história, pois o diretor comia igual a um abade "bem nutrido", personagem freqüente nas obras de ficção. O professor convidado, que pesava uns 70 kg, comia moderadamente. A conta da refeição chegou assustadora: 132,00 unidades monetárias da época. Uma "nota preta", como diziam os mais jovens. O diretor da faculdade, com a maior "cara-de-pau", resolveu: "vamos dividir a conta por dois". É claro que o visitante não aceitou o rateio. Discussão pra cá, discussão pra lá (em alto nível acadêmico) chegaram os dois comensais a um resultado: "o rateio seria feito com base no peso de cada um". Assim foi feito. O professor Xenofontes pagou 44 unidades e o professor Ferdinando pagou 88 unidades. Todos os dois ficaram satisfeitos com a matemática. Perguntamos: foi acertada a escolha de tal base de rateio? Em princípio, sim. Mas, se levarmos em conta que o professor Xenofontes comeu "coisa fina e cara" e bebeu um vinho francês importado e uma boa sobremesa, parece-nos que a divisão não foi justa para o professor Ferdinando, apesar de matematicamente certa. Uma solução melhor poderia ser alcançada, embora ainda não se chegasse a um resultado exato. Mas levaria tempo e muito trabalho. Por exemplo: quantos copos de vinho um e outro tomaram? Seria preciso que alguém estivesse acompanhando todo o desenrolar do almoço para ir computando todos os detalhes dos vários consumos. Pior, os dois comensais deveriam acreditar nesses cálculos e estar de acordo com eles. É assim que os contadores, em conjunto com os administradores, fazem nas entidades quando desejam detalhar toda essa proporcionalidade para alocar custos comuns, gerais e indiretos (e despesas). Só há um pormenor, que não podemos esquecer: nas entidades, as operações são muito mais complicadas do que um simples almoço de dois amigos e contêm dezenas de variáveis, dezenas de unidades de medida e um sistema de pontuação, acompanhamento e controle funcionando bem e muito bem administrado.

A alocação e o custeio por absorção

Eis o que para nós é um mistério: por que os adeptos e divulgadores do custeio ABC afirmam freqüentemente que "é melhor usar o custeio ABC em lugar do custeio por absorção"? Afirmações como essas escapam solenemente de nosso entendimento. Só há uma explicação plausível.

Sabemos que os contadores de custos sempre desejaram alcançar alguma coisa, até certo ponto, inatingível. Inclusive nós. Desde que começamos a trabalhar em custos, sempre procuramos tornar diretos todos os usos e consumos de recursos, isto é, fazer com que todos os recursos pudessem ser diretamente aplicáveis aos seus portadores. É "a sopa no mel", como se diz na gíria. Se isso acontecesse, teríamos resolvido a maior parte dos problemas da contabilidade de custos.

Os divulgadores do ABC, critério desenterrado provavelmente por Robert S. Kaplan e Robin Cooper, esquecem-se de que esse sonho é acalentado há dezenas de anos pelos contadores. Embora o critério ABC seja um procedimento inteligente, quando usa a identificação dos recursos para as atividades e a identificação das atividades para os produtos (ou qualquer dos objetos do custeio), continua utilizando-se da alocação indireta.

Tirando o recurso "material direto" e, em alguns casos, o recurso "mão-de-obra direta", tornar direto o consumo de outros recursos só é alcançado com muito trabalho. Vejamos o caso simples da mão-de-obra direta. Os operários, durante o dia, podem trabalhar apenas na fabricação de um único tipo de produto. Nesse caso, de muito agrado pelos contadores de custos, os custos de mão-de-obra do dia serão diretos. Mas, nem sempre é essa a organização do setor. Durante o dia, os operários podem trabalhar em diferentes produtos ou serviços. Como registrar essa movimentação para que os custos de mão-de-obra sejam considerados diretos, sem rateios ou estimações? A diretibilidade pode ser alcançada, mas somente com o emprego de recursos muito caros. A relação custo/benefício pode indicar um resultado insatisfatório.

O oposto ao critério do custeio por absorção

Em 1936, o estudioso norte-americano Jonathan N. Harris publicou um artigo, já mencionado neste livro, apresentando as vantagens do custeamento direto ou variável. Esse critério de custeamento está baseado no fato de que os custos dos objetos de custeio devem ser determinados somente com a aplicação dos custos diretos ao objeto e que devem ser variáveis em relação a alguma variável de forte influência nas modificações dos totais desses custos. Seria uma forma mais limpa de demonstrar os custos para auxiliar a gerência nas funções de planejamento e de tomada de muitas decisões de curto prazo. Tal critério foi amplamente discutido e analisado durante quase 50 anos. Os custos fixos e indiretos não seriam absorvidos pelos custos dos objetos que estavam sendo custeados. Ainda hoje, o critério do custeio direto ou variável ainda está presente nas mais influentes obras de contabilidade gerencial e de custos, apesar de não ser aceito pelos principais clientes da contabilidade como o governo e os administradores, nem pelos próprios contadores. Tal critério só é admitido para as finalidades gerenciais internas. Um critério que faz surgir um poderoso indicador do tipo da "contribuição marginal" é sempre utilizado internamente. Somos adeptos do critério do custeio direto ou variável, literariamente, o "antônimo" do critério do custeio por absorção, já que este adota o procedimento básico de incluir nos custos dos objetos, por meio de rateios, as despesas e os custos indiretos e fixos.

O que é reflexo?

Uma das evidências da natureza dos custos (e das despesas) está no fato de que eles são reflexos de ações, operações e decisões dos níveis gerenciais. Os custos e as despesas se comportam de modo a observar sempre o resultado do que fazem os administradores. Os custos e as despesas não surgem do nada. É preciso que algum administrador tome uma decisão, realize alguma operação ou transação, para que surjam os custos e as despesas. Mais uma vez, aflora a figura do dueto. As ações e decisões gerenciais devem ser medidas por alguns critérios quantitativos. São medições que denominamos "fatores governantes" e muitos chamam atualmente de "direcionadores" de recursos e de atividades. O trabalho do contador de custos é descobrir, por meio de instrumentos estatísticos, quais os fatores causadores de reflexos nos custos de qualquer objeto que tenha sido parte de alguma operação, transação ou decisão tomada pelos administradores da entidade. Muitos livros de custos e contabilidade gerencial incluem capítulos que estudam os comportamentos dos custos diante de fatores ou variáveis relacionados às atividades. Em relação a essa investigação importante, entra o conhecimento básico que os contadores devem possuir acerca dos instrumentos matemáticos e estatísticos e dos meios da informática, necessários para fazer suas aplicações a alguns dos mais relevantes problemas apresentados pelas operações, capazes de ser solucionados pela contabilidade de custos. A grande maioria das obras sobre custos inclui capítulos onde se estuda as vantagens e as desvantagens do critério do custeio direto ou variável. E apresenta interessantes problemas práticos do emprego desse critério por parte de contadores e de administradores.

Conclusões

Vimos que a alocação (apropriação ou atribuição) dos custos indiretos (e também das despesas indiretas) *não é inevitável* quando os contadores estão determinando os custos dos diversos objetos de custeio para produzir informações para uso interno e gerencial. *Na verdade não existe uma inevitabilidade, mas, sim, uma obrigatoriedade*, quando os contadores estão determinando os custos para algumas informações externas. Essa *obrigatoriedade (e não inevitabilidade)* surge, de forma destacada, em algumas imposições legais, nas próprias resoluções dos órgãos que regulam ou instruem os trabalhos dos contadores, em regulamentos específicos, como nos casos de determinação dos custos de trabalhos de grande envergadura que fazem parte dos contratos de empreitada onde uma das cláusulas é "custo + lucro" e em outras oportunidades. É claro que consideramos a alocação dos custos indiretos o fundamento do custeio por absorção. É impossível escapar dessa consideração.

Maher (2001:375) destaca as seguintes vantagens do custeio por absorção:

a) a vantagem mais óbvia do custeio por absorção é que ele atende às exigências do FASB (Financial Accounting Standards Board) e da legislação tributária;[3] b) os adep-

---

[3] Ao se referir à legislação tributária, o autor considera, principalmente, a Lei do Imposto de Renda. Essa é a "vantagem mais óbvia". No entanto, existem outras. O mesmo revela que os proponentes do custeio por absorção "reconhecem a importância dos custos fixos de produção e defendem que todos os custos de produção representam custos do produto".

tos do custeio por absorção (nunca se esqueçam de que este critério advoga a alocação dos custos indiretos, sejam variáveis ou fixos) argumentam que o custeio variável penaliza companhias que aumentam seus estoques, prevendo aumento de demanda por seus produtos; c) outra vantagem do custeio por absorção é que sua implantação pode ser mais barata, porque ela não exige a separação dos custos de produção em fixos e variáveis.

Achamos interessante trazer os argumentos anteriores justamente por ser um livro editado nos Estados Unidos, preparado por um professor norte-americano, lido e relido por mais de 70 outros professores de várias universidades. Mesmo considerando essas argumentações e outras considerações de outros autores, inclusive as apresentadas em Horngren e colaboradores (2000), criamos a nossa idéia de que, quando se trata de custos (e despesas) indiretos, a alocação não é inevitável. Citamos, finalmente, Maher (2001:376), porque estamos de acordo: "como em muitas outras situações de escolha entre métodos contábeis alternativos, os custos e os benefícios de cada método é que ditam o melhor curso de ação, em situações específicas".

Referências

CLARK, J. Maurice. *Studies in the economics of overhead costs.* University of Chicago Press, 1923.

HANSEN, Don R.; MOWEN, Maryanne M. *Gestão de custos* — contabilidade e controle. São Paulo: Pioneira, Thomson Learning, 2001.

Tradução da 3ª edição americana, editada em 2000, pela South-Western College Publishing.

HARRIS, Jonathan N. What did we earn last month. *NACA Bulletin*, jan. 1936.

HORNGREN, Charles T. et al. *Contabilidade de custos.* 9. ed. Rio de Janeiro: LTC, 2000.

LEONE, George S. Guerra. *Custos*: planejamento, implantação e controle. 3. ed. São Paulo: Atlas, 2000a.

_____. *Custos* — um enfoque administrativo. 14. ed. Rio de Janeiro: FGV, 2000b.

MAHER, Michael. *Contabilidade de custos* — criando valor para a administração. São Paulo: Atlas, 2001.

MARTINS, Eliseu. *Contabilidade de custos.* 9. ed. São Paulo: Atlas, 2003.

REEVE, James M.; WARREN, Carl S.; FESS, Philip F. *Contabilidade gerencial.* São Paulo: Pioneira, Thomson Learning, 2001.

Tradução da 6ª edição do livro americano, editado pela South-Western College Publishing em 1999.

5º Mandamento

Não perca tempo procurando o custo exato. É uma utopia

O custo exato (no sentido mais correto do termo "exato") jamais foi encontrado, apesar de estar sendo procurado há bastante tempo. Logo, podemos afirmar que o "custo exato" é uma espécie de "elo perdido", "fonte da juventude" e, até mesmo, "o moto contínuo". Não estamos falando dos termos "verdadeiro" ou "real", que são bastante empregados. Estes têm conotações diferentes das conotações do termo "exato".

Em nossas aulas, para despertar a curiosidade dos estudantes, enfatizamos o que disse há 2.700 anos, o contador-geral de Atenas, Arisxerxes, um dos mais notáveis funcionários daquela cidade-Estado. Arisxerxes exerceu com brilhantismo a sua função, entre os anos 794 e 764 a.C. Em um de seus relatórios periódicos enviados ao Colégio de Representantes, disse, categoricamente, que "o custo exato era uma utopia" (neste particular, desejamos alertar os nossos leitores para que consultem obrigatoriamente a nota "Arisxerxes" no sentido de conhecer melhor quem foi esse magnífico funcionário público).

A afirmação, embora significativa, não atravessou, com a evidência que merecia, esses 2.700 anos. Perdeu sua força, visto que poucos a ela se referiram desde então.

Consultando, recentemente, a obra *Contabilidade industrial* (Silva, 1954:82), encontramos a seguinte afirmação: "os custos de produção rigorosamente exactos não passam duma utopia" (não fomos à obra desse ilustre contador lusitano com o exclusivo intento de procurar tal afirmação. Nem de longe pensamos nisso. O que nos levou a consultar o livro foi, talvez, um lampejo de nostalgia. Gostamos de ler o que era estudado há 40 anos, quando começamos a estudar contabilidade. Principalmente livros escritos por portugueses, romancistas ou técnicos, sempre repletos de elegância e objetividade).

É claro que muitos outros estudiosos devem ter a mesma idéia e, provavelmente, devem tê-la divulgado, mas não os conhecemos, infelizmente. Muitos devem ter a mesma sensação de que o custo exato é "uma utopia", porém, parece-nos que não a julgaram importante o suficiente para divulgá-la. Pode ser também que, como a afirmação apresentada por Arisxerxes possui traços de uma realidade evidente e transparente, poucos estudiosos e praticantes consigam notá-la. Quem sabe se, por ser tão óbvia, ninguém se preocupa em comentá-la?

Adiante, apresentaremos os argumentos expostos pelo contador Arisxerxes para validar seu pensamento de que o custo exato é uma utopia. Acreditamos que esses argumentos deveriam ser constantemente avaliados para melhor entendermos os novos métodos, sistemas, critérios e, principalmente, as pesquisas realizadas.

Antes disso, porém, gostaríamos de abrir um parêntesis para discutir os termos que compõem o título do capítulo: "custo", "exato" e "utopia".

O título completo é inteligível, concordamos. Mas, olhando cada um dos termos de modo isolado, alguns leitores poderão ficar em dúvida. Para a nossa própria tranqüilidade, é preciso, primeiramente, entender o sentido de cada um desses termos, para entendermos a motivação do capítulo.

Conceituação indispensável para a definição dos termos

Segundo o *Dicionário Aurélio* (Ferreira, 1986:1745), utopia é um país imaginário, criado pelo escritor inglês Thomas Morus; um projeto irrealizável; uma quimera ou uma fantasia. (Vale a pena reservar um pouco do tempo para conhecer *Utopia*, de Thomas Morus. Embora escrita no século XVIII, é cada vez mais atual. Parece idealizada para os dias de hoje, época que cada um de nós, certamente, desejaria viver em um país utópico, como o inventado pelo genial pensador.)

No sentido imaginado por Morus, dizer que o custo é uma utopia na verdade não é uma utopia. Utopia é o próprio custo que se diz exato. É uma figura imaginária, inalcançável. Utópica pode ser a pessoa que chega a afirmar, hoje, que se pode determinar o custo exato de algum objeto (produto, atividade ou serviço), sabendo, muito bem, que as ferramentas e o arsenal de conhecimentos de que dispomos não são suficientes para atingir esse "ideal".

Para definir "custo", não é suficiente consultar o *Dicionário Aurélio* (1986:515). Para o ilustre dicionarista, "custo" é a quantia pela qual se adquire algo, é o valor em dinheiro, é uma dificuldade, um trabalho, um esforço. Para muitos estudiosos, o "custo" é um sacrifício, no sentido de que estamos renunciando a algo que possuímos em troca de outra coisa. A renúncia é um custo. De modo geral, dizemos que o "custo" é a medida do sacrifício que alguém faz para realizar alguma coisa. Já "sacrifício" significa qualquer recurso que seja consumido/usado para a realização do que se deseja. Por exemplo, podemos alardear que "foi um sacrifício para nós estarmos presentes à reunião". Nesse contexto, sacrifício pode ter vários significados: pode ser o tempo sacrificado em lugar de consumi-lo em outra coisa, pode ser o desgaste mental, pode até ser o total de gastos em dinheiro que fomos obrigados a fazer para estar na reunião. Podemos medir o sacrifício de várias maneiras. Obviamente, alguns deles nem podem ser medidos: o bombeiro salvou das labaredas o morador de um edifício em chamas, mas com o sacrifício da própria vida; ninguém duvida que o ato lhe "custou" a vida e esse sacrifício jamais poderá ser medido. Outro exemplo muito freqüente é "foi um sacrifício muito grande tomar essa decisão". Como medir esse sacrifício? Por que o sujeito acha que o sacrifício foi grande?

Na definição de "custo de oportunidade", é evidente o sacrifício feito por tomar-se certa decisão em troca de outras, deixadas de lado e com potencial de trazer outros benefícios.

Acreditamos que a explicação que melhor se sintoniza com o objetivo deste capítulo é entender custo como a medida monetária do recurso que foi consumido para a fabricação de um produto, para a realização de um serviço, de uma operação, de uma venda ou de uma atividade qualquer, sempre relacionados a uma entidade.

No *Dicionário Aurélio*, a palavra "custo" ainda acompanha os substantivos "dificuldade", "trabalho" e "esforço". Por analogia, o *Aurélio* nos dá outras idéias para o termo "sacrifício": privação de coisa apreciada, renúncia em favor de outrem, abnegação e desprendimento. Para muitos autores, tanto de contabilidade, quanto de economia, direito e administração, o custo é o sacrifício de um ativo, é a troca de um bem ou direito que possuímos para aquisição ou para o consumo de um recurso necessário para realizarmos algo.

Para Siegel e Shim (1995), o "custo" é o sacrifício medido pelo preço pago para adquirir ou manter bens ou serviços e é, ainda, o total dos preços pagos pelos materiais, mão-de-obra e recursos gerais de fabricação para a produção de uma mercadoria.

E o que dizer da palavra "exato"? Não existe medida exata quando a variável de interesse é contínua. Assim, não podemos afirmar que o custo é exato. A exatidão é um estado difícil de ser medido e muito mais de ser alcançado. Os estatísticos já conhecem essa dificuldade há algum tempo e se cercaram de instrumentos na tentativa de alcançar resultados exatos dentro de certas condições. Os economistas criam modelos da realidade que não apresentam a verdade total e absoluta. O que falar dos custos que são influenciados por tantos e tão variados fatores? Não se pode jamais afirmar que determinamos o custo exato de algum objeto, seja qual for o objeto. Nossa experiência indica que os contadores tentaram e continuarão tentando obter as soluções mais exatas possíveis, desenvolvendo, a cada momento, novos critérios, novos controles, artifícios, sistemas, simplificações, estimações, padrões e tantos outros que possam tranqüilizá-los quanto aos resultados atingidos.

Os argumentos apresentados por Arisxerxes

Pedimos licença ao ilustre contador de Atenas, para apontar os argumentos e razões levantados quando desejou fundamentar sua afirmação em seu relatório preparado para o Colégio de Representantes.

O rateio dos custos e das despesas comuns a dois ou mais objetos do custeio

Em nossas aulas e em quase tudo que escrevemos sobre custos, denominamos, tal razão, o calcanhar-de-aquiles da contabilidade de custos". Por ser o ponto mais fraco da contabilidade de custos, como foram os calcanhares do deus Aquiles.

Parênteses do interesse dos leitores: os médicos em todo o mundo estão, atualmente, se esforçando para harmonizar os termos técnico-científicos da sua profissão. O mesmo acontece com os contadores: trabalhamos para uma harmonização, não só dos termos, mas, também, das normas e dos princípios fundamentais da contabilidade. Por exemplo, em medicina, o que se denominava o calcanhar-de-aquiles, é agora, simplesmente, "tendão calcâneo". Não somos médicos, mas somos os seus usuários (chamados, inexplicavelmente, de "pacientes"). Logo, temos o dever de alertar os profissionais da medicina de que o termo anterior era muito mais explicativo e inteligível, portanto, muito mais sonoro. Alertamos os contadores para que, no trabalho de harmonização, ajam com bom senso e inteligência.

A mitologia grega é cheia de heróis e heroísmos capazes de nos fazer entender de imediato muitos problemas do mundo em que vivemos.

Com efeito, o rateio dos custos e das despesas entre os objetos do custeio para a determinação dos respectivos desempenhos é um tanto misterioso. Todos nós sabemos que as bases de rateio selecionadas não refletem a realidade. Não determinam, na verdade, o quanto cada portador de custos (ou de despesas) está exigindo dos recursos comuns, portanto atribuindo custos que podem resultar em informações falsas e, no mínimo, irreais. No entanto, todos nós (contadores, administradores, governantes e executivos) fazemos questão de praticar o rateio.

Os rateios são a base do famoso "custeio por absorção". Vale consultar Horngren (1997: 474-475) ou Horngren e colaboradores (2000), onde o autor dá excelentes informações sobre os motivos pelos quais há tanta gente adotando o critério do custeio por absorção.

É interessante notar que o "custeamento baseado em atividades" também usa o critério do custeio por absorção em partes do processo de custeamento, embora seus ferrenhos admiradores teimem em afirmar que uma das grandes falhas dos sistemas "tradicionais" reside exatamente no emprego de rateios de custos comuns. O sistema ou critério ABC (*activity based costing*) é um procedimento criativo, minucioso e útil, redescoberto e reabilitado pela simplicidade em operá-lo — visto o uso fácil, barato e amplo da computação eletrônica — e pelas enormes necessidades emergentes e imperiosas nos novos cenários econômicos globalizados.

Qualquer critério que usa o rateio como forma de apropriar os custos comuns para a determinação dos custos dos objetos incorre automaticamente no erro de não chegar a um custo exato. As bases de rateio são subjetivas, arbitrárias e irrealistas.

A busca por procedimentos mais aceitáveis para a alocação dos custos comuns (chamados de custos indiretos por causa da necessidade de rateios) vem desde a Idade da Pedra Lascada ou Idade da Pedra Polida (não conseguimos identificar em qual dessas idades os homens começaram a ter essa preocupação). Os contadores e os administradores sempre perseguem o melhor método ou remédio. O "dueto" tem trabalhado nesse sentido com muita seriedade.

Alguém poderá perguntar: "quer dizer que o custeio variável (direto) determina o custo exato?"

Resposta: Não determina. Porque, apesar de seguir um caminho correto, encontra outras dificuldades sérias, como qualquer outro critério, sistema ou método. Acalmem-se... O contador-geral de Atenas apresentará tais razões.

Não podemos deixar de destacar, ainda neste item, o problema dos custos conjuntos, concernente ao cálculo dos custos dos diversos produtos conjuntos e dos subprodutos.

Poderíamos, desde o começo, incluir a necessidade, em contabilidade de custos, de fazer uso das equivalências entre produtos e processos. Em muitos casos, tanto em produtos quanto em serviços, é imprescindível descobrirmos (normalmente junto aos engenheiros e supervisores das operações) as relações entre os objetos do custeio. Fica mais evidente essa necessidade quando estamos determinando os custos de produção conjunta. Nada mais certo do que afirmar que qualquer custo (sobretudo os indiretos) calculado com base em equivalências não é exato, no sentido "exato" da palavra.

Em outros capítulos, apresentamos estudos sobre os problemas de "absorção" e "exatidão", inclusive as "equivalências".

Se está funcionando, pode melhorar

Este é um fato incontestável. Qualquer coisa útil, desenvolvida pelas mãos dos homens, pode ser continuamente aperfeiçoada. O aperfeiçoamento é inato ao espírito humano. O atendimento das necessidades humanas está em constante evolução. No tempo de Arisxerxes, na Grécia antiga, a procura pela perfeição sempre foi um desejo inarredável. As mulheres, as estátuas, as artes, os monumentos, as leis, os deuses e os costumes. Arisxerxes foi contemporâneo dessa fase da humanidade. Daí porque, de imediato, apontar, como uma das razões, o fato de que os processos de produção e de realização de qualquer serviço se estão funcionando a contento, poderão ser melhorados e, conseqüentemente, o uso de recursos escassos que são adquiridos ou trocados com sacrifício poderá ser reduzido, baixando os custos. Arisxerxes teve uma visão premonitória, um pressentimento, do que os japoneses fariam mais tarde com o método *kaizen*, que tem, como um de seus fundamentos, o aperfeiçoamento contínuo. O processo produtivo de um bem, ou a realização de algum serviço ou atividade, é cheio de "nuances", em que o especialista tem sempre a "chance" de conseguir reduções de custos pelo emprego de técnicas mais modernas e adaptadas. Esse aperfeiçoamento só pode ser atingido pela capacidade, tenacidade e inteligência humanas.

O princípio da competência e seu "irmão", o princípio da oportunidade

Em Leone (1971), apresentamos os princípios contábeis que influenciavam os trabalhos do contador de custos. Naquela época, esses princípios eram intitulados de "princípios contábeis geralmente aceitos", como são, até hoje, designados pelos contadores americanos.

Um dos princípios, de forte influência nos resultados apurados pela contabilidade de custos, é o que chamamos de princípio do casamento entre a renda e a despesa, tradução direta do *matching principle* americano. Alguns estudiosos brasileiros o denominam princípio da confrontação entre receita e despesa. Desde o início de nossa vida profissional, aprendemos que o princípio, hoje denominado princípio da competência (pertencente ao rol dos princípios editados pelo Conselho Federal de Contabilidade — vejam as Resoluções CFC nº 750/93 e CFC nº 774/94), não trata apenas da "competência" de exercícios, mas também da "competência" de atividades. O princípio da competência, editado pelo CFC, tem motivos importantes para se dirigir apenas aos exercícios, porque faz parte dos princípios fundamentais imprescindíveis para o correto trabalho dos contadores quando apresentam informes para o público externo interessado no desempenho geral e nas perspectivas da entidade. Já para os informes internos gerenciais, vale também a competência dentro das atividades (produtos, serviços, setores e processos, enfim aos vários objetos do custeio).

Devido a esses motivos, analisamos o princípio da competência em relação ao critério do custeio variável (ou direto). À época, diziam os estudiosos que a "competência" não dava as mãos aos procedimentos básicos do critério do custeio variável: agiam como se fossem o azeite e a água.

Vejamos. O princípio da competência, conforme as resoluções do CFC mencionadas, fala exclusivamente das receitas e despesas que devem ser incluídas na apuração do resultado do período em que ocorrerem, sempre simultaneamente, quando se correlacionarem, independentemente de recebimento e pagamento. As resoluções, pelos motivos já apresentados, não comentam a competência relacionada aos objetos do custeio. Tanto os conceitos emitidos pelo CFC, quanto os conceitos apresentados para a explicação das razões expostas por Arisxerxes, concorrem para o difícil trabalho de determinação do custo exato de um determinado objeto de custeio.

Apesar de serem os conceitos emitidos pelas resoluções do CFC relacionados aos exercícios, os estudiosos ultrapassam os limites quando tratam de justificar o momento da realização das receitas e das despesas. Eles correlacionam os conceitos aos resultados dos produtos e serviços comercializados no período.

São dois os conceitos básicos em contabilidade na esfera da "competência": o período e o objeto do custeio. Toda essa "teorização" é produto apenas de nossas reflexões particulares que, embora fundamentadas em experiência prática e em muitos estudos, devem estar sujeitas a "chuvas e trovoadas".

Entretanto, é precisamente a idéia de objetos do custeio que nos serve para explicar os motivos pelos quais estamos de acordo com Arisxerxes quanto aos custos não serem exatos.

É fato que, quando os contadores adotam a "competência", não só quanto aos exercícios como, ainda, quanto aos objetos do custeio, precisam fazer algumas estimações, já que as despesas e os custos de algumas operações, pagas ou não, não se correlacionam simultaneamente nem com os exercícios, nem com os objetos custeados. Na explicação do princípio da competência, faz-se menção a um possível entrelaçamento de finalidades com o princípio da oportunidade. A oportunidade, tal como definida nas mencionadas resoluções do CFC, é de uma "redonda" utopia até hoje.

Vejamos alguns casos muito corriqueiros e até banais.

Como vamos esperar que o consumo dos recursos seja imediatamente avaliado e registrado na sua inteireza? Como faremos com o trabalho dos operários e dos empregados e o consumo de energia e de outros recursos, utilizados ao longo do período ou da elaboração de produtos e serviços. É ficção científica, por enquanto. Quando a empresa contrata um operário qualificado, no início de um período, e se o contador deseja registrar, atendendo aos dois princípios objetos desta discussão, a despesa de salário competente ao trabalho executado, de minuto a minuto, aí sim, estaria contemplando os dois princípios, mas certamente, tudo seria um "grande, perfeito e acabado" exercício de estimação de valores.

Arisxerxes pensou nisso há 2.700 anos. Tanto que ao contratar um funcionário para servir à cidade-Estado de Atenas, ele registrava no primeiro dia o salário integral do mês e mais todos os encargos relacionados, como 13º salário, férias, previdência social e outros, por meio de contas de compensação. À medida que se passava cada minuto (ou segundo), ele registrava o salário e os encargos proporcionais e correspondentes como custo do período ou do objeto que estava consumindo diretamente (ou indiretamente) aquele recurso de mão-de-obra (ou seja, utilizando um fator governante ou um direcionador de custos) e como contrapartida um crédito a uma conta de obrigações. Arisxerxes tinha grandes "premonições".

Percebeu, assim, com uma antecipação de 2.700 anos, que o nosso CFC iria evidenciar o princípio de oportunidade nas duas resoluções, afirmando, textualmente, o seguinte: "o princípio de oportunidade refere-se, simultaneamente, à tempestividade e à integridade do registro do patrimônio e de suas mutações, determinando que estes sejam feitos de imediato e com a extensão correta, independentemente das causas que os originaram".

Vale a pena conhecer o que escreveu o contador brasileiro Marcelo Cavalcanti Almeida (2000:28): "a essência do princípio da oportunidade é o registro da operação no período de sua ocorrência, mesmo utilizando quantias estimadas...".

Portanto, conforme Arisxerxes sublinhou, as estimações necessárias, tanto para a "competência", quanto para a "oportunidade", constituem os fatores principais para a impossibilidade do cálculo de um custo exato.

As perdas, os desperdícios de toda a natureza, as aparas, os refugos e a produção com defeito

Esses fenômenos são muito comuns. Acontecem com certa freqüência. Algumas vezes, são denominados "normais", em virtude da dificuldade de se alterar, a curto ou médio prazos, suas características e os processos de produção ou de realização de um serviço. Tudo isso está intimamente relacionado à preocupação com a qualidade e ao "motivo", apresentado anteriormente, da "melhoria contínua".

Os administradores, junto com os contadores, tentam diminuir o valor monetário ocasionado por esses fenômenos, aos quais podemos juntar a evaporação, o derramamento e as quebras.

Esse conjunto de fenômenos é, na maior parte das vezes, de difícil custeamento com precisão. Procuramos, em contabilidade de custos, minimizar, cada vez mais, a amplitude do erro de cálculo. Mas, mesmo assim, as diferenças permanecem, fazendo com que os custos dos produtos e dos serviços não sejam calculados com exatidão.

Atualmente, os contadores estão se adiantando no cálculo dos custos chamados de "custos da qualidade". Tal preocupação se deve à concorrência acirrada, à qualidade dos produtos e serviços, aos preços e aos prazos mais competitivos, à entrega mais rápida e, porque não dizer, aos serviços de assistência técnica.

Redução de custos e maior qualidade são elementos fortemente antagônicos. É difícil atingir alta qualidade com redução de custos. Em casos bem conhecidos, esse antagonismo ainda persiste. Na fabricação de produtos de alta qualidade, fica difícil fazer redução de custos, sobretudo quando se pensa na substituição de materiais ou de peças por outras de menor custo. Tal fato pode afetar a qualidade. Exigir maior qualidade, demanda mais sacrifícios, principalmente em termos de custos.

Automóveis mais caros utilizam peças e materiais mais caros. Não se produz um Mercedes ou um Rolls Royce com plástico. Usa-se alumínio, madeira de lei, e couro. Fato semelhante acontece com os demais produtos e serviços do mercado. É o caso da geladeira GE, na casa de uma conhecida, adquirida nos anos 1940 que funciona com qualidade até hoje. É o caso do piano fabricado há 170 anos, que funciona de maneira admirável. Atualmente, os produtos, a não ser os mais caros, funcionam bem durante pouco tempo. Depois disso, começam a dar problemas e precisam ser dispensados e substituídos por novos. O que é isso senão falta de qualidade? Muito do que se tem escrito sobre qualidade talvez tenha que ser revisado, ou melhor, explicado. Estamos vendo a "orgia" dos camelôs e algumas lojas vendendo, a preços muito baixos, produtos de baixa qualidade, que dizem ser preparados na China. Analisamos, com preocupação, a informação de que a China fabrica automóveis a preços baixíssimos, porque a mão-de-obra e as peças utilizadas são muito baratas. Essa idéia de que qualidade e custos são fenômenos antagônicos, que não se misturam, que são inimigos está arraigada em nossa mente. É uma idéia perigosa. Serão os carros chineses realmente de má qualidade, ou são tão confiáveis quanto os alemães, franceses, japoneses e americanos?

Surge, então, a pergunta que não quer calar: o que tem a ver essa história de qualidade com o fenômeno do custo exato?

Queremos determinar os custos da qualidade. Esse é o único motivo. Se desejarmos calcular os custos da qualidade para melhor informarmos aos administradores o desempenho da empresa, de seus setores operacionais e produtos, fica evidente que tais cálculos devem ser o mais precisos possível. As medições dos custos da qualidade, apesar do grande progresso já feito, ainda não podem ser consideradas exatas. E se as medições não possuem tais qualidades, impreterivelmente, os custos resultantes não serão exatos.

A inflação

É incrível como o nosso colega lá da Grécia, já naquele tempo, afirmava, com sabedoria, que a inflação perturba o cálculo do custo exato de um serviço, de um produto ou de outro qualquer objeto. Os contadores, muito sabiamente, indicam o princípio do custo original para avaliar os elementos patrimoniais, como um dos princípios fundamentais e imutáveis. Não há dúvida de que, por mais experiência que se tenha, sobretudo os brasileiros, quanto às defesas das avaliações (e aqui entram os custos), diante das oscilações perversas da moeda, sabemos que esses "defensivos" tentam ser confiáveis, mas jamais conseguiram atingir seus objetivos. Os indicadores de atualização monetária, por sua diversidade de cálculos e de bases, evidenciam essa preocupação por parte dos analistas, dos estudiosos, dos executivos, dos contadores e dos órgãos do governo.

Para o cálculo dos estoques intermediários e finais, os contadores de custos usam diversos critérios de registro e de avaliação. Chegamos ao ponto de ser obrigados pelas normas legais e fiscais a não empregar certos critérios, de passar por cima do "custo original", driblando o princípio fundamental relacionado, para usarmos o "custo de reposição", que é uma estimação gritante.

As diversas estimações e provisões

Neste item, fica explícita a genialidade e a intuição de Arisxerxes. Afinal, na época em que viveu, a maior parte das estimações (pelos motivos explicados a seguir) não era uma realidade. Esses problemas apareceram à medida que a civilização progredia.

Nossa tarefa como contadores de custos exige que façamos uso de estimações. Em diversas ocasiões, faltam-nos dados mais precisos. Não temos como ficar certos de que os direcionadores de custos, mesmo os denominados fatores governantes dos custos, estão bem calculados e são realmente representativos do uso e do consumo dos recursos. Os modelos matemáticos e estatísticos nos ajudam muito, mas não são capazes de nos dar a certeza definitiva de que estamos determinando custos exatos. Por exemplo, como saber com uma razoável exatidão quantos clientes deixarão de honrar seus débitos? Como saber quantos clientes deverão reclamar defeitos em produtos comprados e quais serão seus custos? Como determinar as quebras nos estoques, a obsolescência, as fraudes? Como determinar o desgaste dos equipamentos, das instalações e determinar as respectivas avaliações? O que podemos adiantar das amortizações relacionadas aos diversos ativos permanentes considerados contabilmente intangíveis e diferidos? Como administrar o aumento formidável dos custos indiretos e fixos em relação à sua mais perfeita sintonia com a aplicação desses custos às diversas fases produtivas ou às diversas fases da cadeia de valor?

Pegando o bonde andando

Vamos nos aproveitar dos "ensinamentos" do grande contador de Atenas e esticar por nossa conta e risco o que ele começou a explicar. Nosso intuito é atualizar suas preocupações e dúvidas, para estarem em sintonia com os cenários modernos da contabilidade de custos. Certamente, outro tipo de cálculo, de problema, ou mesmo outro tipo de custo foi idealizado pelo famoso ateniense. Ele apenas não deve ter tido tempo para divulgá-lo, em virtude de suas ocupações como autoridade pública na cidade-Estado.

Os custos imputados e os custos de oportunidade

Esses dois tipos de custos fazem parte de uma grande coletividade de custos "inventados". Por serem inventados, não são exatos, para o mundo da contabilidade financeira.[4] Eles não são sustentados por operações e documentos hábeis. Não passam por "caixa", não são contabilizados, têm uma carga ponderável de subjetividade. Apesar disso, são muito úteis e têm um papel muito especial no cálculo de algumas informações destinadas ao auxílio das funções de planejamento e de tomada de decisões gerenciais. Por isso, entram na composição dos custos de alguns objetos importantes e fazem com que os custos calculados desses objetos não sejam exatos.

---

[4] A contabilidade financeira não é uma atividade formal, é apenas um modo de se fazer contabilidade, dentro de um setor, este sim formal, de contabilidade. Um outro modo de se executar a função contábil é o que denominamos contabilidade gerencial, que também não é um setor formal, organizado, estanque, que aparece no organograma da entidade. O primeiro deles trabalha para, essencialmente, produzir informações para o mundo externo, para interessados que não estão na direção da entidade. O segundo trabalha para fornecer informações gerenciais internas, para os que estão no comando da entidade. Assim, fica mais claro, embora sejam conceitos bastante superficiais.

Mais adiante, veremos as definições dos custos "imputados" e os custos de "oportunidade". Veremos também alguns exemplos práticos que são, na maioria das vezes, os mais eficazes modos de definir e transmitir uma idéia, reflexão ou descoberta.

Os custos e as despesas de pesquisa e desenvolvimento

No ativo permanente diferido, encontramos registrados os custos e as despesas das atividades de pesquisa e desenvolvimento. São somas consideráveis, acumuladas ao longo do tempo. Temos dois grandes problemas que se entrelaçam. A avaliação de um gasto que será considerado ativo permanente e, depois, o que é pior, a sua aplicação aos produtos, serviços e atividades que, se supõe, sejam a ele relacionadas. E, hoje, com o progresso tecnológico avassalador, fica cada vez mais difícil relacionar os gastos diferidos aos produtos e serviços, quando estes perdem a sua atualidade e utilidade com muita velocidade.

Exemplos de casos complicados, mas nem tanto: como distribuir entre os vários produtos que se vai produzir e vender, os custos dos projetos? Como seriam distribuídos esses custos nos casos dos estaleiros e dos laboratórios farmacêuticos?

Exemplo de casos muito mais complicados: como distribuir, entre os vários produtos e serviços de informática e eletroeletrônicos, os seus gastos ativados de pesquisa e desenvolvimento, com o agravante de que são produtos e serviços cuja obsolescência tecnológica não custa muito a acontecer. Como repassar para os preços de venda, usando como veículos os custos desses produtos ou serviços, os gastos que foram diferidos. Como determinar, com exatidão, esses custos por produto ou por serviço? É um desafio muito grande. Infelizmente, temos que aceitar que esse desafio não foi vencido. Portanto, ele se torna mais um motivo, entre todos que foram aqui apresentados e outros que não foram, para não alcançarmos o "custo exato" de um produto, de um serviço, de uma atividade, enfim, de qualquer objeto de custeio. Até de uma simples feijoada em casa, para a qual convidamos um grupo de amigos.

Finalmente, como corroboração aos ensinamentos de Arisxerxes, podemos fazer uma pequena incursão pelos diversos estudos e propostas que aconteceram na contabilidade.

Os estudos mais antigos, datados do final do século XIX e do início do século XX, trataram de conceber técnicas e procedimentos para resolver o problema da apropriação dos custos indiretos e fixos de fabricação aos produtos, departamentos, atividades, processos e serviços. Na Europa, os alemães desenvolveram o RKW, uma forma de apropriação de todos os custos e despesas. Por volta dos anos 1930, nos EUA, surgiu o critério do custeio direto/variável. Na França, Georges Perrin introduziu seu método GP, trazido para o Brasil e remodelado por Franz Allora, professor em Blumenau, passando a se chamar UEP. Seu filho Valério Allora é o seu maior divulgador. Em Israel, um físico chamado Goldratt desenvolveu um raciocínio e, conseqüentemente, um método, denominado Método das Restrições. Resolveu intitulá-lo, pomposamente, de teoria, e foi muito aplaudido por vários cientistas e estudiosos brasileiros. Por volta dos anos 1980, dois professores de Harvard recuperam idéias já divulgadas nos anos 1940 e 1950 e as transformam no hoje famoso custeio baseado em atividades que se propõe a resolver o problema das fragilidades do critério do custeio por absorção. A partir de 1990, temos observado, com orgulho "nacionalista", os trabalhos do professor Armando Catelli e sua equipe de professores e alunos na USP. A esses trabalhos, denominados, em conjunto, Gestão Econômica, Catelli atribui a responsabilidade de alcançar melhores informações gerenciais, de modo global e com uma antecipação confortável, para auxílio ao acompanhamento dos resultados econômicos (é claro que inclui os custos) das entidades.

Não falamos de teorias, podemos até dizer, de correntes e escolas de pensamento. As teorias existentes, criadas por cientistas brilhantes, certamente, em seu bojo, tratam de fundamentar métodos e procedimentos julgados necessários para o alcance de cálculos de custos mais corretos. Uma delas, estritamente brasileira, para nossa satisfação e honra, "cerebrada" (aqui vai um termo novo) pelo ilustre cientista professor Lopes de Sá, denominada Teoria Neopatrimonialista, desenvolve certos princípios e teoremas que, novamente, podem nos ajudar a alcançar, com confiabilidade, nosso desejo "supremo" do custo "exato" de qualquer objeto de custeio.

Nota importante

Quem é, afinal, o sr. Arisxerxes? É uma ficção, criada por nós, para nos auxiliar em nossas aulas. Trata-se de um artifício didático. Aliás, muito usado por professores. O poder esclarecedor e motivador de uma figura do tipo do Arisxerxes é enorme. Ele provoca o interesse dos estudantes. É uma surpresa muito grande para todos quando, ao final da aula, apresentamos a "biografia" desse personagem. É sempre com muita alegria que sentimos que nossos ex-estudantes não se esqueceram do colega Arisxerxes quando nos encontram e perguntam sempre por ele.

Este capítulo está baseado no artigo que escrevemos para a *Revista do Conselho Regional de Contabilidade do Rio Grande do Sul.*

Referências

ALMEIDA, Marcelo Cavalcanti. *Princípios fundamentais de contabilidade e normas brasileiras de contabilidade.* São Paulo: Atlas, 2000.

ATKINSON, Anthony et al. *Contabilidade gerencial.* São Paulo: Atlas 1999.

FERREIRA, Aurélio Buarque de Holanda. *Novo dicionário da língua portuguesa.* Rio de Janeiro: Nova Fronteira, 1986.

HORNGREN, Charles T. et al. *Cost accounting* — a managerial approach. 9. ed. Prentice Hall, 1997.

_____. *Contabilidade de custos*. 9. ed. Rio de Janeiro: LTC, 2000.

LEONE, George S. Guerra. *Custos*: um enfoque administrativo. Rio de Janeiro: FGV, 1971.

_____. *Custos* — planejamento, implantação e controle. São Paulo: Atlas, 1982.

_____. *Custo* — um enfoque administrativo. 14. ed. Rio de Janeiro: FGV, 2000.

_____; LEONE, Rodrigo José Guerra. *Dicionário de custos*. São Paulo: Atlas, 2004.

MORUS, Thomas. *Utopia*. São Paulo: L&M Pocket, 2004.

SIEGEL, Joel G.; SHIM, Jack K. *Dictionary of accounting terms*. 2. ed. Barrons Business Guides, 1995.

SILVA, F. V. Gonçalves da. *Contabilidade industrial*. 9. ed. Lisboa: Centro Gráfico de Famalicão, 1954.

6º Mandamento

Utilize as equivalências como ferramentas para a determinação dos custos

Cuidados e definições para ajustar o cenário

Segundo Horngren e colaboradores (2000:385), "a diversidade de terminologia e da prática contábil é desconcertante. Procure inteirar-se sempre do significado dos termos utilizados pela organização com que estiver trabalhando".

Esse alerta vem nos acompanhando há muito tempo. Atentem para o adjetivo "desconcertante". Pode parecer bastante forte. No entanto, o tradutor foi brando: o termo em inglês tem um sentido muito mais forte e preocupante: *bewildering*, que quer dizer "completamente confuso" ou, até mesmo, "um quebra-cabeça".

Segundo o *Dicionário Aurélio* (1996), equivaler significa ser igual no valor, no peso ou na força. No nosso entendimento, o termo "valor" é bem amplo. O próprio dicionário apresenta diversas concepções ligadas a esse termo. Pinçamos apenas uma: "importância de determinada coisa, estabelecida ou arbitrada de antemão".

Desmembrando a palavra "equivaler", temos a indicação de seu significado: *equi* é igual, e *valer* dá a idéia de avaliar quantitativamente ou qualitativamente.

O título do capítulo também merece uma explicação. Primeiro, podemos afirmar, sem errar, que as equivalências estão presentes em todas as operações, sobretudo nas tarefas de mensurações e de determinação de custos de uma entidade, qualquer que seja. Todavia, mais importante para o nosso caso particular, são as equivalências existentes dentro do processo operacional (produtivo) de bens e de serviços.

Em seguida, devemos explicar por que usamos a idéia de "ferramentas para a determinação dos custos". A determinação e a análise dos custos são uma obrigação da contabilidade de custos. Por outro lado, o controle e o uso das informações de custos devem estar na alçada das gerências dos setores operacionais. Análise é o exame de cada parte de um todo, para conhecer sua natureza, suas proporções, suas funções e suas relações. Uma vez determinados e analisados os custos, o contador passa a informação para os diversos níveis gerenciais, responsáveis por sua gestão. No entanto, ele deve participar com o gerente do setor no controle dos custos, que, para o professor Eliseu Martins (2003:305), significa conhecer a realidade, compará-la com o que deveria ser, tomar conhecimento rápido das divergências e suas origens e tomar atitudes para sua correção. Em outras palavras, estabelecer as previsões, fazer os registros dos custos reais, comparar as previsões com a realidade, determinar os desvios, estudar os desvios, suas causas, suas origens e providenciar, em conjunto com os níveis gerenciais, as correções, caso sejam possíveis, e estimular as ações gerenciais necessárias para que os desvios não se repitam ou, se forem repetidos, que sejam com menor gravidade. Dentro da nossa concepção de conceito perfeito, o professor Eliseu Martins divulga nas entrelinhas a figura do "dueto" constituído pelo gerente e pelo contador de custos.

De acordo com o *Dicionário Aurélio*, a concepção de controle, para o conjunto contador/administrador, é "a fiscalização exercida sobre as atividades de pessoas, órgãos, departamentos, ou sobre produtos etc., para que tais atividades, ou produtos, não se desviem das normas preestabelecidas".

Finalmente, para completarmos a análise eficaz do conceito de controle, é necessário verificar, definir e estudar as equivalências existentes. Elas ajudam, de modo irretocável, as tarefas dos contadores e dos administradores, no cumprimento de suas funções, tanto de provedor de informações quanto de gestor do consumo de recursos. Mais um passo à frente deverá dar o contador de custos para desenvolver, com mais acerto, as suas responsabilidades. É o que chamamos de "familiarização com as operações". É o comportamento, ou a situação, traduzido popularmente como "trabalhar no chão-de-fábrica". Longe das operações, os contadores de custos dificilmente conhecerão as equivalências, não conseguindo, dessa maneira, administrá-las com sucesso. Outro passo importante é a familiarização com os instrumentos matemáticos e estatísticos, já que a maior parte das equivalências, apresentadas como manifestações abstratas, muitas vezes qualitativas, será expressa em fórmulas possíveis de serem manipuladas pelos contadores e administradores.

Alguns exemplos simples

Resolvemos apresentar, mesmo que possa parecer atrevimento, o mesmo exemplo apresentado em Leone (1997:233). A desculpa, levemente insossa, é a de que o livro citado é o resultado de sua finalidade: ser o mais didático possível.

O exemplo trata da determinação dos custos dos diversos serviços-fim de um hospital de porte médio. É sabido que os contadores e os administradores dessas instituições enfrentam difíceis desafios para atribuir custos àquela enorme quantidade de serviços diferentes, tanto os custos diretos quanto os indiretos.

Na consultoria prestada por um colega nosso, recém-egresso da faculdade, a um hospital e diante da dificuldade em estabelecer procedimentos para a determinação dos custos dos diversos setores no tempo que a diretoria exigira, ele criou a US (unidade de serviço). A idéia foi buscar o serviço do hospital que menos recursos exigisse para a sua execução. Esse serviço foi um curativo simples no ambulatório. Consultando os responsáveis pelos diversos serviços da atividade-fim do hospital, conseguiu, mesmo que por estimações rudimentares (foi a única saída naquele cenário), as equivalências entre os recursos exigidos pelos respectivos setores, em comparação aos recursos exigidos pelo mais simples curativo. A diretoria e os responsáveis pelos serviços ficaram satisfeitos com o procedimento. No entanto, nosso colega sabia que essas equivalências não tinham vida longa, pois a administração do hospital estava disponibilizando equipamentos mais modernos para os serviços, o que, provavelmente, acarretaria menor quantidade utilizada de recursos indiretos e comuns. Aqui está a palavra-chave de todo o procedimento. Ele concluiu a determinação apenas dos custos dos recursos gerais, comuns e indiretos, ou seja, "esnobemente" falando, dos custos do *overhead*. Jamais cogitou de tratar do mesmo modo os custos diretos (fixos ou variáveis), pois estes, por sua própria definição, já estavam identificados "de nascença".

Outros exemplos, com mais substância, podem ser apresentados, como o encontrado em Martins (1996:15).

O apontamento de mão-de-obra mostrou que se gasta o mesmo tempo para produzir 1 kg do produto A, 0,5 kg de B ou 0,4 kg de C. No mês, o valor da MOD foi igual a R$ 6 mil, enquanto a quantidade produzida inteiramente de cada um dos produtos foi de 50 mil kg do produto A; 30 mil kg de B; e 20 mil kg de C. Como determinar a participação de cada produto no valor total de mão-de-obra? Em Martins e Rocha (2004:24), o professor Eliseu Martins, em parceria com o professor Wellington Rocha, modificou o exercício. Sugerimos que tentem resolver esse novo exercício. Entretanto, o texto do problema original atende melhor aos propósitos deste capítulo no que diz respeito às equivalências na determinação dos custos dos objetos de custeio.

A produção de dois produtos diferentes, A e B, utilizou, em certo período, 12 mil kg e 7.400 kg, respectivamente, de um mesmo material. O total do material consumido foi avaliado em R$ 485 mil. Para se produzir 20 mil caixas de A, gasta-se o dobro de MOD que para se produzir 14.800 litros de B. O gasto total de MOD foi de R$ 34.500. Como determinar os montantes dos custos de materiais e de mão-de-obra para cada um dos produtos? (Martins, 1996:15). Da mesma forma que no exemplo anterior, o professor Martins (2003) modificou ligeiramente o texto do problema ao revisá-lo para a 9ª edição de seu livro. Preferimos utilizar o problema original, já que ele atende melhor às finalidades deste nosso livro.

Uma fábrica utiliza uma prensa com lâmina de metal para produzir, simultaneamente, duas arruelas: uma grande e uma pequena. O desenho dos produtos saídos da prensa é o seguinte:

As arruelas

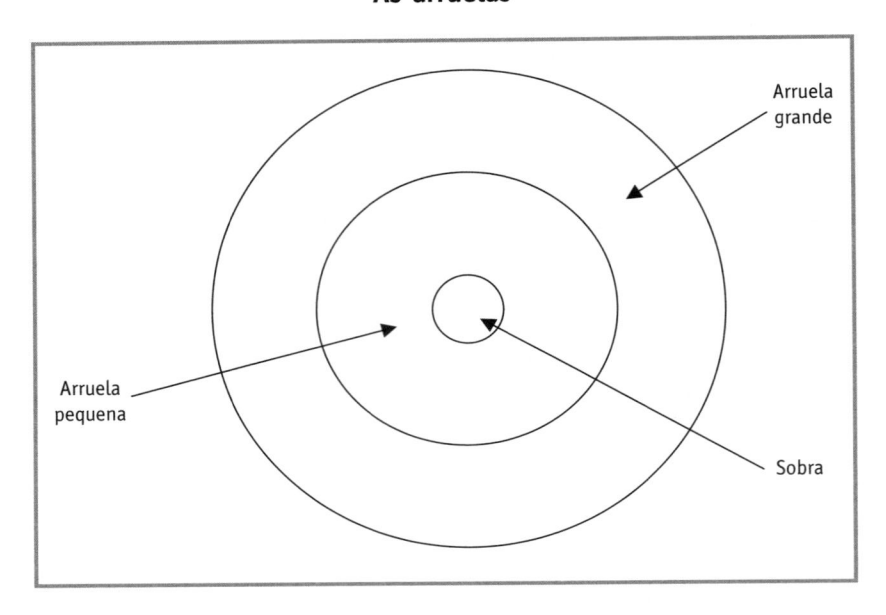

(Figura: diagrama com três círculos concêntricos representando, do maior para o menor, a Arruela grande, a Sobra e a Arruela pequena, dentro de uma lâmina retangular.)

A prensa corta 600 arruelas de cada tipo (grandes e pequenas) em uma hora. As equivalências são dadas pelo peso de cada produto, incluindo o peso das aparas. O peso das sobras é igual ao peso da arruela pequena. O peso da arruela grande é o dobro do peso da arruela pequena. Com 300 g de material (cada lâmina) são produzidos os dois tipos de arruelas e mais as sobras, vendidas como aparas para clientes que as desejarem. Foram consumidos 72 mil kg de material ao custo de R$12 por quilograma. Quais foram os custos da produção de arruelas grandes e de arruelas pequenas? O que se deve fazer com as sobras? (Martins, 2003:131).

Uma olaria fabrica dois tipos de tijolos: um com seis furos e outro com dois furos. Os dois tijolos são iguais em tamanho e formato: dois paralelepípedos, cujas diferenças são apenas as quantidades de furos. Em certo período, foram produzidos 2.400 tijolos de dois furos e 4.200 tijolos de seis furos. A fábrica utilizou 600 kg de barro, ao custo total de R$ 5 mil e 10 caminhões de um material especial a R$ 240 por caminhão. Tanto o barro quanto o material especial são utilizados na fabricação dos dois tijolos. O engenheiro encarregado da produção estima, por sua experiência, que para produzir cinco tijolos de dois furos gasta-se a mesma quantidade de material que para produzir sete tijolos de seis furos. Como calcular os custos de cada produção? É possível resolver esse problema sem usar as equivalências? (Martins e Rocha, 2004:45).

Nota: os casos acima são de autoria do professor Eliseu Martins. Alguns deles são do professor Eliseu Martins e do professor Wellington Rocha, ambos da Faculdade de Economia, Administração e Contabilidade da USP. O professor Eliseu

Martins nos autorizou a incluir os casos neste livro, o que nos deixou muito honrados, uma vez que o professor Martins é um autor renomado na área de contabilidade de custos. O livro de sua autoria, indicado na bibliografia, editado pela primeira vez ao final da década de 1970, está na 9ª edição. É o maior *best-seller* entre as obras brasileiras que tratam dos custos.

Outros casos onde surge a necessidade das equivalências

A produção conjunta

As equivalências são de uso imprescindível quando há necessidade de ratear os custos comuns na produção conjunta.

Cumpre, desde já, apresentar explicações básicas quanto à atividade de produção de um modo geral. Ao mencionarmos "atividade de produção", estamos nos referindo a toda e qualquer atividade de produção de bens e serviços. Bens de toda a ordem e serviços de qualquer natureza. Sempre haverá, em qualquer situação de produção de bens e serviços, casos de produtos conjuntos, incluindo, nesta última expressão, os produtos principais, os subprodutos, as sobras, as aparas e uma série de elementos de toda a sorte. Até mesmo no caso de realização de serviços, apesar de estarmos envolvidos com os "custos" de qualquer natureza, temos a tendência de discutir problemas de produção industrial. Nesta exposição, pedimos desculpas pelo fato de nos referirmos apenas a casos de produtos industriais, mas apresentamos as razões: na produção industrial, é mais visível o problema dos produtos conjuntos e dos seus custos comuns. Entretanto, os resultados da análise desses custos em termos de procedimentos contábeis e gerenciais podem ser aplicados ao mesmo fenômeno no caso de realização conjunta de serviços.

Outro conceito relevante, cuja explicação ainda é devida, se refere à distinção entre os produtos conjuntos principais e os subprodutos. A importância maior do produto principal em relação ao subproduto se deve apenas aos respectivos valores de venda, tanto no ponto de separação, como após a separação. Os produtos principais trazem mais receitas.

Alertamos para o fato de que toda e qualquer consideração que se faça com base em conceitos de relevância traz a dificuldade da não-unanimidade da aceitação. O contador e o administrador devem estar conscientes disso.

Apesar de estarmos diante de diversas opiniões, nosso propósito aqui é relevar a importância e a aplicação dos vários tipos de equivalências na identificação dos custos aos objetos do custeio, em qualquer tipo de operação industrial.

Já havíamos apresentado certas reflexões em Leone (1971). É importante ressaltar que esse livro foi o resultado de análises e pesquisas em casos reais na indústria e de pesquisas e estudos acadêmicos. Essas reflexões foram dirigidas, e valem até hoje, para o sonho dos contadores e dos administradores de que existissem nas entidades apenas os custos diretos, facilmente identificados com os objetos do custeio, fazendo com que não houvesse mais a necessidade de rateios arbitrários e, portanto, inconseqüentes. Esse sonho é identificado como um verdadeiro "Nirvana" dentro da contabilidade. Por existirem sempre, em qualquer situação, custos comuns e, portanto indiretos, o "dueto" formado pelo contador e pelo administrador vem sendo castigado pela necessidade de aplicação de rateios. Tal fato acontece com particular ênfase na produção conjunta, pois os custos conjuntos são, por alguns motivos, identificados por meio de critérios "nebulosos". "Nebulosos" ou não, as identificações são obrigatórias. Uma outra reflexão: o "dueto" deve estar sempre com os pés no chão, obrigando-se a aplicar, de forma irrefutável, o "bom senso", que resolve grandes e complicados problemas desde a Pré-história até os nossos dias.

Na literatura técnica especializada tanto de contabilidade, administração, engenharia de produção, finanças e economia empresarial, é comum encontrarmos o emprego de critérios, muitos deles provenientes do "bom senso" e da "criatividade", não só por motivos artificiais, em grande parte legais, como também por motivos levemente econômicos, principalmente para efeitos de controle gerencial. Essa afirmação está fundamentada no fato de que todos esses critérios são arbitrários, uma vez que nascem, impreterivelmente, com a "doença", denominada "rateio", apesar de serem resultado da aplicação do bom senso e da criatividade.

Voltamos a lembrar que vamos nos ater à produção de bens. Apesar disso, os critérios de rateio podem ser aplicados a outras situações como na realização de serviços.

É dever nosso alertar que os casos anteriormente citados e explicados neste livro são, em última instância, exemplos do emprego de "equivalências" em situações muito próximas aos casos, a seguir apresentados, de produção conjunta.

Por definição, a produção conjunta é caracterizada principalmente pela fabricação simultânea de vários produtos, considerados principais e de subprodutos, por meio de uma única operação, empregando materiais (ou um único material) e outros recursos, entre eles a mão-de-obra, a energia, os equipamentos e instalações. Assim, como a produção é múltipla, e a operação e o emprego dos recursos são simultâneos, é indispensável o uso de proporcionalidades (ou equivalências) para determinar o custo de cada um dos produtos.

Normalmente, os produtos saídos da primeira fase conjunta, denominada ponto de separação, são vendidos ou submetidos a uma fabricação adicional, de forma independente, antes da comercialização, para atender às necessidades do mercado comprador. No ponto de separação, o administrador, assessorado pelo contador de custos e pelo pessoal das áreas industrial e comercial, deve tomar algumas decisões importantes, tais como a venda de alguns produtos conjuntos no ponto de separação, a submissão de produção e acabamento posterior. Essas decisões envolvem geralmente os produtos principais.

De acordo com a literatura específica do tema, os critérios para a determinação dos custos de cada um dos produtos conjuntos são os seguintes.

Critério do valor realizável ou de mercado

No ponto de separação: aqui se deduz que os custos de todos os produtos principais são determinados por meio de uma divisão proporcional do custo total de produção, levando-se em conta o valor de mercado de cada um dos produtos.

Após o ponto de separação: aqui devem entrar todos os produtos principais; os valores de mercado de cada um dos produtos são levados em consideração; de cada um desses valores de mercado, o contador de custos abate os custos identificados com cada um dos produtos a partir do ponto de separação até a venda, restando praticamente um "sósia" (ou estimação) do valor de mercado, se o produto fosse vendido imediatamente ao chegar ao ponto de separação. Como é fácil notar, os valores de mercado são verdadeiramente as equivalências.

Critério das quantidades físicas

A base de rateio será uma medida física como, por exemplo, as quantidades ou o peso dos produtos no ponto de separação; a medida física é, para nós, uma medida que evidencia a possibilidade de haver uma equivalência entre os diversos produtos simultâneos.

Critério da margem bruta

O contador calcula a margem bruta total das vendas de todos os produtos num certo período; com base nos valores das vendas de cada um dos produtos, o contador aplica a percentagem da margem bruta total para determinar o valor monetário da margem de cada produto; subtraindo o valor da margem bruta individual de cada um dos valores de venda, surgirá o custo de cada produto.

Critério da média ponderada

Bem criativo. Observa as equivalências entre os produtos. As equivalências devem representar a dificuldade de produzir ou representar as exigências em termos de recursos para produzir. Se existem cinco produtos principais, o contador de custos, em conjunto com os responsáveis pela produção, considera um produto como o produto básico, associando-o, por exemplo, ao índice (peso) 100, que denota as dificuldades ou as exigências para produzi-lo; em seguida, os responsáveis pelas operações fabris vão determinar os outros produtos em relação ao produto-padrão; por exemplo, se um dos produtos exige mais do que o produto-padrão, pode receber o peso 130, enquanto se o produto exige menos do que o produto-padrão, receberá o índice 50 e assim por diante, com cada um dos produtos; multiplicam-se esses pesos (ou equivalências) pelas quantidades produzidas; cada um desses resultados será comparado com a soma total, surgindo as percentagens de exigências de cada produto para o total das exigências; finalmente, distribui-se o custo total conjunto para cada um dos produtos com base nessas percentagens.

Opiniões e ressalvas quanto ao uso das equivalências

Já que afirmamos existir diversas opiniões sobre o cálculo dos custos comuns compartilhados, vamos mostrar alguns conceitos e ressalvas apresentados pelos estudiosos e, quando necessário, as nossas próprias opiniões e ressalvas.

Para Hansen e Mowen (2000:225-229),

> o ponto-chave é que os casos da matéria-prima, da mão-de-obra e custos indiretos de fabricação incorridos até o ponto de separação inicial são custos conjuntos que podem ser alocados para o produto final somente de alguma forma arbitrária (...) alocações de custos são arbitrárias, isto é, não existe maneira teórica bem aceita para determinar qual produto incorre em que parte dos custos conjuntos (...) Já que isso envolve julgamentos, contadores igualmente competentes podem chegar a custos diferentes para o mesmo produto.

Segundo Horngren e colaboradores (2000:392), "todos os métodos precedentes de alocação dos custos aos produtos estão sujeitos a críticas. Por isso, algumas companhias abstêm-se da alocação completa dos custos conjuntos". Com essa afirmação, o autor quis dizer que nem todas as empresas usam todos os métodos, mas apenas o método (que nós estamos chamando de critério) do valor líquido estimado de realização. Horngren e colaboradores (2000:393) são ainda mais enfáticos:

> Nenhuma técnica de alocação de custos conjuntos deve orientar as decisões gerenciais a respeito da venda de um produto no ponto de separação ou processando além dele. Quando um produto é o resultado inevitável de um processo conjunto, a decisão de prosseguir o processamento não deve ser influenciada nem pelo tamanho dos custos conjuntos totais nem pela parcela dos custos conjuntos alocados aos produtos particulares.

É impressionante como o professor Horngren consegue apresentar, de forma admirável, o seu bom senso.

Por que fazer o rateio dos custos comuns?

Afinal de contas, por que se usam os diversos critérios?

Essa questão "levanta a cortina", para discutirmos o tema principal deste capítulo: o emprego, "quase obrigatório", das equivalências.

A seguir, apresentamos as razões encontradas na literatura:

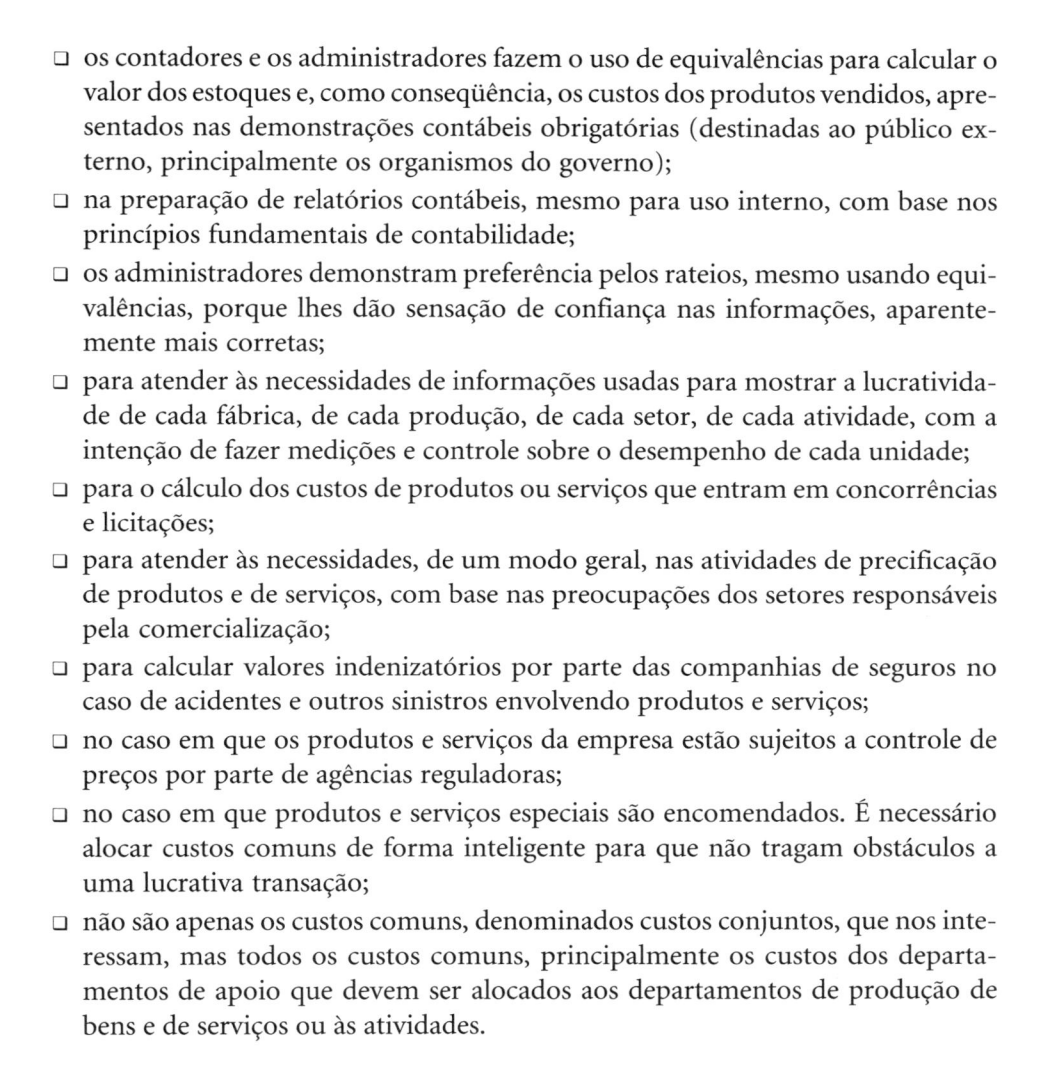

- os contadores e os administradores fazem o uso de equivalências para calcular o valor dos estoques e, como conseqüência, os custos dos produtos vendidos, apresentados nas demonstrações contábeis obrigatórias (destinadas ao público externo, principalmente os organismos do governo);
- na preparação de relatórios contábeis, mesmo para uso interno, com base nos princípios fundamentais de contabilidade;
- os administradores demonstram preferência pelos rateios, mesmo usando equivalências, porque lhes dão sensação de confiança nas informações, aparentemente mais corretas;
- para atender às necessidades de informações usadas para mostrar a lucratividade de cada fábrica, de cada produção, de cada setor, de cada atividade, com a intenção de fazer medições e controle sobre o desempenho de cada unidade;
- para o cálculo dos custos de produtos ou serviços que entram em concorrências e licitações;
- para atender às necessidades, de um modo geral, nas atividades de precificação de produtos e de serviços, com base nas preocupações dos setores responsáveis pela comercialização;
- para calcular valores indenizatórios por parte das companhias de seguros no caso de acidentes e outros sinistros envolvendo produtos e serviços;
- no caso em que os produtos e serviços da empresa estão sujeitos a controle de preços por parte de agências reguladoras;
- no caso em que produtos e serviços especiais são encomendados. É necessário alocar custos comuns de forma inteligente para que não tragam obstáculos a uma lucrativa transação;
- não são apenas os custos comuns, denominados custos conjuntos, que nos interessam, mas todos os custos comuns, principalmente os custos dos departamentos de apoio que devem ser alocados aos departamentos de produção de bens e de serviços ou às atividades.

As equivalências no custeamento da produção contínua

Apesar da produção contínua, os contadores de custos precisam determinar os custos de produção pelo menos uma vez a cada mês. Nesse momento, com o auxílio do pessoal das operações, os contadores tentam determinar o valor dos produtos não acabados, ainda em processamento, para serem acabados no mês seguinte. Essa é uma tarefa digna de um Hércules. Costuma-se definir o custo dos produtos não acabados por meio de uma medida denominada unidades equivalentes de produção.

Vamos explicar melhor o significado da expressão "unidades equivalentes de produção".

Como a produção não acabada está na linha de produção em diferentes graus de acabamento, principalmente porque cada um dos insumos (materiais, mão-de-obra e outros tantos) tem diferentes intensidades, é realmente uma grande dificuldade determinar o custo desses produtos. Daí a necessidade de se empregar as equivalências.

O maior problema reside no grau de acabamento. Nada existe em termos teóricos para ajudar os contadores e o pessoal das operações. A saída é utilizar a experiência, o tino, o conhecimento agudo do processo fabril, para determinar uma percentagem que represente os níveis de completude de cada uma das unidades e apontar o nível de acabamento em que se encontra a totalidade da produção em processamento.

Recentemente, Guerreiro e colaboradores (2000:5-27) apresentaram um excelente trabalho, onde fizeram importantes observações sobre esse problema não resolvido e idealizaram um procedimento para a determinação mais aceitável do grau de acabamento. Sugerimos aos nossos leitores que estudem esse artigo.

Citamos a seguir algumas dessas observações:

> Pesquisa realizada junto a um grupo seleto de obras clássicas de autores renomados da contabilidade de custos constatou que entre os autores pesquisados não há a indicação de um método de cálculo do grau de acabamento. Do ponto de vista conceitual, esse aspecto se caracteriza como uma lacuna inquietante na contabilidade de custos (...) Ele (o grau de acabamento) deve representar o quanto uma unidade em processamento recebeu da carga de custos que seria necessária para iniciá-la e terminá-la completamente (...) Na literatura pesquisada, constatou-se que a questão relativa ao cálculo do grau de acabamento continua sem resposta. Os autores de contabilidade de custos não têm tratado de forma convincente essa questão específica, ou seja, a grande maioria propõe o uso do grau de acabamento, mas não indica uma metodologia objetiva para o seu cálculo.

As referências consultadas pelos autores quase esgotam o quadro de obras especializadas. Embora tenham citado alguns trechos de nosso livro (Leone, 1971), pedimos licença para trazer novas observações nossas e de vários especialistas, sobre o tema aqui mencionado, apresentadas em Leone (2000a:294). Vale lembrar que essas observações estão baseadas no que estudamos nas décadas de 1960 e 1970. De qualquer modo, o problema apontado pelos três autores da USP ainda não foi totalmente resolvido.

As observações são as seguintes:

> Como já dissemos, essa fase do sistema de custeamento é a mais difícil para os contadores porque não há um meio preciso de determinar os custos atribuíveis às unidades parcialmente completadas (...) As estimações do estádio de fabricação do

produto são geralmente feitas pelo pessoal habilitado da área operacional, isto é, aqueles que estão mais diretamente ligados à fabricação do produto. Essas estimações devem ser muito bem feitas, mas nunca serão um método exato. Quando muito, serão o resultado de um julgamento prático do pessoal experimentado.

No mesmo livro, apresentamos os meios práticos para atenuar esses problemas e para sobrepujar essas dificuldades. São cinco procedimentos, sistematizados por nós, do que vivenciamos como contadores de custos em fábricas de processamento contínuo:

1) levantar os estoques em processo quando eles estão em nível muito baixo (rotina bastante utilizada). Em algumas empresas, a programação de produção, preparada pelo componente industrial, é articulada com o pessoal da contabilidade de custos para que esses níveis mais baixos coincidam com as datas de início e fim dos períodos contábeis;
2) fazer com que os estoques em processamento estejam sempre em níveis constantes ao final de cada período contábil;
3) emissão, por parte do pessoal da produção, de devoluções de materiais, ao final do período, quando os níveis de carga de materiais são menores. Essas devoluções são apenas teóricas. Servirão para fazer exclusivamente os créditos na conta "produção em processo", tornando o seu saldo ainda mais baixo;
4) em alguns casos, os responsáveis pela produção, em comum acordo com os contadores de custos estimam os estoques de modo muito aproximado, quantificando os estágios de fabricação como iguais a 75%, 50%, 33% ou 25%;
5) articular o sistema de custeamento por processo com o sistema de custos padronizados. Esse procedimento simplifica o problema, sobretudo em relação aos custos de transformação. A seqüência da transformação geralmente consiste em um número padrão de operações ou em uma quantidade padrão de horas, dias, semanas ou meses. Assim, o grau de acabamento, em termos de transformação, vai depender da proporção do esforço total (necessário para completar uma unidade ou um lote de produção), dedicado à quantidade de unidades ainda em processamento.

As equivalências em outros procedimentos

São dois casos em que notadamente são empregadas as "alternativas".

O primeiro apresenta o uso das equivalências no método de custeio UEPs (unidades de esforço de produção). Tal método, criativo como os demais na busca do melhor procedimento para fazer o rateio dos custos indiretos (o calcanhar-de-aquiles da contabilidade de custos), emprega as "equivalências". Leone (1997) e Bornia (2002) lembram que o método UEP é em grande parte baseado em equivalências. Martins (2003:312) faz uma breve apresentação (incluindo um exemplo prático) do método UEP, afirmando que "o método das UEPs divide o ambiente de produção em postos operativos (POs) e elege um produto-base, cujo custo servirá de parâmetro para medir os equivalentes de produção dos demais".

O segundo caso é o próprio critério, amplamente aplicado, do custeio por absorção, seja ele ideal, parcial, pleno ou integral. Mesmo que um tanto "mascaradas", as equivalências são utilizadas nesse critério. O método, técnica ou critério do custeio ABC faz parte do grupo de todos os métodos, técnicas e critérios chamados de "absorção", apesar de, com inteligência, atribuir custos às atividades, em primeiro lugar, e apropriar, em seguida, as atividades (em conseqüência, os respectivos custos) aos produtos e serviços que as empresas produzem ou realizam.

Conclusões

Apresentamos até aqui os mais conhecidos casos em que os contadores de custos empregam as equivalências entre os produtos, os processos e os insumos que são de grande auxílio na determinação dos custos.

As equivalências são um recurso poderoso para a determinação dos custos dos vários objetos, sobretudo quando existem duras, e quase intransponíveis, dificuldades. É preciso que o contador de custos esteja muito bem familiarizado com os processos operacionais para retirar desse conhecimento prático as equivalências "salvadoras".

Entendemos que qualquer contador, em conjunto com os gerentes responsáveis pelas muitas operações, pode "generalizar" a aplicação das equivalências de todo o tipo, para a determinação dos custos em muito mais casos e situações.

Referências

BORNIA, Antonio Cezar. *Análise gerencial de custos* — aplicação em empresas modernas. Porto Alegre: Bookman, 2002.

FERREIRA, Aurélio Buarque de Holanda. *Novo Aurélio*: o dicionário da língua portuguesa. Rio de Janeiro: Nova Fronteira, 1996.

GUERREIRO, Reinaldo; CATELLI, Armando; CORNACHIONE Jr., Edgard Bruno. Grau de acabamento e unidades equivalentes de produção: uma abordagem conceitual e empírica. *Caderno de Estudos-Fipecafi*, USP, v.13, n.24, p. 6-27, 2000.

HANSEN, Don R.; MOWEN, Maryanne M. *Gestão de custos* — contabilidade e controle. São Paulo: Pioneira, Thomson Learning, 2000.

HORNGREN, Charles T. et al. *Contabilidade de custos*. Rio de Janeiro: LTC, 2000.

LEONE, George S. Guerra. *Custos*: um enfoque administrativo. Rio de Janeiro: FGV, 1971.

_____. *Contabilidade de custos*. São Paulo: Atlas, 1997.

_____. *Custos* — planejamento, implantação e controle. São Paulo: Atlas, 2000a.

_____. *Custos* — um enfoque administrativo. Rio de Janeiro: FGV, 2000b.

_____; LEONE, Rodrigo José Guerra. *Dicionário de custos*. São Paulo: Atlas, 2004.

MAHER, Michael. *Contabilidade de custos* — criando valor para a administração. São Paulo: Atlas, 2001.

MALLO, Carlos. *Contabilidad analítica* — costes, rendimientos, precios y resultados. Ministério de Economia y Hacienda, Instituto de Planificación Contable, Madrid: 1986.

MARTINS, Eliseu. *Contabilidade de custos*. Livro de exercícios. São Paulo: Atlas, 1996.

_____. *Contabilidade de custo*. São Paulo: Atlas, 2003.

_____; ROCHA, Wellington. *Contabilidade de custos*. Livro de exercícios. São Paulo: Atlas, 2004.

7º Mandamento

Desfaça as controvérsias de alguns custos especiais

Campo de aplicação do capítulo

O campo de aplicação deste capítulo é constituído por diversos tipos diferentes de custos. Porém, são custos especiais. Custos que precisam ser bem definidos, possibilitando um razoável grau de concordância entre os especialistas.

São custos imputados, custos irreversíveis ou irrecuperáveis (também denominados custos afundados, resultado da tradução do termo *sunk costs*), a depreciação, a amortização, os custos diferidos, o custo de oportunidade, o custo do capital, os juros, os custos da capacidade, principalmente da capacidade não utilizada, custos explícitos e implícitos, custos ocultos e custos não-contábeis.

É uma lista bem extensa. Evidentemente, poderíamos combiná-los, agrupando-os para uma melhor análise. Por exemplo, os custos imputados, o custo de oportunidade e os juros sobre o capital próprio podem ser combinados e denominados custos não-contábeis. Os custos irreversíveis, irreparáveis e afundados, bem semelhantes, envolvendo, inclusive, os custos de amortização e de depreciação e os gastos diferidos — do ativo permanente — são custos explícitos e contábeis. Além dos custos ocultos que, uma vez visíveis, podem ser alojados no grupo dos custos contábeis.

Objetivo do capítulo

Este capítulo tem como objetivo fazer um apanhado de conceitos e definições de vários estudiosos, compará-los, para chegarmos a um consenso particular. Motiva-nos a afirmação do professor Martins (2003:234), ao analisar os custos imputados e os custos perdidos: "são conceitos não usuais na contabilidade de custos, mas não menos importantes do que os já vistos: pelo contrário, tão ou mais necessários para a pessoa que toma decisões ou prepara e fornece relatórios para essa finalidade".

Metodologia

Optamos por expor os conceitos apresentados por renomados especialistas e por dicionaristas. Tais definições e conceitos certamente nos darão subsídios para chegarmos a uma definição particular, e para mostrar uma visão provavelmente mais consensual.

Nossa estratégia será, primeiramente, consultar dicionários não-especializados, como o *Aurélio*, *Houaiss* e *Webster's*; em seguida, buscar os dicionários de economia, finanças e contabilidade. Com essas informações recolhidas, faremos nossos próprios comentários a respeito das definições e dos conceitos encontrados.

Dicionários não-especializados

Dicionário Aurélio:

- custo — quantia pela qual se adquiriu algo, valor em dinheiro, dificuldade, trabalho, esforço, demora, tardança;
- depreciação — perda progressiva de valor, legalmente contabilizável, dos móveis, utensílios, maquinismo, veículos, embarcações, ferramentas e instalações de uma empresa;
- imputar — atribuir a alguém a responsabilidade por alguma atividade ou ação.

Dicionário Webster's:

- amortização — em contabilidade, a eliminação gradual de uma despesa por um processo de *pro rata* para períodos fixos;
- depreciação — uma diminuição no valor de uma propriedade causada pelo uso, deterioração ou obsolescência; a provisão desse fenômeno feita nos registros contábeis;
- imputar — atribuir um crime ou uma falta a alguém.

Dicionários especializados

Vejamos o Douglas Greenwald and Associates — *The McGraw-Hill dictionary of modern economics*:[5]

- capital — o termo define o conjunto de todos os bens usados na produção de outros bens, incluindo fábricas e maquinaria. De acordo com os negócios, o

---

[5] Brian McCroskey, nosso colega da Price Waterhouse, Peat & Co, presenteou-nos, em 1969, com esse dicionário. Seu parente, Jack McCroskey, foi um dos autores.

capital é a riqueza total ou os ativos de uma entidade e que não apenas inclui ativos tangíveis (bens de capital), mas, também, marcas, reputação (*goodwill*), patentes etc. Para a contabilidade o termo representa todo o dinheiro emprestado pelos acionistas, mais os lucros retidos para uso futuro nos negócios;[6]

❏ curto prazo — o conceito de curto prazo já está posto quando os autores expõem sobre o longo prazo. De qualquer modo, não há uma medida mais ou menos exata. Tanto que, para a contabilidade, sobretudo legal e fiscal, há uma definição mais objetiva: a medida é definida pelo prazo de um ano. O que pode acontecer no espaço de um ano calendário — de janeiro a dezembro — é classificado como curto prazo. Se acontecer num período mais longo do que o ano calendário, será classificado como longo prazo. A definição dada pelos economistas não apresenta essa objetividade;

❏ custo[7] — é o valor dos fatores de produção usados por uma empresa para fabricar ou distribuir produtos e serviços ou quando está engajada nessas duas atividades.

A nosso ver, os dicionaristas não definem corretamente o termo "custo". Sem generalizar seu conceito, a definição resultante é incorreta e não-abrangente. Os autores somente são felizes quando definem "custo de produção" e "custo de distribuição", auxiliados pelo qualitativo.

Continuam: "é o custo de um fator unitário para a firma que é igual ao máximo valor que o fator pode ganhar ao empregar uma outra alternativa (...) Por esta razão, o termo custo alternativo, ou custo de oportunidade, é usado em economia em lugar do termo custo isoladamente".

Nesse ponto, estamos de acordo. Mais adiante, porém, o dicionário é novamente confuso: "os custos de uma empresa incluem gastos, ou custos desembolsáveis, que são as despesas comuns do negócio".

Essa definição traz uma "salada" de termos, pois não enfatiza que cada um desses termos tem um significado diferente, principalmente para a contabilidade e para a administração. A justificativa para essa "salada" é o fato de se tratar de um dicionário para economistas, cujas noções de custos têm outros empregos, diferentes dos conceitos de custos, despesas e gastos que fazem os contadores. Mostraremos, mais adiante, essas diferenças que precisam ser bem entendidas pelos diferentes profissionais.

---

[6] É importante assinalar que os autores do dicionário acrescentaram à definição e à conceituação de cada termo algumas fontes de onde retiraram o que escreveram. Por exemplo, neste termo, eles sugerem uma consulta à clássica obra de autoria de Hicks (1946).

[7] Este termo solitário não define muita coisa. Por analogia, podemos dizer que não tem gosto, como uma comida insossa. É preciso, como nos alimentos, colocar alguma substância para lhes dar um "gostinho" diferente. Para que o termo tenha algum significado, é necessário adicionar algum qualificativo. Por exemplo: "custo direto", "custo marginal", "custo de oportunidade", "custo implícito", e assim por diante.

Os autores concluem: "os não-gastos, ou custos implícitos, que não são desembolsados em dinheiro pela empresa, mas que influem diretamente a empresa ou os seus proprietários".

Mais definições:

- custo marginal — é o custo adicional que o fabricante incorre por fazer uma unidade a mais na produção;
- juros imputados — é o juro considerado um custo, mesmo que nenhum desembolso tenha sido feito e que não apareça nunca nos registros financeiros da empresa. O investimento de capital[8] numa empresa levanta a questão se deve ou não render um juro sobre esse investimento e contá-lo como uma despesa geral e indireta. Acredita-se que o capital investido tem um custo de oportunidade alternativo que chamamos de juros imputados, isto é, se o capital não tivesse sido investido na empresa teria trazido para a empresa uma renda alternativa. Esta renda constitui um custo de oportunidade resultando num ônus a que se pode dar o nome de juros imputados. Embora poucas empresas debitem os juros imputados em suas contas, é comum usá-los na solução de problemas de escolha de uma alternativa entre duas ou mais alternativas;[9]
- longo prazo — é o período de tempo, bastante longo, para que uma firma possa mudar todos os seus fatores de produção. No curto prazo, um fabricante pode variar sua produção, usando sua única capacidade existente, intensivamente se puder; ele não pode ajustar o tamanho, ou a escala, de suas instalações e equipamentos. Quando a empresa faz mudanças de longo prazo, uma vez feitas, se tornam custos fixos que não podem ser reajustados.

Iudícibus e Marion:[10]

- amortização — em sentido amplo, seria aplicada a quaisquer tipos de bens do ativo fixo com vida útil limitada. Em sentido restrito, confundir-se-ia com seu sentido amplo, mas somente quando aplicada aos bens intangíveis de duração limitada. O termo amortização é reservado tecnicamente para os casos de aquisi-

---

[8] Não há nenhuma indicação evidente de que se trata de um investimento em ativos ou, simplesmente, de um investimento feito pelos próprios proprietários na forma de ações ou cotas, porém acreditamos se tratar do primeiro caso.

[9] Os autores do dicionário sugerem que os leitores consultem a esse respeito o clássico livro de autoria de W. B. Lawrence (1975). Esse livro foi traduzido nas décadas de 1960 e 1970, sendo bastante utilizado em nosso país.

[10] Iudícibus e Marion detectaram aproximadamente 150 tipos de custos. Existem muito mais tipos de custos, na verdade. No *Dicionário de contabilidade*, de autoria de A. Lopes de Sá e de A. M. Lopes de Sá, contamos 99 tipos de custos. No *Dicionário de custos* de nossa autoria, conceituamos 113 tipos de custos. Tal fato se origina na lógica de que os custos, para serem bem conceituados e definidos, devem ser acompanhados de um qualificativo.

ção de direitos sobre empreendimentos de propriedade de terceiros, apropriando-se o custo desses direitos ao longo de período determinado, contratado para a exploração;
- amortização do ativo imobilizado — corresponde à perda do valor do capital aplicado na aquisição de direitos da propriedade industrial ou comercial e quaisquer outros com existência ou exercício de duração limitada, ou cujo objeto sejam bens de utilização por prazo legal ou contratualmente limitado;
- custo atribuído — custo considerado em registros contábeis e que não acarreta desembolso. Exemplo: inclusão de juros do capital próprio como parte dos custos operacionais. É o mesmo que custo imputado;
- custo de capacidade — valor econômico de todos os recursos necessários para manter um processo a um estágio específico de preparação para produzir sem desperdício. Os autores definem os custos da capacidade (em inglês, *capacity costs*: outro termo para expressar custos fixos) ressaltando o fato de que é preciso ter esses custos para montar instalações operacionais e uma organização própria para produzir e vender produtos e serviços;
- custo evitável — custo que deixará de existir se uma atividade for modificada ou eliminada. Os custos inevitáveis são custos que, considerados a curto prazo, coincidem com os custos fixos;
- custo perdido, custo passado — é um custo já incorrido;
- depreciação — declínio no potencial de serviços do imobilizado tangível e de outros ativos não correntes, em função de deterioração física gradual ou abrupta, consumo dos potenciais de serviços por meio de uso, mesmo que nenhuma mudança física seja aparente, ou deterioração econômica por causa da obsolescência ou de mudança na demanda dos consumidores.

Leone e Leone:
- amortização — em contabilidade, o termo aparece em dois sentidos. O primeiro sentido é amortizar uma dívida. O segundo sentido refere-se à diminuição do valor original de um ativo permanente — de investimento ou diferido. Essa diminuição é determinada por meio de diversos procedimentos e tem por objetivo formar uma despesa que poderá ser ativada se for destinada à fabricação de um produto ou poderá ser abatida, em cada um dos períodos, da receita respectiva desses períodos;
- custo da capacidade — é o custo relacionado à manutenção e à disponibilidade dos recursos necessários para o alcance de certa capacidade; para que uma fábrica possa produzir é necessário certa estrutura fixa (em termos de recursos humanos, materiais, espaços, tecnologia e outros) que exige que a empresa realize os gastos considerados fixos;
- custo de capital — é uma taxa que os analistas empregam para calcular o valor atual de futuros desembolsos e de futuros ingressos, principalmente na forma

de recursos financeiros. Alguns analistas intitulam essa taxa de taxa mínima de retorno;
- custo do capital próprio — é o custo financeiro dos recursos provenientes dos proprietários da empresa; muitas vezes se faz a análise do custo do capital próprio com o custo do capital de terceiros.

Acompanhando os conceitos particulares provenientes dos estudos de contabilidade, preferimos adotar a dicotomia entre "financiamentos" e "investimentos", entre "origens de recursos" e "aplicação de recursos", entre "passivo exigível" e "passivo não-exigível". "Financiamento" é sinônimo de "origem de recursos" e de "passivo". Enquanto "investimento" é sinônimo de "aplicação de recursos" e "ativo". Dentro dessa orientação prática, a "aplicação de recursos" ou o "ativo" são divididos em "investimentos de curto prazo" e "investimentos de longo prazo. Os "investimentos de curto prazo" são constituídos pelos ativos disponíveis e realizáveis e os "investimentos de longo prazo" são constituídos pelos ativos permanentes. O passivo é dividido em duas partes: as obrigações exigíveis, que são financiamentos de terceiros e as obrigações não-exigíveis, que são os financiamentos realizados por acionistas, sócios ou debenturistas. Dessa forma, fica mais claro para os leitores a distinção, por exemplo, nos "investimentos": investimentos de longo prazo e, por diferença, investimentos de curto prazo. O que passamos a denominar "investimentos de longo prazo", os americanos chamam de *capital*. O termo "capital", aqui no Brasil, deveria se destinar somente para nomear os recursos monetários, investidos por acionistas, sócios e debenturistas (quando não-exigíveis) e os recursos monetários investidos por terceiros (quando exigíveis).

Mais definições:
- custo de oportunidade — é o custo de uma alternativa, escolhida entre outras alternativas, em comparação com o benefício ou o lucro que poderia ter sido ganho se fosse escolhida a segunda melhor alternativa. É o ganho que poderia ter sido alcançado pela segunda melhor alternativa (que não foi escolhida). Esse custo é também conhecido como custo alternativo ou custo implícito. Caracteriza-se por ser um custo não-desembolsável. Daí não ser considerado pela contabilidade. Mas pode ser considerado pela contabilidade de custos, quando é necessário produzir informações internas para auxiliar a administração nos processos de planejamento e de tomada de decisões;
- custo evitável — é o custo que pode ser eliminado, se a administração elimina certa atividade; quase todos os custos variáveis são evitáveis. Um custo não-evitável, pelo menos no curto prazo, é o custo fixo;
- custo imputado (*attributed cost*) — é o custo que surge em algumas planilhas de custos, sobretudo para as planilhas que são preparadas pelas empresas para apresentar a certas agências regulatórias, com o objetivo de conseguir aumentar os preços de seus produtos ou serviços. Os exemplos mais claros são os seguintes:

a empresa adiciona à sua planilha aluguéis fictícios dos prédios próprios ocupados por ela e os proprietários atribuem a si mesmos salários que não são desembolsáveis;
- custos imputados — são custos "inventados". Não-desembolsados. Que não são registrados pela contabilidade;
- custos ocultos — são custos escondidos que existem, mas são de difícil definição porque estão camuflados por outras ações; exemplos típicos são o tempo de espera em filas, em telefonemas, os erros e as falhas cometidos, o tempo em que os funcionários faltam ao trabalho, os custos de doenças, os desperdícios causados por falta de energia, as estradas ruins, implicando custos relevantes aos transportadores e que são repassados para os preços dos materiais, o tempo de produção causado por má orientação aos operários, máquinas desajustadas, a burocracia do serviço público, enfim, o somatório desses custos escondidos e outros visíveis formam o que podemos chamar de "custo Brasil";
- depreciação — é o desgaste teórico de um ativo imobilizado em virtude do uso, da ação dos elementos naturais, de acidentes e da obsolescência. É a redução teórica do valor original de um ativo imobilizado.

Lopes de Sá e Lopes de Sá:

- amortização — é a eliminação gradual e periódica do ativo de uma empresa, como encargos do exercício, das imobilizações financeiras ou imateriais. É habitual confundir-se amortização com depreciação: a depreciação atinge a perda de valor de coisas materiais, como máquinas, móveis etc. e a amortização destina-se apenas a significar perda de valor de coisas imateriais financeiras;
- depreciação — fenômeno contábil que expressa a perda de valor que os valores imobilizados de utilização sofrem no tempo por força de seu emprego na gestão; perda de valor pelo uso;
- imputação — atribuição de um gasto a um setor ou centro de carga de custos. Descarga de um gasto em uma conta que deve recebê-lo.

Paulo Sandroni:

- custos de oportunidade — são custos que não devem ser considerados absolutos, mas iguais a uma segunda melhor oportunidade de benefícios não aproveitada. Quando a decisão para as possibilidades de utilização de A exclui a escolha de um melhor B, pode-se considerar benefícios não aproveitados decorrentes de B custos de oportunidade.

Zurcher e Sloan:

- amortização — uma provisão feita adiantadamente para a liquidação gradual de uma obrigação futura em termos de periódicos débitos contra a conta de capital ou para a construção de um fundo suficiente para fazer face às obrigações quando forem devidas;

- afundado (*sunk cost*, em inglês) — é um recurso inicial, não-reversível nos custos de produção. Na fabricação de peças de metal, por exemplo, o custo do modelo é um custo afundado. Uma vez feito, uma infinidade de unidades pode ser fabricada por ele;
- depreciação — uma diminuição no valor por causa do estrago pelo uso, pela ação dos elementos, pelo uso inadequado, por acidentes ou pela obsolescência;
- imputado — é um termo geral *usado* pelos economistas (o destaque é por nossa conta) para anotar um valor estimado quando nenhum desembolso em dinheiro é feito. Por exemplo, uma empresa pode calcular juros imputados sobre o seu capital investido como se tivessem sido pagos. Um aluguel imputado pode ser estimado para o uso de um bem ou um imóvel de propriedade da própria empresa. Um valor é imputado como custo como se o próprio dono da empresa que a administra recebesse um salário fictício que nem está sendo pago. O termo *implícito* é usado algumas vezes no mesmo sentido, em contradição ao termo *explícito* que indica a situação em que o salário é verdadeiramente desembolsado.

Análise diferencial: custos especiais, custos diferenciais e relevantes

Os "custos relevantes" são, nada mais, nada menos, do que aqueles que muitos estudiosos chamam de "custos diferenciais". Acreditamos, sem nenhuma dúvida, que os custos só são relevantes quando dotados de duas propriedades: diferentes e futuros. Daí porque a maioria dos estudiosos denomina "análise de custos (e receitas) diferenciais" ou "análise de custos (e receitas) incrementais" no trabalho de avaliação e escolha entre duas ou mais alternativas, propostas ou planos, a que seja mais adequada aos seus propósitos.

Alguns autores, perseguindo o objetivo didático de suas obras, apresentam casos práticos destinados a facilitar o entendimento desses custos.

Os professores não deixam de usar o "contraditório", artifício útil para explicar melhor a aplicação da relevância. O "contraditório" consiste na definição dos custos irrelevantes, que não influenciam a decisão ou a escolha.

Enfatizamos que, para a análise diferencial de custos, devemos usar custos diferenciais, fato comum nos casos de tomada de decisões de curto prazo.

Mas, que custos são esses?

Fazem parte do grupo de custos diferenciais: custo desembolsável, custo evitável, custo de oportunidade e o custo imputado (atribuído). A gerência deve ter o cuidado de não usar nessas decisões, nem o custo afundado (ou irreversível) e nem algum custo fixo alocado que não se altera em relação às alternativas que estão sendo analisadas.

O custo fixo alocado permanecerá intacto. É fácil perceber, por exemplo, que as despesas da superintendência da empresa e da depreciação do edifício da administração central ficam iguais diante de qualquer alternativa e de qualquer que seja a decisão.

A análise diferencial consiste em definir e comparar os custos (e as receitas) de duas ou mais alternativas, sendo que, normalmente, uma delas é o *status quo*, uma alternativa importante, que muitas vezes não é destacada. Em todas as análises diferenciais, contendo duas ou mais alternativas, forçosamente uma delas será a posição atual (ou o *status quo*)? A princípio, sim, sempre existirá a posição atual.

Os custos diferenciais, na verdade, são os custos que se alteram em resposta à mudança de uma para outra proposta. Só para confirmar: onde se diz "proposta", podemos usar as expressões "decisões", "alternativas", "cursos de ação", "planos" e "caminhos".

Maher (2001) alerta que "os custos diferenciais e os custos variáveis têm significados diferentes e são aplicados diferentemente; não devem ser considerados sinônimos".

Tal alerta é válido, pois muitos estudiosos entendem que os custos variáveis são sempre diferenciais. Um custo diferencial é aquele que, embora mude de uma alternativa para outra, não necessariamente é um custo variável, segundo a definição correta desse custo. Um custo é variável quando se modifica de acordo com mudanças nos níveis das bases que foram tomadas como referências. À primeira vista, esse desentendimento é freqüente, uma vez que a distinção entre custos variáveis e custos diferenciais é muito pálida.

Analisemos alguns custos fixos que não devem ser considerados em certas decisões (custos não-diferenciais, portanto irrelevantes). O exemplo tradicional, usado por quase todos os autores para explicar essa noção, inclusive por nós, em Leone (2000), é o caso de um cliente peruano que veio ao nosso país para comprar um produto de que estava necessitando, por um preço menor do que o chamado "custo pleno unitário" ou "custo total unitário". Esses custos são constituídos pelos custos variáveis de fabricação e por uma parte proveniente do rateio dos custos fixos da capacidade instalada. A decisão tomada nesse exemplo é muito simples. Simples porque não leva em consideração muitos fatores, inclusive de natureza qualitativa tanto na área comercial, quanto na econômica. A conclusão que se retira do caso é a seguinte: "todo o preço de venda maior do que o custo variável do produto ou do serviço deixa uma diferença positiva que será necessária para cobrir uma parte dos custos rateados e fixos da capacidade instalada de produção".

Esse exemplo esclarece o fato de que nem todos os custos fixos devem ser considerados irrelevantes e não-diferenciais.

Se, no caso do cliente peruano, a fábrica, para produzir a quantidade solicitada, tivesse que modificar a sua capacidade de produção pelo aumento das instalações ou pela compra de um equipamento adicional, os custos fixos decorrentes seriam considerados diferenciáveis, portanto relevantes.

Maher (2001) aborda, detalhadamente, o emprego da análise diferencial nas decisões envolvendo a produção. Essas decisões são comumente apresentadas pelos estudiosos de contabilidade de custos e de gestão de custos. São elas: a decisão de fazer ou comprar (levando em conta os custos fixos e os custos de oportunidade), de manter, adicionar ou eliminar uma linha de produtos, fechar uma unidade de negócios, identificando a influência dos dados não-financeiros (ou seja, dos fatores físicos e, principalmente, dos dados qualitativos, quanto aos interesses conflitantes muito comuns dentro das empresas).

O *custo incremental por unidade* é a quantia pela qual os custos totais de produção e de vendas aumentam quando uma unidade adicional daquele produto é produzida e vendida (Atkinson e colaboradores, 2000). Esse conceito se aproxima bastante do conceito de *custo marginal*, constante dos livros de microeconomia. Uma vez que fazem parte das análises diferenciais, são custos e receitas relevantes, indispensáveis em muitas decisões.

Custos evitáveis

Segundo Atkinson e colaboradores (2000:420), "são os custos passíveis de ser eliminados quando uma peça, um produto, uma linha de produção ou segmento de negócio é descontinuado".

Em nossa concepção, os custos evitáveis são, *em sua maioria*, custos variáveis em função de cada alternativa, quando a sua variabilidade é mensurada pela mudança de alguma medida operacional que pode ser administrada. Quando a gerência tem pela frente a decisão a ser tomada para manter ou descontinuar a fabricação de um produto (ou a não-realização de um serviço, faturável ou não, que costumava fazer), o contador gerencial (de custos) deve verificar se existem custos variando de acordo com uma base de comparação estabelecida. Os materiais diretos, a mão-de-obra direta e outros custos diretos, tais como energia (caso medida diretamente), o combustível consumido, os custos da terceirização de alguma fase de produção são custos evitáveis, ou que desapareçam, se a decisão for a de descontinuar a produção. Conforme comentamos, os custos evitáveis são, *em sua maioria*, variáveis. A explicação apresentada nos leva a admitir que alguns custos fixos, embora isso não seja comum, podem se considerados custos evitáveis. Por exemplo, se uma empresa aluga por um valor fixo um dos equipamentos empregados para a fabricação do produto considerado para ser descontinuado, esse valor será um custo evitável, portanto relevante para a decisão. Cabe apenas enfatizarmos que o contador de custos (vestido de contador gerencial) deve analisar a situação para definir com cautela quais os custos evitáveis (relevantes) e quais os custos não-evitáveis, que permanecem os mesmos em qualquer alternativa (irrelevantes).

Ao mencionarmos que o "contador de custos está vestido como contador gerencial", desejamos apontar uma conceituação de nossa parte, absorvida há muitos anos, quando trabalhávamos na General Electric, como contadores de custos. A idéia é clara como água. O contador de custos será sempre contador de custos. Não vemos uma nova profissão, pelo menos para os próximos anos. Ele sempre será capaz de fornecer informações financeiras, quantitativas, qualitativas, operacionais, gerenciais, estratégicas, decisivas, objetivas, subjetivas, do jeito que a administração interna desejar e der a ele as condições necessárias. A habilidade permanente em auxiliar a gerência com informações sob medida não deve ser uma razão para mudarmos o nome de sua função: ele será sempre "o contador de custos". Ser "contador gerencial" é apenas um jeito aparente de ser visto, quando fornecer informações para os diversos níveis gerenciais. Se o "contador de custos" oferecer informações estratégicas, ele se vestirá momentaneamente de "contador estratégico". Se ele oferecer informações de natureza qualitativa, poderá ser chamado de "contador qualitativo". É o que veremos, muito em breve. Na administração é comum nos depararmos com titulações diversas: administrador público, administrador de empresas, administrador rural, administrador da produção e tantos outros. Tudo bem, mas o profissional é sempre "administrador". Acontece muito na medicina. Existem vários tipos de médicos. Mas todos têm um único diploma e são formados por uma única escola.

Custo de capital[11]

É o custo para os acionistas ou sócios dos recursos monetários (capital social, principalmente) postos na empresa, como ações, debêntures e cotas, como lucros não distribuídos e parte dos lucros transformados em reservas, tudo incluído no patrimônio líquido.

Apresentamos, como contradição, parte do conceito exposto por Atkinson e colaboradores (2000) de que o custo do capital equivale ao retorno que a empresa tem que obter em seu investimento para satisfazer às exigências de retorno de seus investidores. De uma perspectiva financeira, se a empresa espera ganhar menos que o seu custo de capital num investimento proposto, *ela deveria devolver os recursos a seus provedores*. Se ela espera ganhar mais que seu custo de capital num investimento proposto, *então este deve ser aceito, pois é viável*. Neste conceito, os autores entendem "capital" como o conjunto dos investimentos aplicados nos itens do ativo permanente. São decisões de longo prazo.

---

[11] O termo *capital*, em muitas obras traduzidas de autores norte-americanos e mesmo originadas de autores brasileiros, é tratado como se fosse um investimento em ativos permanentes. Em nosso primeiro livro de custos (Leone, 1971), já admitíamos denominar "capital" como "investimento de longo prazo". No entanto, deixamos, de propósito, o termo "capital" liberado para nomear os recursos monetários investidos na empresa por terceiros e por acionistas ou sócios, acompanhando, de forma mais correta, o que os contadores consideram no balanço patrimonial capital de terceiros e capital próprio.

Jiambalvo (2002:173) apresenta uma noção básica para *custo de capital*, ao comentar a estimação da taxa de retorno exigida:

> Nos problemas apresentados anteriormente, simplesmente estabelecemos uma taxa de retorno exigida que deveria ser usada para calcular o valor presente líquido ou comparada com a taxa interna de retorno de um investimento. Na prática, a taxa de retorno exigida precisa ser estimada pela administração. Sob certas condições, a taxa de retorno exigida deve ser igual ao *custo de capital* para a empresa. O *custo de capital* é a média ponderada dos custos do capital próprio e de terceiros, usados para realizar os investimentos. O custo do capital de terceiros vem dos juros que precisam ser pagos às pessoas, bancos e outras companhias que emprestam dinheiro à empresa. Basicamente, o custo do capital próprio é o retorno exigido pelo acionista em função do risco a que eles se submetem ao fornecer capital à empresa. Estimar o custo de capital, especialmente o custo do capital próprio da empresa, é uma decisão até mesmo para os gerentes financeiros experientes. Em função dessa dificuldade, muitos gerentes usam seu próprio bom senso para determinar a taxa de retorno exigida, seguindo o princípio geral de que quanto mais arriscado o investimento, maior a taxa de retorno exigida.

Em nota à parte, o autor citado esclarece com muita pertinência:

> As complicações surgem, por exemplo, porque alguns títulos de dívida permitem a conversão em ações ordinárias. Além disso, algumas empresas têm diversas classes de ações com diferentes regras de voto e outras especificações que tornam o cálculo do custo do capital próprio bastante difícil.

Finalmente, apresenta o interessante quadro sobre "estimativas do custo de capital" de uma série de grandes empresas abertas, extraídas da revista *Fortune*, 9 de novembro de 1998, p. 194, ressaltando que o custo de capital da Intel, de 15,1%, é bem maior do que o custo de capital da Exxon, de 9,9%, para observar que a Intel deveria obter um maior retorno nos projetos de investimento.

No capítulo 10 de Leone (1971), introduzimos algumas noções básicas da análise de investimentos. Naquela época, já nos preocupávamos com a tradução do termo americano *capital budgeting*, utilizado para denotar os problemas e as soluções dos investimentos de longo prazo. Nunca nos conformamos em chamar de "capital" o que na verdade eram simplesmente recursos, normalmente monetários, injetados pela empresa no seu ativo permanente. Sempre preferimos deixar o termo "capital" para identificar os financiamentos e respectivas obrigações que a empresa obtinha e se obrigava a restituir, demonstrados no passivo do seu balanço patrimonial.

Devemos confessar que os capitais recebidos pela empresa para operar, sobretudo os capitais de acionistas, sócios e de debenturistas, das reservas e da retenção dos lucros, com certeza eram investidos nos itens do seu ativo permanente. A única diferença que deveria ser sempre lembrada é que os americanos denominam "capital", "capital fixo" e "capital permanente" aquele que vai gerar benefícios aos "pedacinhos" e em longo prazo. Para nós, brasileiros, o termo "capital" é impavidamente destinado a nomear os financiamentos e as origens de recursos que estão do lado "direito", no passivo do balanço patrimonial que, em passado recente, era dividido em dois pedaços: o passivo exigível e o passivo não-exigível.

Em Leone (2000:468), utilizamos uma taxa de retorno dada, uma vez que não tínhamos condições para determiná-la e esclarecemos na respectiva nota de rodapé:

> Estamos admitindo que a taxa de desconto é dada, embora na prática possa ser ou não do conhecimento da administração. Em alguns casos, a taxa de descontos representa o custo do capital, ou seja, a taxa que a empresa deve pagar pelo financiamento a obter. Muitos autores e praticantes acham que os procedimentos para cálculo do custo de capital ainda não têm aplicação prática generalizada por se revestirem de características muito teóricas. Essa taxa de desconto pode ser a taxa de retribuição do investimento-padrão para a empresa. Pode ser ainda a taxa de juros bancários no mercado em que a empresa opera.

Custo imputado

Em Leone (1982:20), chamamos o custo imputado de "custo produzido". Aliás, essa denominação serve para todos os custos "não-contábeis". Mas é preciso cuidado. Existem muitos custos "produzidos", como os resultantes de provisões (depreciação, reclamações, ajustes, quebras, perdas, devedores duvidosos e outros), que são "contábeis". O custo "imputado" é mais bem entendido por meio de exemplos, como fazem todos os estudiosos. Lembramo-nos de um colégio de propriedade de uma ordem religiosa que "imputava" na planilha de custos e despesas dois custos "não-contábeis", por ocasião do cálculo das mensalidades escolares: os salários "fictícios" dos professores, padres que pertenciam à ordem (tal procedimento era parte de comentários que faziam os pais dos alunos) e o aluguel "fictício" do prédio do colégio, propriedade da ordem religiosa há mais de 100 anos, cujos custos de construção já deveriam ter sido passados totalmente, desde a inauguração, para as mensalidades e que já tinha sido depreciado completamente. Lembramo-nos também de outro colégio (não pertencente a nenhuma ordem religiosa), que tinha a fama de repassar para as mensalidades escolares não só os aluguéis "fictícios" dos automóveis que serviam à instituição — de propriedade de seus diretores — como também os seus salários "fictícios" de executivos. Esses custos eram incluídos nas planilhas, mas não eram registrados pela contabilidade legal, financeira, principalmente destinada aos fins fiscais. Sob o ponto de vista econômico, porém, esses custos "imputados" são aceitos e devem ser computados.

O custo imputado é um valor apropriado ao produto para efeitos internos, mas não contabilizável (Martins, 2003). O custo de oportunidade, por exemplo, de acordo com a sua própria natureza, é um custo imputado e não-contábil. A característica de não-contábil significa que o custo não é desembolsável, é inventado, portanto, não pode ser registrado nos livros oficiais da contabilidade legal e fiscal por causa das suas "amarrações" às normas, não só da própria profissão como de instituições governamentais norteadoras dos registros contábeis. E, também, porque as informações dos relatórios contábeis externos devem ser cuidadosamente apoiadas nessas normas e imposições. Obviamente, os contadores, em comum acordo com os administradores das empresas, fazem registros de todos os tipos de custos e despesas e os incluem em relatórios estritamente gerenciais.

A maioria dos compêndios de economia trata os custos imputados como custos implícitos ou custos econômicos, fazendo uma comparação com os custos explícitos, trabalhados pelos contadores. É comum ouvirmos os economistas dizerem que os contadores não empregam em seus relatórios os custos implícitos, explicando por que não são considerados pela contabilidade. Como se os contadores não usassem jamais os custos imputados, de oportunidade e implícitos. É incrível! Os contadores os usam, sim. Muitos relatórios gerenciais destinados a ajudar os administradores a tomarem decisões em relação às decisões de escolher a melhor alternativa entre algumas à sua frente, inclusive o *status quo*. A confusão por parte dos economistas se explica pelo fato de que, na realidade, os contadores ainda têm que prestar contas do desempenho aos bancos, aos investidores externos, clientes e fornecedores e, principalmente, ao governo. Esses relatórios precisam ser preparados de acordo com normas e com princípios contábeis básicos para que tenham objetividade e credibilidade. Portanto, não podem incluir, nesses casos, nenhum custo fictício, inventado ou imputado.

Os contadores sabem quando incluir esses custos em seus relatórios, sobretudo os que são usados internamente pelos gerentes. Não conseguimos imaginar que um contador possa incluir na demonstração anual para a Secretaria da Receita Federal algum custo suposto. É crime em nossa legislação fiscal e em vários países, principalmente aqueles mais desenvolvidos.

Existem relatórios e relatórios, como se diz. Cada relatório tem uma finalidade diferente. Os contadores seguem esse mandamento ao pé da letra.

Os economistas chamam de custos contábeis apenas os custos explícitos e de custos econômicos os custos, sejam estes implícitos ou explícitos. Eles oferecem um exemplo prático para conceituar custos implícitos (inventados, fictícios, imputados, de oportunidade e tantos outros dessa mesma natureza) e os custos explícitos, resultantes de transações e operações reais (custos desembolsados, suportados por documentos hábeis, que resultam de diminuições de ativos e muitos outros concretos e tangíveis). No final, encontram um lucro econômico e um lucro contábil. Para o imposto de renda, somente interessa a figura do lucro contábil.

Para muitas decisões operacionais, táticas e estratégicas, de curto ou longo prazo, destinadas a resolver problemas internos ou para planejamento, interessa o lucro econômico (Keshar e colaboradores, 1999).

Custos afundados

Também chamados de irreversíveis ou passados, são gastos feitos, impossíveis de se recuperar. Por exemplo, o excesso entre o valor contábil de um ativo imobilizado e o seu valor residual (valor de venda). Trata-se de uma perda rigorosamente escritural. Não há nenhum interesse para o processo de tomada de decisões. Vai afetar o lucro contábil, mas não monetário, como uma perda na transação de venda do respectivo imobilizado (Hammer e co-autores, 1994).

Suponhamos o caso de um equipamento de fabricação, comprado há alguns anos. A contabilidade vem determinando a depreciação anual desse equipamento.

Será que a depreciação é um custo relevante? A depreciação é um custo futuro diferente nas alternativas que estão sendo analisadas?

A depreciação, a cada ano, vai sendo debitada às operações, portanto representa parcela de um custo passado, um custo perdido, um custo "afundado", um *sunk cost*. O custo de aquisição do equipamento não pode ser evitado. É o mesmo em todas as alternativas. Dessa forma, o custo de depreciação não deve ser considerado nas análises diferenciais de custos.

Hansen e Mowen (2001) ratificam essa avaliação, argumentando que o custo da depreciação não é um custo relevante para certas decisões de curto prazo, porque não é um custo futuro.

Os custos irrecuperáveis são gastos realizados no passado, que não podem ser alterados por decisões presentes ou futuras. Segundo Atkinson e colaboradores (2000:416), "são custos de recursos que já foram consumidos e que, independentemente de qualquer decisão ou ação atual tomada pelos gerentes, não podem ser mudados".

Em Martins (2003), o professor Eliseu apresenta um caso prático de uma companhia de cosméticos, onde há um debate entre o diretor-presidente, o diretor de produção e o diretor financeiro sobre uma tomada de decisão diante da escolha de uma proposta entre alternativas diferentes. A escolha é feita seguindo os argumentos do diretor-presidente. Não porque os argumentos vieram do diretor-presidente, como poderíamos imaginar, mas porque, realmente, seu raciocínio foi o mais correto. O diretor-presidente aplicou o conceito de custo perdido ao abandonar os custos com amortização e depreciação de ativos existentes; são investimentos feitos no passado que provocam custos contábeis, mas são irrelevantes para certas decisões, por não alterarem fluxos financeiros. O que interessa neles é seu valor de recuperação, ou seja, o que se obteria pela disposição dos itens apropriados.

Os custos perdidos são contábeis porque existiram, saíram das disponibilidades. Na maioria dos casos, não são incluídos nas decisões entre alternativas, já que não são custos futuros, nem diferenciais, portanto são irrelevantes. Segundo

Padoveze (2000:356), "não podem mais ser evitados, independentemente dos tipos diferentes das alternativas postas num processo de tomada de decisões".

O mesmo autor apresenta um caso clássico para ilustrar a não-influência de um custo passado, irrelevante. Trata-se da decisão de trocar um equipamento usado e já parcialmente depreciado por um novo que possibilitará uma redução nos custos variáveis. Inicialmente, o problema é tratado em sua forma mais simples, para atender a objetivos didáticos. Em seguida, são acrescentados outros tipos de custos diferenciais e os custos passados. Finalmente, na conclusão, comenta que:

- os custos passados vão existir em qualquer alternativa e, portanto, não podem ser evitados. Esses custos são representados pelo valor residual contábil do equipamento usado que vai ser trocado;
- os custos relevantes têm a capacidade de alterar o resultado futuro da empresa no caso de se optar pela alternativa diferente da denominada *status quo*.

O custo irrecuperável, segundo Brigham e co-autores (2001:457), é uma saída de caixa que já foi comprometida ou que efetivamente já ocorreu e, portanto, não é afetada pela decisão que está sendo levada em consideração.

Observe quão interessante é a construção da definição: passa a impressão de que o custo não está sendo influenciado pela decisão. Pensamos exatamente o contrário: a decisão não pode ser influenciada pelo custo, que é irrecuperável.

Decisões de curto prazo e de longo prazo

Muitos estudiosos se preocupam com as decisões de curto e longo prazos, mas não mostram as medições dos tempos do curto e do longo prazos. Adiante, vamos mostrar a nossa idéia do que seja a duração do curto e do longo prazos, bem como os conceitos de alguns tratadistas. Primeiro, porém, apresentemos os conceitos de curto e longo prazos, diferentes do que estamos, contadores (principalmente) e de administradores, acostumados a utilizar.

Curto prazo é o período de tempo em que pelo menos um fator de produção se mantém fixo. Nesse sentido, o curto prazo para uma siderúrgica será maior que o curto prazo para uma padaria, já que as instalações de uma siderúrgica demandam mais tempo para ser alteradas do que as instalações de uma padaria. Quando todos os fatores da função de produção são considerados variáveis, identifica-se uma situação de longo prazo (Vasconcellos, 2001).

Decisões sobre preços a curto prazo: existem dois casos — quando a capacidade de produção não está sendo totalmente utilizada e quando está sendo utilizada totalmente — embora eles sejam fixos, não importando a condição sobre a capacidade. Nessa situação, portanto, os custos fixos não são relevantes para a tomada de decisão de preços.

Decisões sobre preços a longo prazo: em algumas decisões, os custos totais (resultado do emprego do critério do custeio por absorção) devem ser considerados. Essa afirmação nos leva a admitir o uso do custeio por absorção, apesar de todas as suas fraquezas tão divulgadas (Atkinson e co-autores, 2000).

No contexto de decisões sobre preços, Maher (2001) enfatiza a diferença entre curto e longo prazos, apresentando exemplos interessantes, pouco usados por outros autores. Um dos casos estudados trata de um pedido especial que não afetará outras vendas. É um caso prático semelhante ao caso do cliente peruano, porém, sem a outra alternativa, uma vez que Maher pretende mostrar uma situação de curto prazo. Mais adiante, apresenta exemplos relacionados aos problemas de longo prazo, adotando uma posição curiosa em relação à distinção entre decisões de curto prazo e de longo prazo. Para o autor, as decisões de curto prazo afetam o fluxo de caixa por um período tão pequeno que o valor do dinheiro no tempo é imaterial e, conseqüentemente, ignorado. Se uma ação (decisão) afetar o fluxo de caixa por período superior a um ano, o valor do dinheiro no tempo deverá ser considerado, caracterizando uma decisão de longo prazo. O autor nos remete ao capítulo 23 de seu livro, onde são estudadas as "decisões de investimento de capital", consideradas de longo prazo.

Para Maher, o termo curto prazo é o período de tempo no qual a capacidade de produção de uma empresa não muda em um ano, geralmente. Uma certeza é a seguinte: há realmente a convenção dos 365 dias, ou seja, se a decisão vai influenciar os negócios após um ano, a decisão será de longo prazo. Acreditamos que seja um consenso concebido entre os contadores de todos os países, pelos menos os ocidentais. Outra observação, sem tanta certeza, é a de que Michael Maher somente se refere à capacidade de produção. O conceito de curto prazo, no nosso entendimento, se aplica não só à capacidade de produção, como de qualquer elemento ou atividade dentro da empresa.

Na contabilidade, sobretudo legal e fiscal, o consenso dos 365 dias deixou a convenção bem mais explícita. Todos os pagamentos e recebimentos, de um modo geral, devem ser efetuados até o dia 31 de dezembro do ano seguinte. Por exemplo, quando no balanço patrimonial de 31 de dezembro de 2005 existe um item de contas a pagar vencendo no dia 23 de junho de 2006, essa obrigação é considerada de curto prazo. Continuaria sendo assim se estivesse vencendo até 31 de dezembro de 2006. Caso os débitos e os créditos devessem ser pagos ou recebidos após o dia 31 de dezembro de 2006, seriam classificados como de longo prazo.

Essa convenção é usada amplamente; os administradores a seguem. Para os economistas, o conceito de curto prazo, embora não esteja apoiado em uma convenção formal, é mais amplo do que para contadores e administradores, podendo normalmente alcançar cinco anos. Depois de cinco anos, aparentemente, passam a ser classificados como médio ou longo prazo.

Hansen e Mowen (2001) trazem à luz a análise da relevância dos custos (e das receitas, também) para a tomada de decisões de curto prazo, denominadas decisões táticas. Vamos tentar descobrir o motivo da utilização dessa nova denominação.

Uma decisão de curto prazo, para qualquer administrador, é uma alternativa que pode ser revisada a qualquer momento, não deixando seqüelas duradouras nas operações, porque não envolveu significativos montantes de recursos, sobretudo monetários; porque envolveu uma situação pontual; porque não vai produzir nenhum abalo em relação às demais atividades da empresa; e porque coube a uma gerência operacional de nível mais baixo.

A tomada de decisão tática consiste na escolha entre alternativas com um final imediato ou limitado em vista. Por exemplo, aceitar um pedido especial por menos do que o preço de venda para utilizar a capacidade ociosa e aumentar os lucros do ano. Assim, algumas decisões táticas tendem a ser, por natureza, de curto prazo. Entretanto, devemos afirmar que as decisões de curto prazo muitas vezes têm conseqüências a longo prazo (Hansen e Mowen, 2001). Tomamos o cuidado de sempre afirmar em nossas manifestações que não existem neste mundo decisões triviais: elas sempre terão "efeitos colaterais".

Não desejamos criar polêmica. No entanto, sempre nos vem à mente um famoso triângulo, apresentado nos livros de administração para destacar os três tipos de decisão que envolvem as funções de planejamento e controle: operacional, tática e estratégica. Acreditamos que uma decisão operacional é, verdadeiramente, uma decisão de curto prazo e que as decisões de médio prazo e longo prazo são, respectivamente, táticas e estratégicas.

Hansen e Mowen são contundentes, não admitindo discussão: "na realidade, não se deve tomar decisão tática [para eles, uma decisão de curto prazo] que não sirva aos objetivos estratégicos gerais de uma organização".

Apreciamos essas observações a respeito dos fatores qualitativos nas decisões. Mencionam as decisões táticas mas, temos certeza, no fundo gostariam de envolvê-las no problema de decisões de médio e longo prazos.

Em Leone (1982), comentamos quanto ao papel importante dos fatores qualitativos em combinação com os fatores quantitativos, esclarecendo que, muitas vezes, quando o administrador toma a sua decisão com base em um *dado qualitativo*, ele não age de forma errada: o dado qualitativo é sempre muito importante e decisivo. Mas o administrador julga melhor a informação qualitativa se tiver o apoio de informações quantitativas.

Hansen e Mowen (2001) tomam como agentes principais na tomada de decisão, vamos dizer "tática", os custos relevantes, estabelecendo que "ao escolher entre as duas alternativas, deveriam ser considerados apenas os custos e as receitas relevantes à decisão. A identificação e comparação dos custos e receitas relevantes é o núcleo do modelo de decisão". Os mesmos apresentam, em seguida, o que eles chamam de "exemplos ilustrativos de tomadas de decisões táticas", onde vão aplicar os conceitos de relevância e irrelevância dos custos.

Todos os exemplos ilustrativos de decisões fazem parte do grupo tradicional de casos que são apresentados pelos autores de estudos sobre custos: decisões de fazer ou comprar, decisões de manter ou eliminar. Decisões sobre pedidos especiais e decisões de vender ou processar adicionalmente. Porém, os autores citados apresentam as soluções de cada exemplo, adotando tanto os procedimentos convencionais, quanto (e eis uma diferença) a aplicação da lógica relacionada aos modelos do critério do custeio baseado em atividades. É um diferencial competitivo.

Custo de oportunidade

Vamos iniciar esta exposição com uma afirmação categórica: o conceito de custo de oportunidade é o mais difícil dos conceitos de custos especiais (Corcoran, 1978).

Em seguida, vamos aproveitar os ensinamentos de Luiz Carlos P. Carvalho (2000:76), docente do Departamento de Economia da FEA-USP, exatamente porque vêm de um economista: "o custo de oportunidade mede o valor das oportunidades perdidas em decorrência da escolha de cada alternativa de produção em lugar de outra alternativa, também possível".

O ilustre mestre traz um exemplo de fácil compreensão em que uma fábrica está diante de duas alternativas "economicamente visíveis" de produção: vergalhões e chapas laminadas. Para aumentar a produção de um tipo de produto, terá de sacrificar parte da produção do outro tipo de produto. A fábrica tem restrições. Ele conclui: "a administração só tomará essa decisão se o ganho adicional com a maior produção de chapas laminadas for maior do que o custo de oportunidade avaliado em termos de vergalhões produzidos a menos".

É válido observar que alguns economistas, ao se referir às análises de "custos produzidos", realizadas por contadores, afirmam que tais profissionais não usam o conceito do custo de oportunidade como fator de decisão. Alguns economistas insistem em se basear no fato de que a contabilidade fundamenta o seu desenvolvimento em princípios fundamentais, sobretudo o princípio do registro pelo valor original. De duas uma, ou são "cegos que não querem ver" ou "desconhecem inteiramente o que se faz realmente em contabilidade". Nesta segunda hipótese, eles não sabem que existe um modo de se fazer contabilidade para atender às finalidades gerenciais internas. Os contadores "usam e abusam" do custo de oportunidade, quando necessitam dele.

Alguns livros de contabilidade, utilizados em todo o mundo ocidental, esclarecem esse emprego.

Horngren e co-autores (1997:394) apresentam excelentes exemplos do emprego do custo de oportunidade, inclusive oferecendo uma definição "enxuta": "*opportunity cost is the contribution to income that is forgone rejected by not using a limited resource in its next-best alternative use*". Preferimos deixar a definição no idioma original, porque é de fácil entendimento e porque "tradutor é traidor", como diziam os mais velhos. Atkinson e colaboradores (2000:364) apresentam um excelente exercício e a sua definição: "é a quantia de lucro perdido, quando a oportunidade proporcionada por uma alternativa é sacrificada pela escolha de outra".

Os custos de oportunidade são custos implícitos, relativos aos insumos que pertenciam à empresa e que não envolvem desembolso monetário. Esses custos são estimados a partir do que poderia ser ganho no melhor uso alternativo. Embora os custos de oportunidade não sejam contabilizados no balanço das empresas, trata-se de um conceito útil para a tomada de decisões empresariais (Vasconcellos, 2001).

Muitos estudiosos oferecem exemplos bem simples: o capital parado na empresa, a utilização de prédio próprio, quanto os proprietários que trabalham nas próprias empresas ganhariam se estivessem empregados em outras empresas, quanto a empresa deve pagar aos assalariados para mantê-los como empregados, entre outros.

O custo de oportunidade é o quanto a empresa sacrificou em termos de remuneração por ter aplicado seus recursos numa alternativa ao invés de em outra (Martins, 2003).

Esse custo é usado nos processos de tomada de decisões entre duas ou mais alternativas operacionais. O custo de oportunidade, como qualquer custo diferencial, é empregado para ajudar os administradores a fazer comparações entre as alternativas, no sentido de escolher a melhor entre elas. Na verdade, os administradores já escolheram um, ou mais de um, fator de decisão. O fator de decisão geralmente é o que traz maior vantagem econômica.

O professor Eliseu Martins (2003:234) apresenta um fator de decisão importante, mas pouco mencionado pelos demais estudiosos. Apresenta inclusive outro procedimento técnico que deve ser levado em conta e que, também, não vemos anotado pelos estudiosos: "normalmente, esse tipo de comparação tende a ser um pouco difícil, em função principalmente do problema do risco. Os graus de risco são diferentes entre as alternativas propostas". O autor chama a atenção, invocando o caso de nosso país, onde o risco zero acontece nos títulos do governo federal ou nas cadernetas de poupança. O procedimento técnico, muito bem lembrado por Martins, é aquele que vai fazer comparações levando em conta valores de igual poder de compra, em moeda de mesmo poder aquisitivo. Tanto que no item 20.2 (p. 235), cujo título é "Efeito da inflação no custo de oportunidade e no resultado", o professor Eliseu explora uma situação em que a empresa está inserida num cenário de inflação, e mostra como a inflação corrói os dados históricos, sobretudo de ativos imobilizados.

Para Hammer e colaboradores (1994), o custo de oportunidade é definido como o valor mensurado da melhor alternativa não escolhida. Muito embora o conceito seja claro, os estudiosos fornecem exemplos práticos. Os autores imaginam duas alternativas para investir certo valor em unidades monetárias. Uma das alternativas é produzir e vender um dado produto e a outra alternativa, para aplicação do montante em dinheiro, é um investimento em debêntures. São duas alternativas que resultam em lucros. A decisão escolhida foi produzir e vender o produto. Tal decisão resulta na obtenção de uma receita. Se a decisão ganhadora tivesse sido a de investir em debêntures, o investidor teria obtido uma receita proveniente dos juros. A receita de juros, ou seja, da alternativa não escolhida, será considerada um custo de oportunidade para a decisão tomada. Essa é a conclusão do primeiro exemplo dado pelos três autores norte-americanos. Há um outro exemplo. Uma máquina pode ser usada na fabricação de um produto ou pode ser vendida. Segundo os autores, o valor líquido obtido na venda da máquina, se essa alternativa não for a escolhida, é um custo de oportunidade para a decisão de produzir e vender o produto. Ou seja, é o valor da receita da decisão não escolhida.

Para Smith e colaboradores (1988), um custo de oportunidade é o lucro deixado de lado ou perdido pela gerência ao escolher uma das duas alternativas disponíveis. Ele significa uma oportunidade que foi descartada ou sacrificada. O custo de oportunidade não é um desembolso real de dinheiro como são geralmente outros tantos custos. Ao contrário, ele é uma entrada de caixa que a empresa deixou de ter por aceitar a alternativa escolhida.

Outro bom exemplo para custo de oportunidade seria o aluguel de equipamentos que poderia ser recebido, se a alternativa escolhida fosse outra. O aluguel vai ser considerado um custo de oportunidade, não desembolsável com certeza, porque deixou de ser uma potencial receita em dinheiro. É um custo relevante nos casos de tomadas de decisões entre alternativas operacionais.

Não podemos deixar de apresentar o conceito de Michael Maher (2001) para definir o custo de oportunidade: "o custo de oportunidade de um recurso representa o retorno perdido por não empregá-lo na melhor alternativa de uso". Ainda são comentários de Maher:

> Quase sempre a determinação do custo de oportunidade é muito difícil e envolve muita subjetividade. Além disso, os custos de oportunidade geralmente não são incluídos nos relatórios contábeis, porque não decorrem de transações realizadas. Eles representam apenas possibilidade, e devem ser estimados em cada situação de decisão (...) Por serem muito nebulosos, os custos de oportunidade muitas vezes não são considerados na análise de fazer-ou-comprar. É fácil deixar de considerá-los, porque eles não representam saída de caixa e não são contabilizados. Entretanto, a responsabilidade do contador ajudar os tomadores de decisão, lembrando-lhes de que esses custos existem.

Essas observações são o resultado de um julgamento correto. Precisamos, quanto a essas dificuldades, revelar o nosso juízo, que não tem maior peso, mas que reflete também a opinião de muitos especialistas em contabilidade, finanças, administração e economia.

Os custos de oportunidade são incluídos normalmente em relatórios contábeis para finalidades gerenciais internas, quer sejam de difícil determinação, quer sejam, como disse Maher, "nebulosos".

Há muita "gente boa" acreditando que os contadores só preparam relatórios para finalidades externas. Ledo engano. Os contadores são profissionais de mente aberta. Aquela imagem negativa do "guarda-livros" já se foi, desapareceu totalmente. Pedimos desculpas pelo arroubo literário. Hoje, quem "guarda os livros" é o computador. Quem digita os dados de entrada no sistema computadorizado são os vários operadores, desde o diretor e o almoxarife, até o recepcionista ou a telefonista, passando por todos os empregados. Quem programa são os programadores (é o óbvio, mas é uma observação muito útil), quem idealiza os sistemas são pessoas que dominam as linguagens e que trabalham juntos com contadores e administradores. Esse conjunto é indispensável. Quem usa os relatórios contábeis produzidos pelos computadores, tanto impressos quanto de aparição nas telas dos monitores, são os contadores e os administradores. Podemos afirmar que a fase "nobre" do sistema de planejamento, controle e tomada de decisões é constituída pela análise dos relatórios tanto contábeis quanto de produção, de marketing, de finanças, de recursos humanos e tantos outros. É sempre bom lembrar tais fatos.

O objetivo maior dos contabilistas, vamos chamar de gerenciais, embora não seja um nome adequado, é fornecer informações diferentes para atender necessidades gerenciais diferentes. O mesmo acontece com os custos de oportunidade, bem mais sofisticados. Integram as famílias dos custos "não-contábeis", dos custos "imputados", dos custos "diferenciais" e dos "custos relevantes". Eles estão sempre presentes em casos de tomada de decisões em que os administradores devem escolher uma (alternativa) entre duas ou mais propostas ou entre dois ou mais projetos. Estes custos são de mensuração bem mais difícil. O professor Eliseu Martins acrescenta mais uma variável significativa: o risco entre as propostas.

Cabe alertar que os conceitos acima estão em sintonia com o cenário, que é a função de produção e seus fatores. Em outro cenário, os conceitos poderiam ser diferentes.

Em Vasconcellos e colaboradores (1998:70-72), os autores mostram as diferenças entre a visão econômica e a contábil-financeira dos custos de produção, mostram os conceitos de outros custos e ainda fazem uma análise entre custos e despesas, embora brevemente.

Em linhas gerais, pode-se dizer que a visão econômica é mais genérica, que atende mais ao mercado, enquanto na ótica contábil-financeira a preocupação centra-se mais no detalhamento dos gastos da empresa.

Os custos contábeis são normalmente conhecidos na contabilidade privada, ou seja, os custos explícitos, que sempre envolvem um dispêndio monetário. É o gasto efetivo, explícito, na compra ou aluguel de insumos, contabilizados no balanço da empresa (Vasconcellos et al., 1998).

Os custos privados e custos sociais são decorrentes de externalidades ou economias externas. Quando uma unidade econômica cria benefícios para outras, sem receber pagamentos por isso; quando uma unidade econômica cria custos para outras, sem pagar por isso. As externalidades tanto podem ser vistas por uma ótica privada quanto por uma ótica social. O fator principal é que a contabilidade financeira, fiscal e legal não pode contabilizar custos implícitos. Mas a contabilidade gerencial pode fazê-lo sem problema, desde que não cometa enganos propositais que podem influenciar o julgamento de terceiros que têm interesse na empresa (Vasconcellos et al., 1998).

Os autores, economistas profissionais e professores da matéria confessam que na teoria microeconômica tradicional não é feita uma distinção rigorosa entre os conceitos de custos e despesas, como é feito na contabilidade (Vasconcellos et al., 1998).

De fato, acontece, mas somente se a contabilidade a que se referem é, também, tradicional. Pois a contabilidade moderna usa os mesmos conceitos amplos ("genéricos") dos economistas, quando necessário para que a administração de qualquer nível interno se desobrigue, com eficácia, eficiência e efetividade, das suas funções de planejamento, controle e tomada de decisões. Para os contabilistas responsáveis por fornecer informações gerenciais, existem, sim, diferenças entre os conceitos de gastos, despesas, custos e perdas, que tanto podem ser estimados como reais.

Custo da capacidade

Para calcularmos os custos da capacidade, devemos definir o que é capacidade e medi-la.

A entidade é organizada para fabricar produtos, realizar serviços ou atender alguma necessidade do mercado (no sentido de população e sociedade, tanto em termos domésticos quanto em termos mundiais). Vamos examinar alguns setores dessa sociedade. Por exemplo, uma universidade. Ela constrói certa capacidade para formar profissionais e para realizar pesquisas. Como mensurar essa capacidade? Quais serão as unidades de medida? Em princípio, podemos tentar mensurar duas capacidades: uma para atender ao ensino e outra para atender à pesquisa. Em segundo lugar, o dueto deverá determinar o nível da capacidade, pois, segundo Horngren e colaboradores (2000), é possível aplicar, pelo menos, quatro tipos de medição: capacidade teórica, capacidade prática, utilização normalizada e utilização programada, sendo que cada uma dessas deve ser subdividida em taxas únicas (para toda a empresa) e taxas diferentes (para cada um dos setores, processos ou produtos).

Voltando ao caso da universidade, suponhamos que, para medir a capacidade de ensino, seja escolhido o número de alunos ou a quantidade alunos-hora e, para medir a capacidade de pesquisa, seja escolhida a quantidade de pesquisadores ou de pesquisadores-hora. Até aqui resolvemos uma pequena parte do grande problema.

O próximo passo é mensurar, em termos monetários, cada uma dessas capacidades já mensuradas em termos físicos: alunos-hora e pesquisadores-hora. Normalmente, elas são medidas pelos custos de instalações, de terrenos, de prédios, de equipamentos e do pessoal necessário, ou seja, para resumir, todos os custos fixos. Reconhecemos que o raciocínio aqui exposto está fundamentado em proposições muito simples, até simplórias. E construímos a nossa exposição tomando como base uma instituição de ensino e pesquisa. A partir dessa idéia, podemos perguntar: como definir e medir a capacidade de uma fábrica que produz vários tipos de bebida? De um estaleiro que constrói três ou quatro grandes navios em dois anos? De um laboratório farmacêutico que produz medicamentos e que tem uma grande capacidade de realizar pesquisas, que duram anos? Como definir e medir a capacidade de uma firma de consultoria ou de auditoria? De uma empresa de propaganda e marketing? De uma empresa gráfica? De um banco? De uma empresa de aviação? De um hospital que possui diversos setores diferentes, como laboratórios de análises, ambulatórios de emergência, centros de hemodiálise e de cardiologia e, também, centros de pesquisas médicas? Os administradores de cada uma dessas atividades construíram uma capacidade física adequada para atendê-las. Uma vez que foram medidas por meio de algumas bases suportadas por algumas variáveis físicas, os contadores devem, em seguida, medi-las por meio dos custos fixos.

Voltemos à determinação objetiva e prática da capacidade de uma entidade ou de algum de seus setores. Tanto faz, as dificuldades são sempre as mesmas.

Precisamos tocar num ponto, considerado um dos maiores desafios da contabilidade de custos. Ele constitui uma das grandes desvantagens de todo o sistema de custeio, que se baseia no critério de custeio por absorção. Prestem atenção, pois estamos enfatizando o problema para "todos os sistemas", inclusive para os sistemas "disfarçados". São os custos fixos identificados como pertencentes às operações fabris (vejam que não estamos envolvendo os demais custos fixos de outras áreas como a administração geral e a comercialização).

Para não dificultar o entendimento, vamos simplificar a idéia de custos fixos. Vamos identificá-los para cada tipo de produção (o que já é um grande desafio, pois vão sobrar alguns custos fixos que não podem ser assim identificados) e, a partir desse ponto, tentemos identificá-los a cada processo e, o que seria talvez o "nirvana", identificá-los a cada um dos produtos. Entretanto, para chegar a este último ponto, os contadores de custos, em conjunto com os administradores da área de produção, já deveriam ter determinado o nível de capacidade que será aplicado como denominador da fração "custos indiretos totais/capacidade selecionada", cujo quociente seria a famosa e indispensável "taxa de absorção". Horngren e colaboradores (2000:222) apresentam as definições de quatro tipos de níveis diferentes de capacidades: a capacidade teórica, a capacidade prática, a utilização normalizada e a utilização programada.

Em Leone e Leone (2004), além de definirmos o termo "capacidade", apresentamos os mais variados tipos, colhidos de outros estudiosos: capacidade atingível (o mesmo que capacidade prática), capacidade máxima, capacidade normal e capacidade produtiva.

Além desses níveis de capacidade, veremos adiante o tipo de capacidade mais trabalhada: a capacidade não utilizada ou ociosa, quando a empresa, o setor, o processo ou a fabricação de um produto deixa de utilizar, por diversas razões, o que é uma das maiores preocupações de contadores e administradores, parte substancial de cada uma das capacidades já mencionadas, aquela que estiver servindo como referência.

A capacidade é a quantidade que uma entidade pode produzir, em certo período, medida em unidades de produtos, em horas trabalhadas ou em qualquer outra unidade; a quantidade a ser trabalhada depende dos recursos disponíveis e limitados, tais como máquinas, instalações, homens, materiais, tecnologia, organização, crédito, disponibilidades; normalmente diz-se que uma fábrica tem a capacidade de produzir 200 mil unidades de produtos em um mês, que o setor de ferramentaria tem a capacidade de trabalhar 2.400 homens-hora, que a vara de justiça tem a capacidade de analisar e julgar 200 processos por mês, que o hospital tem a capacidade de acolher 200 pacientes em um dia.

É fácil perceber que, de acordo com a fórmula da "taxa de absorção", os relatórios de custos dos produtos serão diferentes, levando a resultados contábeis diferentes, e os montantes dos custos da capacidade ociosa serão, como conseqüência, desiguais, por muitas razões. Um capítulo deste livro expõe as razões por que os custos não são exatos. Uma dessas razões deveria sublinhar as inconsistências da taxa de absorção, que se destina a alocar custos da capacidade utilizada e da capacidade ociosa às diversas atividades operacionais.

Onde se encontram essas inconsistências? Não são consistentes os níveis que definem os diversos tipos de capacidade (ou seja, o denominador da taxa de absorção), esses níveis são sempre estimações, conseqüentemente os variados montantes da capacidade ociosa são, do mesmo modo, inconsistentes. As bases ou indicadores que definem o montante das diversas capacidades variam constantemente (as eficiências, rendimentos ou as taxas de produtividade mudam em virtude de estudos permanentes). Os produtos e processos são diferentes, não há como comparar exigências de fatores de produção. É muito difícil o encontro de uma medida que consiga tornar equivalentes os esforços de fabricação de produtos e processos diferentes. Outro capítulo deste livro estuda esses equivalentes de produção. Muitas vezes a própria dificuldade dos processos produtivos leva os contadores (e administradores) a utilizarem equivalências (por exemplo, o cálculo dos custos de uma produção conjunta). Como definir a capacidade de fabricação de produtos de longa duração (por exemplo, estradas, pontes, edifícios, navios e aviões de grande porte)?

Horngren e colaboradores (2000:222) afirmam, com graça, que alguns administradores "antecipam rosas quando tudo que existe são espinhos". Tal afirmação pode servir para as dificuldades em prever montantes diferentes de capacidade.

A falha maior acontece quando os contadores e administradores apropriam (ou não apropriam) os custos da capacidade ociosa aos produtos e aos processos de fabricação. Se apropriados, os custos dos produtos ficam injustamente mais caros. Se não apropriarmos os custos da ociosidade aos produtos, eles serão considerados um custo do período e levados para o resultado. Neste caso, o leão da Receita Federal certamente rugirá.

Com toda a "parafernália" à nossa disposição, não conseguimos chegar a uma solução aceitável.

O problema de definição e mensuração da capacidade instalada e da definição da capacidade ociosa, inclusive as suas alocações, ou não, aos produtos e aos processos, pode ser tema de estudos, dissertações, teses, artigos, monografias e apresentações em encontros de contadores e de administradores.

Referências

ALLORA, Franz. *Engenharia de custos técnicos*. São Paulo: Pioneira, 1985.

ALLORA, Valério; ALLORA, Franz. *UP*: unidade de medida de produção para custos gerenciais das fábricas. São Paulo: Pioneira, 1995.

ANTHONY, Robert; HEKIMIAN, J. *Controle de custos de operações*. São Paulo: Brasiliense, 1974.

ATKINSON, Anthony et al. *Contabilidade gerencial*. São Paulo: Atlas, 2000.

> *A obra é, de certo modo, revolucionária. É importante, para todos nós, conhecermos as idéias desses quatro produtivos professores sobre os conceitos dos tipos diferentes de custos que estamos tentando definir desde o começo deste capítulo. O livro original* Management accounting, *2. ed., foi editado pela Prentice Hall, Upper Saddle River, NJ, em 1997.*
>
> *A tradução em nosso país, em sua quarta capa, apresenta os currículos resumidos dos seus autores. Todos os quatro são professores de contabilidade em universidades de prestígio, principalmente a famosa Harvard University. É interessante observar que o professsor S. Mark Young é professor de contabilidade na Universidade do Sul da Califórnia, onde obtivemos o diploma de MBA. Atkinson é canadense e PhD em administração industrial. Banker parece ter nascido na Índia e é PhD em administração de empresas em Harvard. Kaplan, o "patrão", é engenheiro e tem o PhD em pesquisa operacional. Young nos parece ser o único contador entre os quatro autores do livro.*

BIERMAN, Harold; DICKMAN, Thomas R. *Cost accounting* — a management approach. New York: Macmillan, 1971.

BORNIA, Antônio Cezar. *Análise gerencial de custos*: aplicação em empresas modernas. Porto Alegre: Bookman, 2002.

    O conteúdo desta obra é interessante e está muito bem elaborado. Vale a pena consultá-lo.

BRIGHAM, Eugene F.; CAPENSKI, Louis C.; EHRHART, Michael C. *Administração financeira* — teoria e prática. São Paulo: Atlas, 2001.

    Tradução de Alexandre Loureiro Guimarães Alcântara e José Nicolas Albuja Salazar e revisão técnica de José Carlos Guimarães Alcântara, professor da Eaesp/FGV. O título no original é Financial management: theory and practice, *de 1999, editado pela The Dryden Press. Brigham e Gapenski são professores da Universidade da Flórida e Ehrhardt é professor da Universidade do Tennessee. Nenhuma outra indicação sobre o currículo dos professores está registrada na edição brasileira. Foi deste livro que retiramos conceitos, definições de custos e despesas que admitem, na prática empresarial, diversas abordagens e várias aplicações. O livro faz um estudo, resumido mas muito esclarecedor, dos efeitos fiscais sobre a inclusão, ou não, de vários custos, sobretudo do custo de depreciação. A partir da página 370, os autores apresentam suas idéias sobre o capital e os respectivos custos. Eles questionam o que significam exatamente as expressões custo de capital e custo de capital total. E respondem: "para começar, note que é possível financiar uma empresa totalmente com as ações ordinárias somadas aos lucros acumulados, ou seja um capital próprio. Porém, a maioria das empresas emprega vários tipos de capital, chamados componentes de capital, com ações ordinárias e ações preferenciais, junto com dívidas, sendo estes três tipos os mais freqüentemente usados. Todos os componentes de capital têm uma característica em comum: os investidores que forneceram os fundos esperam receber um retorno sobre seu investimento".*

CARVALHO, Luiz Carlos P. *Microeconomia introdutória*. São Paulo: Atlas, 2000.

CATELLI, Armando (Org.). *Controladoria*: uma abordagem da gestão econômica — Gecon. São Paulo: Atlas, 1999.

_____; GUERREIRO, Reinaldo. Uma análise crítica do sistema activity-based-costing ABC. *Revista Brasileira de Contabilidade*. Brasília: CFC, 1995.

COGAN, Samuel. *Activity based costing (ABC)*: a poderosa estratégia operacional. São Paulo: Pioneira, 1994.

CORBERTT NETO, Thomas. *Contabilidade de ganhos*: a nova contabilidade de acordo com a teoria das restrições. São Paulo: Nobel, 1997.

CORCORAN, Wayne A. *Costs* — accounting, analysis and control. New York: John Wiley & Sons, 1978.

    O livro traz um currículo muito resumido do autor. Informa apenas que ele é professor na Universidade de Massachusetts e que tem um doutorado. Mas não sabemos qual a área do conhecimento em que se enquadra o seu diploma superior. Ele tem um CPA, obtido no Estado de Nova York, em 1960. Esses dados são muito importantes. Enten-

deremos melhor os seus conceitos quanto à contabilidade de custos, se estimarmos, com alguma certeza, seu tempo de atuação como estudante e professor universitário.

As suas primeiras palavras apresentam, de forma incisiva, a orientação básica de seu livro: "mais do qualquer coisa, este é um livro sobre filosofia. Eu acho que vocês vão concordar que, enquanto ele está cheio do 'como', o 'porquê' domina".

O autor apresenta suas próprias idéias sobre "contabilidade" e sobre "custos", até definir a contabilidade de custos. Para ele, a contabilidade de custos procura ajudar as pessoas a planejarem e a controlarem por meio da coleta e da análise das informações, não todas em termos monetários, e comunicar os resultados.

*O seu capítulo 2 (*Human behavior*) trata de um tema que, aparentemente, não tem relação com a contabilidade de custos. Preferimos colocar o advérbio "aparentemente" por dois motivos: primeiro porque tem como base o fato de que raramente os autores de livros e de outras manifestações sobre "custos" se preocupam com o tema denominado "comportamento humano"; segundo, porque se baseia no reconhecimento de que tudo o que fazemos, inclusive "calcular e gerenciar custos", sofre permanente influência do nosso comportamento, como seres humanos.*

Ele arremata, de forma curiosa, porém verdadeira, suas opiniões sobre o comportamento das pessoas, quanto às atividades de planejamento, controle e execução dos negócios, com a seguinte frase, que pode ser perfeitamente considerada como "máxima": "as pessoas são, ao mesmo tempo, uma bênção e uma maldição nas operações de uma empresa" (p. 88).

*Os ensinamentos registrados no capítulo 10 (*Decision making costs*) e uma pequena parte dos ensinamentos do capítulo 11 (*Capital budgeting*) observam uma estreita relação com o que estamos propondo neste livro. Entre os "ensinamentos", encontramos os conceitos sobre os tipos de custos que estamos analisando: custos (e receitas) relevantes, custos de oportunidade, custos imputados, custos evitáveis, depreciação, juros imputados e custo de capital.*

São muito apreciados por nós porque são emitidos por alguém que estudou muito, tomando como base o conjunto contabilidade, administração, matemática, estatística e economia. Os resultados dessa "mistura" estão apresentados num quadro da página 286. Corcoran junta praticamente quase todos os custos, suas definições e suas relações com os conceitos dos custos diferenciais futuros.

O livro de Corcoran sobre contabilidade de custos é um trabalho diferente. Alguns capítulos são inovadores. Em alguns trechos, principalmente nos dois capítulos iniciais, Corcoran mostra a sua face desafiadora. Ele segue a mesma linha de obras que o livro de Kaplan, Atkinson, Banker e Young, Contabilidade gerencial; *o livro de Kaplan e Robin Cooper,* Custo e desempenho; *o livro do mesmo Kaplan,* Advanced management cost; *o livro de Kaplan e Johnson,* Contabilidade de custos — a relevância perdida; *o livro* Gestão estratégica: a nova ferramenta para a vantagem competitiva, *de John*

Shank e Viajay Gonvidarajan. É claro que devem existir outros tantos trabalhos com essas características. Lembramo-nos dos livros de Dopuch e Birnberg, de Shillingalw, de Bierman e de Anthony. Em nosso país, e de acordo com as nossas percepções, temos professores que escrevem livros e outros ensaios que adotam essa mesma orientação. Vamos ser ousados e chamá-los de trabalhos desbravadores: a 9ª edição do livro Contabilidade de custos, *de Eliseu Martins, sobre o qual já comentamos, o livro de Antonio Cezar Bornia, o livro de Cogan sobre o ABC, os livros sobre UEP, do engenheiro Franz Allora e seu filho Valério, de Thomas Corbertt Neto, de Masayuki Nakagawa, e os trabalhos de Armando Catelli e Reinaldo Guerreiro.*

Uma obra, do mesmo tipo "guerreiro", é o livro de Sérgio de Iudícibus, Análise de custo. *É uma pena que se encontra esgotadíssimo. Em todas as oportunidades que temos de encontrar pessoalmente o professor Iudícibus, insistimos com ele para que promova uma nova edição do seu livro, até mesmo incorporando novos capítulos. A mesma sugestão deve vir de outros professores que, também, o apreciam como amigo e, principalmente, como mestre.*

Há um livro admirável que nos impressionou bastante. Um livro diferente. É um livro que foi escrito há pelos menos 50 anos. Está esgotado há muitos anos. É uma obra desafiadora e muito bem escrita. Estamos nos referindo ao livro de Cibilis da Rocha Viana, Teoria geral da contabilidade.

Voltando ao livro de Corcoran.

Ele acrescenta mais surpresas. "Uma de minhas aspirações em escrever este livro-texto foi encorajar os leitores a refletir sobre o que sentem acerca de um problema ou outro, em lugar de repetirem, como papagaios, o que já foi dito por outros."

CRUZ, June Alisson Westab. A consideração do custo do capital próprio no cálculo do ponto de equilíbrio e na estrutura do custeio variável ou direto. *Revista Mineira de Contabilidade*, ano VII, n. 23, p. 38-45, 2006.

DOPUCH, Nicholas; BIMBERG, Jacob G. *Cost accounting* — accounting data for management. New York: Harcourt, Brace & World, International Edition, 1969.

ECONOMIA resposta a tudo. Portugal: Círculo de Leitores, 2000. v. 3, Economia Industrial — Prática empresarial.

GREENWALD, Douglas (Coord.). *The McGraw-Hill dictionary of modern economics* — a handbook of terms and organizations. New York: McGraw-Hill Book Company, 1965.

GUERREIRO, Reinaldo. *A meta da empresa*: seu alcance sem mistérios. São Paulo: Atlas, 1996.

HAMMER, Lawrence H.; CARTER, William H.; USRY, Milton F. *Cost accounting*. 11. ed. College Division, Southwestern Publishing, 1994.

> *Os três são professores de contabilidade, em universidades distintas. Hammer é doutor em administração de empresas e tem um CPA. Carter é contador, doutor em contabilidade e tem um CPA. Usry tem um PhD (não sabemos em quê) e tem um CPA. Como se nota, todos têm esse famoso CPA. Em termos profissionais, não-acadêmicos, um CPA revela que a pessoa tem profundos conhecimentos sobre os vários ramos da contabilidade não só por causa de seus estudos intensos como pela experiência adquirida em trabalhos práticos (é a conclusão a que chegamos).*

HANSEN, Don R.; MOWEN, Maryanne M. *Gestão de custos* — contabilidade e controle. Pioneira, Thomson Learning, 2001.

> *Tradução da 3ª edição do livro americano. Os dois autores são professores de contabilidade na Universidade Estadual de Oklahoma. O estudo é singular, porque é um dos primeiros a apresentar os conceitos de contabilidade de custos e de gestão de custos como atividades distintas, cujo campo de aplicação é, porém, o mesmo, ou seja, os custos da empresa. A primeira frase do prefácio é reveladora: "nos últimos 20 anos (ou seja, a partir de 1980), mudanças no ambiente de negócios têm afetado profundamente a contabilidade de custos e a gestão de custos". Nós, estudiosos brasileiros, simples mortais, estamos de acordo com essa observação, que surge num momento em que muitos profissionais, em nosso país, ainda não entenderam muito bem as duas atividades, como atividades de finalidades distintas, embora atuem juntas em qualquer situação.*

HEILBRONER, Robert L. *Introdução à microeconomia*. 3. ed. Rio de Janeiro: Zahar Editores, s. d.

HICKS, J. R. *Value and capital*. 2. ed. Oxford University Press, 1946.

HORNGREN, Charles T. et al. *Cost accounting*: a managerial emphasis. Englewood Cliffs: Prentice Hall, 1997.

_____. *Contabilidade de custos*. Rio de Janeiro: LTC, 2000.

HOUAISS, Antônio. *Dicionário Houaiss da língua portuguesa*. Rio de Janeiro: Objetiva, 2001.

IUDÍCIBUS, Sérgio de. *Análise de custos*. São Paulo: Atlas, 1988.

_____; MARION, José Carlos. *Dicionário de termos de contabilidade*. São Paulo: Atlas, 2001.

JIAMBALVO, James. *Contabilidade gerencial*. Rio de Janeiro: LTC, 2002.

> *A edição americana, Managerial accounting, é de 2001, editada pela John Wiley & Sons, Inc. A tradução foi realizada por Tatiana Carneiro Quírico e a revisão técnica pelo professor Samuel Cogan, da Uerj.*

KESHAR, Tara et al. *Introdução à microeconomia*. São Paulo: Atlas, 1999.

LAWRENCE, William B. *Contabilidade de custos*. Brasília: Ibrasa, INL, 1975.

LEONE, George S. G. *Custos* — planejamento, implantação e controle. São Paulo: Atlas, 1982.

_____. *Custos*: um enfoque administrativo. Rio de Janeiro: FGV, 1971.

_____. _____. 14. ed. Rio de Janeiro: FGV, 2000.

_____; LEONE, Rodrigo J. G. *Dicionário de custos*. São Paulo: Atlas, 2004.

MAHER, Michael. *Contabilidade de custos* — criando valor para a administração. São Paulo: Atlas, 2001.

> *Tradução da obra* Cost accounting: creating value for management, *editada pela The McGraw-Hill Companies, Inc., em 1997.*
>
> *Os estudos, todos, independentemente do alcance e da profundidade, deveriam (e é muito comum) trazer o currículo dos seus autores. Não sabemos, neste caso, quem é Michael Maher. Sabemos, pela quarta capa, simplesmente, que Michael Maher é professor da Universidade da Califórnia, Davis. Nada mais!*
>
> *Michael Maher trata do tema que estamos expondo, em dois capítulos: capítulo 14 — Análise diferencial de custos e receitas — e no capítulo 15 — Utilização de análise diferencial em decisões de produção.*
>
> *O livro é didático, antes de tudo. Portanto, Michael Maher inicia cada capítulo apresentando os conceitos (próprios) "enxutos" dos custos que fazem parte da Análise diferencial: o curto prazo.*
>
> *O livro define vários tipos de custos. Todos ligados à área de administração financeira. São custos mesmo. São custos desembolsáveis, resultados de operações com dinheiro. De qualquer modo, poderíamos fazer um passeio entre esses custos. Alguns são custos fictícios, mas ligados, ainda, às operações financeiras. Em nosso livro, estamos tratando de outros tipos de operações.*
>
> *Já mostramos, em observações anteriores, que os custos que estamos analisando precisam de definições acompanhadas de exemplos práticos. Sem esses exemplos, as definições não seriam imediatamente entendidas.*
>
> *Tais dificuldades são encontradas normalmente em relação aos custos (e despesas, por que não?) que não passam por caixa, isto é que não são desembolsos reais.*
>
> *Esses custos (ou despesas) chamam a atenção nos casos de planejamento e de decisões entre alternativas. Em outras situações diferentes, como, por exemplo, em relação às demonstrações contábeis, custos (ou despesas) que não passam por caixa são levados em consideração na determinação do lucro contábil da empresa ou de uma operação particular dentro da empresa. Mas não são considerados, por exemplo (o caso mais evidente), por ocasião da determinação do lucro tributável que, no Brasil, passou a ser denominado lucro real (que, "de real", não tem nada). Custos (ou despesas) como a depreciação, as*

provisões e tantos ajustes diversos. Estamos resumindo bastante o que é, na realidade, uma gigantesca "parafernália" de custos, despesas, gastos, perdas, estimações e resultados teóricos, incluindo os efeitos inflacionários. Tal "parafernália" faz parte de demonstrações contábeis de muitos tipos que atendem a diferentes finalidades.

MARTINS, Eliseu. *Contabilidade de custos*. 9. ed. São Paulo: Atlas, 2003.

A obra de Eliseu Martins, contador, doutor em contabilidade e professor do Departamento de Contabilidade da Feac/USP, denominada, de forma concisa, Contabilidade de custos, *editada, desde 1978, pela Editora Atlas, tem recebido, ao longo de seus quase 30 anos, mudanças e atualizações. Entretanto, foi nesta 9ª edição que o autor resolveu fazer alterações que renovaram a obra. Ela está diferente. Ou melhor, está sintonizada totalmente com as mudanças profundas e extensas, sofridas pela contabilidade de custos, no sentido de adaptá-la aos novos cenários econômicos.*

Observamos, acima, que a obra tinha e continua tendo um título muito conciso, que não combina com o seu conteúdo. Deveria, no mínimo, ser: Contabilidade de custos — instrumento gerencial de planejamento e controle. *É o que está registrado na capa de dentro, por coincidência.*

Confessamos que não fomos nada modestos ao batizarmos dois de nossos livros. Um deles tem como título Custos — um enfoque administrativo *e outro, o título é* Custos — planejamento, implantação e controle. *Na verdade, tínhamos em mente outro objetivo, diferente do desejo de tornar os livros mais atraentes, em termos de comercialização. Já naquele tempo, há 30 anos praticamente, nós desejávamos que os nossos estudos dominassem um campo muito maior do que apenas a contabilização das operações de fabricação e da realização de serviços. A tendência é ampliar o objeto da contabilidade de custos, tornando-a cada vez mais um instrumento gerencial. Está na moda. Os novos tratadistas resolveram colocar, em suas obras, títulos como* Contabilidade gerencial, *em que 80% do seu conteúdo são ocupados pela contabilidade de custos. Os mais novos têm ido mais longe:* Contabilidade de custos e gestão, Custos — contabilidade e gestão, Gestão estratégica de custos, Contabilidade estratégica de custos *e* Custos — um novo conceito gerencial. *Na verdade, estão separando a contabilização da gestão (ou gerência) dos custos. Não temos nada contra essas novas denominações atraentes. Achamos que, atualmente, elas contam a realidade. Por que começamos a falar nesse aspecto? Apenas para mostrar nosso ponto de vista sobre a nova edição do livro de Eliseu Martins, cujo conteúdo é muito mais amplo do que uma simples contabilização de custos. É, na verdade, um livro moderno, que está em sintonia com os novos tempos.*

O capítulo 20 apresenta os tipos de custos que estamos estudando neste nosso capítulo. Para Eliseu Martins, esses custos não são muito empregados pela contabilidade de custos. Seria bem mais direto se Eliseu Martins dissesse que a contabilidade de custos os emprega em situações em que os administrados têm diante de si alternativas, quando uma delas deverá ser a escolhida. Essas situações não são muito comuns. Porém, os contadores de custos os empregam quando é necessário.

NAKAGAWA, Masayuki. *Gestão estratégica de custos*: conceitos, sistemas e informações. São Paulo: Atlas, 1991.

PADOVEZE, Clóvis Luís. *Contabilidade gerencial* — um enfoque em sistema de informação contábil. 3. ed. São Paulo: Atlas, 2000.

PORTNEY, Paul R. Análise custo-benefício. In: HENDERSON, David R.; NEVES, João César das. *Enciclopédia de economia*. Cascais-Lisboa, Portugal: Princípia-Publicações Universitárias e Científicas, 2001. cap. 1, p. 19-22.

RYALL, E. J. H. *Dictionary of costing*. London: Sir Isaac Pitman & Sons, Ltd., 1926.

O autor era, por ocasião da sua elaboração, presidente da R. J. H. Ryall & Co. Ltd., Consulting Management Engineering, London and Toronto.

É interessante consultar esse Dicionário de custos, *editado, pela primeira vez, em 1926. Podemos voltar no tempo e vivenciar o cenário dos anos 1920 e verificar quanto a contabilidade de custos era diferente da de nossos dias. Era uma contabilidade de custos longe de ser contábil e longe de ser gerencial. Era certamente uma contabilidade de custos de fabricação, feita por engenheiros e para os engenheiros de produção. Naqueles tempos, chamavam-na de contabilidade dos custos de produção. Se algum de nossos leitores desejar conhecer um fato real, consulte a introdução de nosso terceiro livro de custos, onde apresentamos o comentário que fez um famoso professor catedrático atuante na década de 1930, a respeito do nosso livro, quando o folheou e leu alguns trechos.*

Estamos convictos de que o "pai" da administração científica, o americano Frederick Winslow Taylor, sendo um engenheiro industrial, muito apreciava a contabilidade de custos de sua época.

No entanto, a contabilidade de custos, pouco a pouco foi se transformando num procedimento amarrado às normas contábeis, sobretudo no Brasil.

Começamos a estudar contabilidade, chamada geral, no início da década de 1950. A partir aproximadamente dessa data, nos Estados Unidos, ela vinha saindo aos poucos da orientação ligada às normas contábeis.

Tivemos a oportunidade de iniciar o contato, nos anos finais da década de 1950, com uma especial contabilidade de custos. Embora ainda muito voltada para os controles de fabricação, já era quase tão avançada como hoje, no início do século XXI.

Nós procuramos, nesse dicionário antigo, as definições de custos imputáveis, de custos de oportunidade, de custos afundados e de custos de capital, dos custos definidos de acordo com o seu comportamento, da sua flexibilidade, de acordo com os desejos dos administradores, dos critérios de absorção e direto e nada ali foi encontrado. Naquele

> *tempo, não existiam tais preocupações, pelo menos entre os "engenheiros de custos", bem como entre os contadores da época.*
>
> *O dicionário mostra uma contabilidade de custos bem organizada para acompanhar as operações industriais e para dar informações aos próprios engenheiros. A preocupação constante era dirigida para o controle efetivo do consumo dos fatores de produção, dentro do próprio prédio da fábrica. Eram os engenheiros que administravam os custos, principalmente os custos dos materiais, da mão-de-obra direta e do funcionamento dos equipamentos, em termos de rendimento.*
>
> *Na década de 1920, nos Estados Unidos, os engenheiros, dentro das fábricas, ainda eram orientados pela filosofia do taylorismo. Não que o taylorismo fosse alguma coisa ultrapassada. Longe disso. A lógica de Taylor permanece até hoje, mas em outros níveis. E a contabilidade de custos hoje acompanha de perto a orientação de controle de custos e faz parte do conjunto que estuda a melhoria não só das operações fabris, como as operações de logística, de finanças, de gestão de pessoas, tanto dentro de uma visão operacional quanto de uma visão estratégica.*

SÁ, A. Lopes de; SÁ, A. M. Lopes de. *Dicionário de contabilidade*. 7. ed. São Paulo: Atlas, 1989.

SAMUELSON, Paul A.; NORDHAUS, William D. *Economia*. Lisboa: McGraw-Hill, 1993.

> *Interessa-nos o capítulo 7: Análise de custos, p.124-129.*
>
> *Os autores explicam (p. 115): "onde quer que haja produção, os custos seguem-na como uma sombra". Estamos completamente de acordo com a afirmação dos dois notáveis autores, principalmente o professor Samuelson, que foi o primeiro Prêmio Nobel de Economia.*
>
> *Cumpre-nos ampliar a afirmação acima. "Onde quer que haja uma ação (ou uma decisão) por parte de uma pessoa física ou jurídica, os custos seguem-na como uma sombra."*
>
> *Mais adiante, os dois professores confirmam a sua afirmação. "Mas o papel dos custos vai muito além da influência do nível de produção. As empresas inteligentes também prestam atenção aos seus custos quando tomam as suas decisões de funcionamento. É mais barato contratar um novo trabalhador ou pagar horas extraordinárias?"*

SANDRONI, Paulo. *Dicionário de economia*. Best Seller, 1994.

SHANK, John; GOVINDARAJAN, Viajay. *Gestão estratégica de custos*: a nova ferramenta para a vantagem competitiva. Rio de Janeiro: Campus, 1995.

SHILLINGLAW, Gordon. *Cost accounting*, analysis and control. Englewood Cliffs: Prentice Hall, 1964.

SILVA, F. C. Gonçalves da. *Contabilidade industrial*. 3. ed. Lisboa: Centro Gráfico de Famalicão, 1966.

> *Este livro foi editado pela primeira vez em 1954. Traz observações que estão na moda atualmente. O livro é muito bem-feito, a língua portuguesa é tratada com carinho, objetivamente e de modo inteligível. Não existem "anglicismos", por exemplo. No prefácio da 1ª edição, o autor se desculpa de não ter apresentado "os custos diferenciais", afirmando que o fará em obras que vão se seguir. É o que fez, como prometido, na 3ª edição. Não o fez, é claro, com a consistência que se faz hoje, sobretudo porque a sua obra trata do "apuramento e controle" dos custos de produção. O professor português atuou num cenário econômico em que a contabilidade industrial se preocupava quase que inteiramente com os registros contábeis do ciclo de produção que se destinavam a "apurar" os custos de fabricação totais, por produtos e por seções e auxiliar no seu "controlo".*

SLOAN, Harold S.; Zurcher, Arnold J. *A dictionary of economics*. New York, 1961.

SMITH, Jack L.; KEITH, Robert M.; STEPHENS, William S. *Managerial accounting*. New York: McGraw-Hill Book Company, 1988.

> *Cumpre lembrar que os professores Smith e Keith são PhD em contabilidade. O professor Stephens é DBA (doctor of business administration). É membro da Associação Americana de Contabilidade, da Associação Nacional de Contadores e, sobretudo, do Instituto de CPA da Flórida.*

TAYLOR, Frederick Winslow. *Princípios de administração científica*. São Paulo: Atlas, 1990.

VASCONCELLOS, M. A. S. *Economia micro e macro*. 3. ed. São Paulo: Atlas, 2001.

_____; GARCIA, Manuel Enriquez. *Fundamentos de economia*. São Paulo: Saraiva, 1998.

> *Marco Antônio S. Vasconcellos é doutor em economia pela USP e professor do Departamento de Economia da Feac/USP, e Manuel Enriquez Garcia é, também, doutor pela USP e professor do Departamento de Economia da Feac/USP.*

VIANA, Cibilis da Rocha. *Teoria geral da contabilidade*. 5. ed. Porto Alegre: Livraria Sulina, 1971.

8º Mandamento

Fique atento aos sinais e aos sintomas

O problema

Suponhamos o administrador de uma empresa solicitando ajuda a um consultor externo: "o nosso sistema de custos não está funcionando a contento. Desejamos que o senhor faça uma análise do que está acontecendo".

A afirmação taxativa e os termos da consulta merecem algumas observações.

Primeira: por que a necessidade de um consultor externo? A observação nos parece ser muito pertinente. Segundo o senador Cristovam Buarque, no jornal *O Globo*, de 25 de março de 2002, "tudo o que fica banal deixa de ser percebido: é preciso alguém de fora para mostrar". É verdade que um consultor externo vê "coisas" que os especialistas internos não vêem? A resposta é sim. Daí a ajuda benéfica que vem de fora.

Robert S. Kaplan, professor de Harvard, que vem estudando, em conjunto com outros professores, as melhores formas de se executar a contabilidade gerencial, é engenheiro. Ele é considerado "de fora", porque não é economista, nem administrador, e muito menos, contador.

No Brasil, acontecem fenômenos interessantes nesse aspecto.

Dois dos maiores economistas brasileiros eram engenheiros: Eugenio Gudin e Mario Henrique Simonsen. Um de nossos presidentes que, no seu governo, criou o binômio "indústria e desenvolvimento" e o *slogan* "cinqüenta anos em cinco", não era economista, e sim, médico. O Plano Real, que "controlou" a inflação, foi concebido e posto em execução por dois presidentes, um engenheiro e o outro, sociólogo. De acordo com nosso entendimento, "gente de fora". Outro caso mais recente: no governo petista, cujo presidente é um torneiro mecânico, o primeiro ministro da Fazenda foi um médico.

Segunda observação: o consultor externo tem o direito de ser esclarecido, diante do desafio.

Certamente, ele fará perguntas ao administrador que deseja consultá-lo: "Por que o sr. acha que o seu sistema de custos não está funcionando? Quais são os sinais, os sintomas, os indícios, as evidências e as provas?"

Esse é o tipo de consulta que, com freqüência, fazem os administradores que, no agir de seu cotidiano, sentem que alguma coisa não está funcionando dentro da normalidade. As "máquinas" são mecanismos e os "organismos" formam sistemas de órgãos. Muitas vezes, começam a apresentar "disfunções".

Eis um dos grandes "problemas" que enfrenta o administrador.

A empresa é um organismo vivo. É um conjunto de órgãos em interação. Quando o administrador afirma que o seu sistema de contabilidade de custos não está funcionando, está se baseando, com certeza, em alguns indicadores, que podem ser simples sinais. Muitas vezes, o administrador, mesmo o mais experiente e profundo conhecedor do sistema orgânico de sua empresa, ao sentir que algo não está funcionando com indicações de que o sistema de custos está apresentando falhas, não sabe ao certo o local e as causas.

O corpo humano é formado por vários sistemas que interagem. A medicina já possui uma gama de indicadores que ajudam os médicos a apontarem o problema, sua localização e suas causas. Entretanto, os sistemas organizacionais, principalmente o sistema de custos, carecem, ainda, de sinais eficazes. Sem luzes piscando, sem alertas, sem *red flags*, sem campainhas e outros ruídos, sem dores localizadas, sem sinais e sintomas e sem indicadores, é quase impossível para um especialista descobrir, com rapidez e certeza, onde está o mau funcionamento de alguma parte do sistema, decifrá-lo e providenciar sua correção.

O que fazer?

Dificilmente, conseguiremos apresentar uma resposta objetiva e convincente, capaz de nos ajudar a visualizar e compreender os sinais e sintomas, indicativos de que a contabilidade de custos não está funcionando conforme se esperava. Ao invés disso, vamos levantar algumas explicações aqui e ali, na esperança de que, ao agrupá-las, tenhamos uma resposta satisfatória e completa.

Nosso primeiro exemplo pode ser o conhecido "painel de bordo" da cabine de um avião comercial. Aquele que já teve a oportunidade de entrar na cabine de um Boeing 727, com certeza, se espantou com a enormidade de sinais, luzes, sons, telas e outros dispositivos diante dos olhares concentrados dos pilotos e do engenheiro de vôo. Toda aquela "parafernália" para auxiliá-los nas operações costumeiras, como também para sinalizar problemas, indicando o local e as prováveis causas. Os três tripulantes são treinados para resolvê-los de uma vez ou controlá-los até que a aeronave consiga pousar com segurança. Esses dispositivos (sinais e sintomas) se destinam a antecipar possíveis acidentes, oferecendo as medidas necessárias para evitá-los.

Nas empresas, os administradores devem ter essas luzes e esses sinais. Algumas já os têm, outras não. Alguns sinais passam despercebidos, no entanto. Por isso, um consultor externo pode ajudá-los. Os especialistas externos não estão acostumados à "paisagem ambiental" das empresas. Essa "paisagem ambiental", prima da rotina, faz com que os administradores não "sejam tocados" pelas evidências e sinais de alerta. Os acidentes acontecem. Algumas falhas se convertem em "falhas humanas", tão conhecidas por todos nós.

Quando os administradores suspeitam de algo no sistema de custos?

De acordo com o filósofo Olavo de Carvalho, todos nós, que temos mania de estudar, ler e pensar sobre determinado assunto, acabamos por sistematizá-lo a nosso modo, com o objetivo, muitas vezes, de passar adiante esses conhecimentos acumulados (*O Globo*, seção "Opinião"). É o que aconteceu com a lista a seguir: ela pode ter sido o resultado de leituras de um ou mais estudiosos. Não temos nenhuma pista. Se algum dos nossos leitores souber a origem, pedimos que nos escrevam dando-nos as coordenadas para que possamos anunciá-las em próximas edições.

Alguns dos sinais mais comuns são os seguintes:

- o setor de custos está demorando a prestar informações para os gerentes que desejam tomar certas decisões de natureza não recorrente;
- o setor de custos não está preparado para "reconhecer" os custos ocultos. Tais custos existem. É preciso defini-los;
- o sistema de custos foi implantado há muito tempo e não aconteceu até agora nenhum estudo que objetivasse uma reformulação;
- a empresa vem alterando os seus sistemas de produção, de tempos em tempos, e o sistema de custos permanece o mesmo;
- o sistema de custos não está preparado para empregar novos instrumentos para definir, registrar, classificar e analisar as informações sobre os "custos da qualidade", os "custos da produtividade" e as informações exigidas pela gerência para planejar e tomar decisões estratégicas;
- os gestores de custos (as gerências) são indiferentes em relação às informações provenientes do sistema de custos;
- a existência de mudanças inexplicáveis nos dados de custos que podem estar influenciando, de forma negativa, as informações sobre os relatórios de desempenho da empresa;
- a empresa está seguidamente perdendo concorrências e licitações;
- os seus concorrentes no mercado têm melhores preços;
- a gerência tem detectado grandes desvios entre os dados reais de custos e os dados orçados, estimados ou padronizados;

☐ não tem havido um acompanhamento constante das bases empregadas para o emprego do custeio por absorção.

Reflexões baseadas numa simples comparação

Uma empresa é tão complexa quanto os organismos dos animais, principalmente dos seres humanos.

Na medicina, existem sinais apresentados pelas pessoas que um médico pode identificar e determinar a existência de um problema no organismo. Mas a localização e as causas da disfunção só serão detectadas com certeza com o auxílio de alguns exames ou testes.

O mesmo acontece com os sistemas de custos empregados nas empresas. São muitos os fatores que influenciam a disfunção do sistema.

O sistema circulatório pode deixar de ter um bom funcionamento por causa de alguns fatores que estão influenciando, de forma negativa, outro sistema do corpo humano, talvez o sistema nervoso, e este, por sua vez, deve estar sendo influenciado pelo comportamento da pessoa caracterizado pelo sedentarismo, obesidade, bebidas, dissabores e consumo exagerado de açúcar e sal.

É o que acontece nas empresas. As ações dos administradores podem ser as causas do mau funcionamento do sistema de custos. A empresa, embora complexa, é um ser vivo criado pelo próprio homem. É necessário que os administradores e os contadores formem um dueto harmonioso, para facilitar a preparação de alertas, de sinais e de alguns pontos ou fases que acendam uma luz amarela ou vermelha.

Alguns casos reais à guisa de exemplos

Os exemplos estão nos livros e nas revistas especializadas.

Exemplo 1

As vendas estão seguindo o que fora planejado. Os clientes pagam em dia. Não existem gastos fora de controle. Os custos conservam-se dentro dos padrões. No entanto, o saldo de caixa, de uns tempos para cá, está diminuindo, o que é um sinal. Alguma coisa não está funcionando bem no organismo da empresa. Quais os sintomas? Estamos com dificuldade crescente de pagar as nossas obrigações perante os fornecedores e o governo. Outro sinal revelador: o valor dos estoques de produtos acabados está aumentando. Para que constatem, com certa clareza, que o saldo de caixa está diminuindo, que as vendas estão seguindo o seu caminho, que os custos estão dentro dos padrões, que a empresa está com dificuldade crescente para honrar seus compromissos financeiros e que os estoques estão aumentando, os administradores devem possuir medições, acompanhá-las e analisá-las permanentemente. Há uma definitiva integração entre os elementos patrimoniais, tanto integrais quanto nominais. A teoria das funções sistemáticas, desenvolvida pelo cientista brasileiro Lopes de Sá, já vem expondo essa integração entre os elementos patrimoniais como as receitas de vendas, o saldo de caixa, o valor dos estoques, os custos de vendas, os recebíveis e os pagáveis e o montante dos gastos relacionados à produção, permitindo que os especialistas que produzem as informações gerenciais possam elaborar indicadores cujos valores sejam padronizados com o objetivo de revelar onde se encontra o foco da "doença" e a terapêutica a ser adotada.

O que foi descoberto?

O gerente industrial, que tinha grande autonomia, verificou que o contador de custos adotava o custeio por absorção para custear os produtos fabricados. Tal custeio revelou que todos os custos de fabricação, diretos e indiretos, fixos e variáveis, eram absorvidos proporcionalmente à quantidade produzida no período. Os custos fixos, sobretudo os indiretos, da capacidade não trabalhada não eram debitados aos estoques de produção, mas eram debitados diretamente contra o resultado bruto do período, diminuindo, portanto e consideravelmente, o lucro operacional. O gerente verificou que se produzisse cada vez mais, estocando sempre maior volume de produtos, o lucro operacional de suas operações fabris seria cada vez maior. Foi o que fez. Os estoques ficaram enormes, a sua capacidade de produção foi quase totalmente utilizada, as suas receitas aumentaram gradativamente, embora, em valores relativamente pequenos, os custos dos produtos vendidos continuaram dentro das mesmas proporções anteriores em relação ao valor das receitas. O gerente industrial ganhava uma boa percentagem sobre os lucros. Para ele, foi a "sopa no mel". Em princípio, ninguém notou nada de anormal. Entretanto, se existissem medições que integrassem os elementos patrimoniais acima mencionados e se fossem acompanhadas periodicamente, os sinais seriam acionados (Leone, 2000:417).

O caso anterior é semelhante ao "Caso do Barba Negra", criado pelo professor Paulo Jacobsen. A diferença entre eles está na sutileza do gerente industrial. Enquanto o nosso gerente industrial foi aumentando gradativamente a produção até atingir quase totalmente a sua capacidade, o Barba Negra foi "grosso e rápido", porque trocou, de imediato, o critério que estava sendo adotado — o critério do custeio variável — pelo critério do custeio por absorção, que "esconde" nos estoques os vultosos custos fixos periódicos. O Barba Negra ganhou muito dinheiro, já que, como consultor externo, fez um contrato a seu favor, especialmente pela forma de ser premiado, com uma boa percentagem sobre a diferença entre o prejuízo líquido e o novo lucro líquido.

Exemplo 2

Um exemplo real, que inverte a ordem do exemplo anterior, aconteceu quando um colega nosso foi consultado pelos administradores de uma empresa de porte médio, mas muito lucrativa, que fabricava apenas 20 produtos, tinha um cliente apenas e somente dois concorrentes, para desvendar o seguinte problema: os administradores não conseguiam apontar os motivos pelos quais os preços de alguns de seus principais produtos eram sempre mais altos, nas licitações, do que os preços dos seus dois concorrentes. Eles associavam essas falhas a sinais de que a sua contabilidade de custos exercia alguma influência no problema. O colega sentiu que a percepção dos administradores poderia estar certa, uma vez que os preços de venda dos produtos eram fortemente influenciados pelos seus custos de produção. Observou então, em sua pesquisa, que os custos dos produtos eram determinados com base no critério do custo por absorção. Seu primeiro passo foi levantar os custos dos produtos, considerando apenas os custos variáveis e diretos de fabricação. Com isso, determinou a contribuição marginal (que alguns chamam também de margem de contribuição) de cada um dos 20 produtos. Verificou que os preços de venda, baseados nos novos custos de produção, eram muito próximos dos preços dos concorrentes, sobretudo para os principais produtos. Daí em diante, o que valeria como diferença competitiva não seria mais o preço e, sim, a qualidade dos produtos, o prazo de fabricação e de entrega e as condições comerciais. Em seguida, o colega acionou os próprios administradores, seus gerentes, os encarregados dos setores de produção e os contadores para fazerem uma análise mais pormenorizada das atividades, chamadas de indiretas, para que a contabilidade de custos pudesse chegar a uma apropriação mais verdadeira dos custos indiretos. Todo o trabalho posterior à determinação das contribuições marginais foi grande, embora não muito difícil. Concluiu que a razão para os preços dos produtos na área de competição estarem fora do contexto era, com grande probabilidade, a aplicação do critério do custo por absorção sem muito cuidado.

Exemplo 3

Os próximos exemplos não têm nada a ver com custos. Porém, como os consideramos interessantes e esclarecedores, estão aí apresentados.

No filme *O inferno de Dante*, estrelado por Pierce Brosnan, um grupo de geólogos vai até uma pequena cidade situada ao pé de um vulcão, que todos pensam estar inativo. Porém, o vulcão começa a apresentar *sinais* de atividade iminente. Apesar disso, os geólogos, especialistas em vulcões, os interpretam de modo diferente. Esse é o ponto interessante para nosso contexto: atentar para os sinais apresentados e para as diferentes percepções sentidas pelos técnicos.

O filme *Dersu Uzala*, de 1975, dirigido pelo japonês Akira Kurosawa, nos relata a história de um destacamento militar que atravessa uma região longínqua e deserta, lá para os lados da Sibéria, enfrentando nevascas, ventanias e temperaturas abaixo de zero grau. O chefe do destacamento se distancia do resto da equipe e se perde. Por sorte, encontra um velho morador da região, conhecedor das variações da natureza naquela região, que o auxilia a escapar de situações inóspitas a elas se antecipando porque decifra todos os *sinais* que a natureza adianta. É um filme muito inteligente.

Quem já teve a oportunidade de ler os relatos maravilhosos das viagens de Cristóvão Colombo e de Pedro Álvares Cabral (a excelente pesquisa realizada por Eduardo Bueno, *A viagem do descobrimento*), teve o prazer de conhecer os *sinais* vindos do mar e das aves, interpretados pelos marinheiros como indicativos de terras muito próximas.

Exemplo 4

Um conhecido nosso, na função de diretor financeiro de uma grande empresa jornalística, recebeu a visita de um de seus funcionários, reclamando de seu salário, que, segundo o mesmo, havia diminuído. O diretor perguntou como ele concluiu que seu salário havia diminuído. O funcionário, com simplicidade, disse que, até o dia anterior, ele poderia comprar 500 jornais com o seu salário e que, a partir daquele dia, depois do aumento no preço do exemplar nas bancas de jornal, ele só conseguiria 400 jornais. O diretor, muito inteligente e justo, observou que o argumento era bastante lógico. Não sabemos do fim do episódio: se o salário daquele funcionário, ou de todos os funcionários, foi ajustado para que não perdessem seu poder de compra. Vejam que é um exemplo muito simples, mas que mostra, com clareza, o potencial de um indicador físico.

A lição que devemos guardar dos exemplos anteriores é que as organizações, assim como os organismos dos animais vivos, sobretudo dos humanos, apresentam sinais e em seguida sintomas, que devem ser estudados com cuidado.

Algumas definições e alguns conceitos que podem nos ajudar

Fomos aos dicionários. Todos eles nos trazem conceitos semelhantes.

Um *sinal* é aquilo que serve de advertência, ou que possibilita conhecer, reconhecer ou prever alguma coisa; para a medicina é a evidência de um estado mórbido.

Um *sintoma*, para a medicina, é qualquer fenômeno ou mudança provocados no organismo por uma doença e que, descritos pelo paciente, auxiliam, em grau maior ou menor, a estabelecer um diagnóstico.

A *sintomatologia* é o conhecimento e estudo dos sintomas que indicam estados patológicos que devem ser analisados para que o médico possa tomar as providências necessárias para a defesa e para a cura. Tais procedimentos são chamados de *diagnóstico e de terapêutica*.

Os termos são muito mais usados pela medicina. Não se entende o motivo que nos leva, como administradores e contadores, a não nos preocuparmos em criar uma vertente em nossos procedimentos de análise, que poderíamos denominar a *sintomatologia na contabilidade de custos* ou, se alguns desejarem, a *sintomatologia na gestão de custos*. Poucos estudiosos de administração e contabilidade, sobretudo de contabilidade gerencial, tratam desse campo.

Sinais e sintomas

Para a contabilidade gerencial e para a contabilidade de custos, a busca por esses sinais e sintomas é uma das atividades principais. Suas interpretações, o diagnóstico e a terapêutica devem fazer parte de suas atribuições.

Cumpre lembrar que o usuário das informações contábeis, emitidas pela contabilidade de custos ou pela contabilidade gerencial, deve integrar a equipe que vai analisar os sinais e os sintomas e vai preparar os diagnósticos e as terapêuticas. Devemos nos lembrar do *dueto formado pelo contador e pelo administrador*. Esse "dueto" há de trabalhar em harmonia. Caso contrário, nada é feito com o sucesso desejado na empresa.

Atkinson e colaboradores (2000) discorrem sobre dois tipos de sinais: o sinal de alerta e o sinal de diagnóstico. Eles o fazem explicitamente, diferentemente de outros estudiosos. É claro que não conhecemos todos os estudos, embora tenhamos nos esforçado, mesmo sabendo que é meta inalcançável. Porém, não conhecemos nenhum estudo que toque nesse assunto de forma tão evidente, como o supracitado.

Entretanto, os autores não falam em sintomas. Provavelmente, tomam o sinal de alerta como se fosse o que chamamos de sinal e o sinal de diagnóstico como se fosse um sintoma. O primeiro sinal é um alerta de que alguma coisa está errada.

De qualquer maneira, apresentam um exemplo muito claro: o aumento da febre é sinal de que alguma coisa não funciona bem no nosso organismo. De que há um problema, e que é preciso pesquisar melhor. O sinal dá a partida para uma investigação mais acurada. Nas empresas, um desempenho financeiro que se deteriora, como a diminuição de vendas, de lucros, de retorno dos investimentos, de investimentos em ativos permanentes com o emprego de capitais de terceiros de curto prazo, do aumento da proporção entre despesas administrativas e o montante das receitas e assim por diante. São elementos que indicam que a eficácia e a eficiência do emprego de recursos e de seu controle estão falhando.

Os sinais de diagnóstico expostos em Atkinson e colaboradores (2000) fornecem melhores indicações, inclusive evidenciando a natureza do problema e, até mesmo, sugerindo tratamento.

Muitas vezes, os sinais são tão evidentes quanto ao tipo de problema e suas causas, que não se justifica a espera pelos sintomas. Já relacionamos esses sinais anteriormente. Estamos repetindo para um melhor esclarecimento: o problema levantado no início do capítulo acusava a contabilidade de custos de produzir relatórios do passado e com atraso, com informações relatadas que não "batiam" com as informações vindas de outras fontes. Na suposição de que o que estava vindo dessas fontes estivesse correto, as informações contábeis ficariam longe da realidade: o custo de um produto, mantido em torno de certo patamar, repentinamente passou a ser muito diferente sem que as condições operacionais tenham mudado significativamente. De qualquer modo, tenham esses sinais essa evidência, é necessário que os contadores de custos e os administradores pensem em se apoiar em outros sinais; quanto mais, melhor para a qualidade do entendimento.

Existem casos mais difíceis de interpretar, mesmo que apareçam os sinais e os sintomas. *Uma empresa é tão complicada quanto o corpo humano. O contador e o administrador podem desconfiar do mal e de sua causa, mas não podem ter certeza absoluta de sua origem e de sua cura. Gostamos muito de bater constantemente nessa tecla.*

No organismo humano, grande parte das vezes, as causas das disfunções vêm das ações dos próprios homens: o fumo, a bebida, o sedentarismo, a troca do dia pela noite, o consumo de açúcar e sal, a aflição exagerada. Nas empresas as ações dos próprios empresários, diretores e gerentes, como omissões, negligências, falta de controle e planejamento malfeito, o uso desregrado dos recursos caros e escassos, influenciam fortemente o desempenho negativo.

Pedimos licença para inserir reflexões que aparentemente não tenham muito a ver com o nosso tema principal. A nosso ver, têm, sim. Não tão estreita, mas, com certeza, ratificará nossa dissertação. Para manter saudável o seu organismo, o ser humano precisa se alimentar dentro de padrões normais, dormir certo número de horas e beber água. O homem é um animal preguiçoso. "Filando" uma "tirada" do notável poeta gaúcho, Mário Quintana, "a preguiça é a mola do progresso". A natureza precisa desses incentivos. O organismo humano tem necessidades que precisam ser atendidas com certa regularidade pelo homem. A necessidade de alimentos, de água, de reprodução, de dormir, entre tantas outras. Se a natureza deixasse, apenas para o homem, a decisão de suprir essas necessidades básicas, ele se esqueceria ou, talvez, deixasse para depois. Se não fosse obrigado por certas imposições naturais que o Criador, em boa hora, acrescentou à nossa vida, a preguiça natural do homem deixaria, para mais tarde, o atendimento de suas necessidades fundamentais. Deus criou a fome, a sede e o sono, como imposições naturais.

O organismo empresarial, por sua vez, como um ser vivo e sistêmico, precisa atender a certas necessidades, como o planejamento, o controle, a posse de recursos, a racionalização e a coordenação. Porém, não possui as mesmas imposições criadas para o homem e para todos os seres vivos. No entanto, os administradores e os especialistas, entre estes os contadores, devem ficar atentos aos sinais e aos sintomas que o organismo empresarial apresenta, quando algum dos seus elementos não está funcionando conforme planejado. Esses sinais e sintomas tanto podem ser estabelecidos pelos próprios administradores e especialistas, como podem surgir independentemente da vontade dos que dirigem a organização. É preciso que todos fiquem atentos.

Os responsáveis pela implantação dos sistemas de custos sempre se preocuparam com o planejamento dos sinais e sintomas. Sempre se mostraram ocupados em criar condições de percepção e de apreensão desses sinais e sintomas.

Uma pretensa teoria de balizamentos

Quando o corpo humano apresenta sinais e sintomas, os médicos pedem que sejam feitos alguns exames, mais específicos e acurados. Os resultados dos exames são comparados com certos balizamentos que devem indicar qual a causa e o nível da disfunção, assim como, quase sempre, o diagnóstico e a terapêutica.

Cada vez mais aumenta o número de testes feitos pelos próprios pacientes, sem a necessidade de se deslocarem para os consultórios médicos: o termômetro apresenta a temperatura, indicando, na hora, o nível da febre; o aparelho de pressão dá a medida (ou o balizamento) da pressão arterial, comparando-a com as medidas-padrão já estabelecidas pelos cientistas (resultado de estudos estatísticos e de pesquisas), da mesma forma que os medidores dos níveis de glicose no sangue ou de insulina, para os pacientes diabéticos ou não. Existem algumas medições curiosas como a relação entre a circunferência da cintura e a circunferência dos quadris, o quociente entre o peso do paciente e a altura elevada ao quadrado, denominado "indicador da massa corporal", os batimentos cardíacos que podem indicar anormalidade no funcionamento do coração e outros mais sofisticados como uma relação de condições que mede o risco de se ter um ataque cardíaco, como o fumo, as condições hereditárias, o peso *versus* a altura, o sedentarismo, o "estresse", difícil de se medir e de se evitar, a pressão arterial, os níveis de colesterol e de glicose no sangue e outras tantas.

Observem que, apesar de ligados à medicina, a maioria desses indicadores é quantitativa.

Os economistas, cada qual com a sua orientação básica, vêm criando e aperfeiçoando, ainda por meio de testes estatísticos e matemáticos, dezenas de indicadores, percebidos nos movimentos do ambiente macroeconômico de uma nação. De acordo com esses indicadores, o governo toma uma série de decisões para reduzi-los ou aumentá-los. Em nosso país, os vários governos, seguindo à risca orientação vinda de economistas estrangeiros, adotam a taxa Selic de juros, como medida básica para reprimir e controlar os indicadores de inflação: "aumentar essa taxa para reduzir a tendência inflacionária".

As máquinas produzem sinais e sintomas que, de forma automática, se transformam em indicadores quantitativos. Um exemplo já apreciado neste capítulo é o painel de bordo de um avião. Os sinais de alerta tornam-se evidentes por luzes que acendem e sons que "estrilam". Os responsáveis pela condução da aeronave são impelidos a olhar atentamente os vários mostradores do painel.

Com base nos desvios em relação aos balizamentos ou metas, os administradores, tendo em vista as informações vindas dos contadores de custos (continua atuando o "dueto"), tomam as suas decisões. É preciso atentar para o fato de que uma decisão para sanar um problema pode acarretar problemas maiores em outros setores (departamentos e processos). Na medicina, por exemplo, um determinado tratamento pode interferir no funcionamento de uma outra parte do organismo, até porque, como alertamos, o corpo humano, como a empresa, é um sistema formado por vários sistemas que interagem. Em economia, o aumento da taxa Selic para conter a inflação pode impactar na diminuição das taxas de crescimento do país.

Os sinais e sintomas, no contexto dos custos, geralmente, não se apresentam, quando visíveis, reduzidos a unidades monetárias. Ao contrário, na maior parte das vezes, eles se revelam em unidades físicas. O que causa o aparecimento de falhas no organismo empresarial são ações operacionais que podem ser medidas quantitativamente. Este é um ponto que deve ser discutido amplamente pelos especialistas e pelos administradores quando realizam análises dos desvios. Por exemplo, uma queda nas vendas (é preciso saber antes se realmente estão caindo) e um declínio na percentagem do lucro sobre as vendas, por serem medições interligadas, precisam ser cuidadosamente estudadas. Muitas vezes, acontecem variações no montante de vendas (mesmo medido em unidades monetárias) que são causadas pela combinação de produtos vendidos, pelos preços, pelo volume de vendas, pelas variações nos custos de produção, pela combinação de materiais de produção, pelas condições comerciais variáveis e tantos outros indicadores. Os contadores de custos, os analistas econômicos e os administradores devem se valer de balizamentos, provavelmente padronizados, para descobrirem as origens dos desvios e para tomar as providências necessárias para corrigir os rumos e as tendências.

Assim como o organismo humano, que é um sistema aberto, constituído de vários sistemas internos, coordenados e integrados entre si, o organismo empresarial é um sistema aberto, influenciado pelo ambiente externo, algumas vezes de maneira muito forte.

Tomando como base essa constatação — e na suposição de que é correta —, o organismo empresarial deveria ter, como nós, indicadores padronizados (a serviço dos especialistas e dos administradores), atuando como instrumentos de controle de seu desenvolvimento e de seu desempenho, tanto para si mesmo, quanto para os seus órgãos constitutivos.

Assim, nós, seres humanos, somos o objeto do gerenciamento médico, ao mesmo tempo, observadores e observados. Tal fato prejudica ligeiramente o controle de nossas condições hígidas e vitais. Nas empresas acontece o mesmo. Já afirmamos que são as ações dos próprios prepostos das empresas — funcionários, administradores e proprietários — que geram grande parte das contradições, dos enganos, dos erros e dos acertos. Afirmamos também que, como as empresas sofrem fortes pressões do meio externo, é necessário que os seus prepostos criem instrumentos para se antecipar aos acontecimentos provocados pelo ambiente macroeconômico.

Na maioria dos casos, os administradores percebem as influências positivas e negativas, tanto internas quanto externas, pelo sentimento, sensibilidade, *feeling*, "faro", ou por seu tino (expressões muito usadas na prática). Entretanto, o que deve prevalecer é o emprego de indicadores capazes de, com mais propriedade e acerto, auxiliá-los no acompanhamento confiável do planejamento e no alcance das decisões tomadas.

Não estamos "descobrindo a pólvora", nem de longe é a nossa intenção. Sabemos que, desde que começamos a nos organizar em sociedades mais sofisticadas, procuramos criar instrumentos para conseguir, do melhor modo possível, controlar os fatores internos e externos que influenciam nossas ações. Estamos apenas enfatizando a necessidade de definir e controlar certos sinais e sintomas, tentando explicitar nossa preocupação com a idéia de que os sinais e os sintomas devem ser percebidos por contadores de custos — que comandam a nossa área de interesse — e pelos administradores, usuários de nossas informações. Não só que sejam percebidos, mas também gerenciados. Afinal de contas, "o que não é medido, não pode ser administrado".

Em certa ocasião, há mais de 30 anos, um renomado médico gastroenterologista, professor da PUC-Rio, nos disse, enquanto consultava seus arquivos bem organizados, que medicina era 80% estatística. Nós, que na época, estudávamos a análise e o controle dos custos das empresas, concordamos inteiramente. Talvez seja a mesma proporção em nossa área.

Exemplos de balizamentos

Nunca é demais lembrar que os indicadores e as medições devem ser, na medida do possível, apresentados na forma quantitativa. Melhor ainda se estiverem representados em unidades físicas. Quando necessário, porém, podem ser trabalhados mesmo estando na forma de unidades monetárias. As unidades físicas são imunes às doenças relativas às moedas. A contabilidade de custos emprega atualmente, em suas análises, uma grande quantidade de unidades físicas. Um exemplo comum acontece quando empregamos bases de rateio dos custos indiretos, tanto variáveis quanto fixos.

A seguir, apresentaremos apenas por seus títulos, já que são muito conhecidos, os relatórios de desempenho que procuraram, ao longo do tempo, intercalar medições físicas entre as medições monetárias comuns e quantificar medições de natureza qualitativa. Obviamente, apresentamos apenas aqueles que estudamos e que julgamos significativos.

São tradicionais e mais conhecidas as seguintes manifestações e iniciativas dos estudiosos e praticantes: o gráfico de Gantt; os relatórios de custos-padrão, o *balanced scorecard*, o projeto de medições (este foi um exemplo para nós. O projeto foi criado por volta dos anos 1950, na General Electric; podemos dizer que é a base do *balanced scorecard*, de Kaplan e Norton); o *tableau de bord* francês, o Pert, os orçamentos, os estudos de Kaplan e H. Thomas Johnson, de John Shank e, por fim, a manifestação de Rensis Likert, que é uma forma inteligente de transformar dados subjetivos em dados objetivos. Todos esses instrumentos de controle do uso de recursos e os instrumentos de medições para o acompanhamento do desempenho são exemplos de tentativas gerenciais para apresentar os sinais e os sintomas.

Conclusões

Não resta dúvida que as informações, na forma de índices, de quocientes, de percentagens e de diferenças apresentadas na análise das demonstrações contábeis, tanto as tradicionais (balanços, demonstrações de resultado e das mutações patrimoniais, fluxo de caixa), quanto as mais recentes (demonstração do valor adicionado, análise da produtividade e análise do lucro bruto), também são consideradas apresentação de sinais e sintomas.

Os especialistas, pesquisadores e praticantes estão sempre procurando sinais e sintomas cada vez mais eficazes, os analistas econômicos e contábeis estudam novas fontes para descobrir relações na base de indicadores do desempenho e do funcionamento não só das empresas como de seus setores. Esses indicadores (sinais e sintomas) se destinam a dar apoio a um mais efetivo trato gerencial.

Em suma, tudo que apresentamos em torno deste assunto deverá contribuir para formar uma base para que permita àquele administrador apresentar com mais clareza ao consultor externo as razões mais específicas com relação à sua indagação sobre o mau funcionamento da sua contabilidade de custos.

Para finalizar, certamente alguém poderá intervir para nos lembrar de que se o administrador tivesse à sua disposição o amplo sistema de indicadores, que fazem parte de nossas preocupações, não precisaria fazer nenhuma consulta externa. Bastava-se a si mesmo e aos seus companheiros de gerência. Concordamos plenamente. E parabéns a esse administrador.

Referências

ATKINSON, Anthony et al. *Contabilidade gerencial*. São Paulo: Atlas, 2000.

JOHNSON, H. Thomas; KAPLAN, Robert S. *A relevância da contabilidade de custos*. 2. ed. Rio de Janeiro: Campus, 1996.

LEONE, George S. *Custos*: planejamento, implantação e controle. São Paulo: Atlas, 2000.

WERNKE, Rodney; LEMBECK, Marluce. Considerações acerca da avaliação da produtividade dos ativos. *Revista Brasileira de Contabilidade*, ano XXXV, n. 159, p. 75-93, 2006.

9º Mandamento

Determine e controle os custos de distribuição. Administre a logística

Algumas noções preliminares sobre logística

Primeiramente, precisamos entender o que é a logística. Em seguida, veremos algumas características importantes dos custos de distribuição, o que é, na verdade, nosso objetivo neste capítulo.

O que entendemos por logística, como contadores e administradores?

Na maior parte da literatura dedicada ao tema, inclusive nos livros de administração, é comum encontrarmos um conceito bastante conciso (Kobayashi, 2000:17): "é a atividade comercial que se destina a fornecer aos clientes da empresa mercadorias, produtos e serviços no tempo desejado a custos cada vez mais baixos". Embora seja a conceituação de um determinado estudioso, essa definição se apresenta quase como um ponto comum na literatura. É um conceito bastante estreito, mas registra duas noções, das mais significativas, em qualquer definição de logística: "no tempo desejado" e "a custos cada vez mais baixos".

Lambert e colaboradores (1998:10) ratificam: "o sistema logístico deve fornecer ao consumidor o produto certo no lugar certo no momento certo e nas condições certas pelo custo certo".

No mundo moderno, globalizado, a logística influencia direta e fortemente nossa maneira de viver. Comumente estamos intercambiando com as atividades logísticas.

Vale a pena notar que o conceito "comum" não mencionou a "qualidade dos produtos". Aparentemente, a atividade logística, de um modo geral, não tem a qualidade dos produtos como uma das suas principais preocupações. A preocupação principal da logística é atender imediatamente o cliente, não importa a distância entre o estoque e a fábrica, a loja ou a casa dos clientes, e transportar os pedidos com toda a segurança e a custo baixo.

Observem que o conceito se refere a "serviços", embora pareça difícil fazer uma ligação entre a atividade de logística "que entrega produtos" com a logística que "entrega serviços". Logo vem à mente o fato de que os "serviços" não ficam estocados e nem podem ser transportados. Entretanto, pensando bem, essa logística também existe: por exemplo, os centros, lojas e escritórios de prestação de serviços que se encontram numa área exclusiva dentro de grandes centros comerciais.

Para Kobayashi (2000:19),

> a logística tem o objetivo importante de aumentar o grau de satisfação dos clientes. Tal meta deve ser aplicada nas áreas funcionais de campos amplos de atividades: função de projetos e tecnologias, função de abastecimento de materiais e componentes, função de produção, função de distribuição física e função de marketing e de venda.

Como pode ser notado, a atividade de distribuição de produtos e serviços é uma atividade complexa. O aperfeiçoamento da informática, dos transportes e das comunicações agigantou a distribuição, passando, em tempos mais ou menos recentes, a transformá-la numa atividade abrangente conhecida por logística.

Os custos de distribuição

Devido à "grandiosidade" da logística, precisamos estreitar nosso campo de observações, se desejarmos fazer comentários sobre os custos de distribuição, ou, melhor dizendo, sobre os "custos logísticos".

As atividades logísticas são numerosas e variam de acordo com os tipos de produtos e de serviços. Vamos concentrar nossos estudos apenas sobre a distribuição de produtos. Mesmo assim, precisamos estreitar um pouco mais: a variedade dos produtos é enorme.

Alguns são bastante conhecidos e exigem tratamento diferenciado: produtos minerais, produtos da pecuária, produtos agrícolas, produtos da agroindústria, produtos industriais de pequeno, médio e grande portes, produtos para distribuição no mercado interno, produtos de importação e de exportação, produtos sazonais, produtos de encomenda e produtos de produção em massa (de grande consumo).

É importante lembrar que os nossos comentários estarão relacionados aos produtos industrializados, de porte pequeno, médio ou grande, de consumo contínuo e de encomenda, de preferência que não sejam produtos fabricados apenas para exportação. Fica bem claro, assim, que os nossos comentários sobre os custos de distribuição (custos logísticos), mesmo que se refiram a esse exclusivo segmento econômico, muitas vezes poderão avançar sobre meios e canais de distribuição também usados por outros tipos de produtos. Em alguns momentos fica difícil escaparmos.

A escolha desse campo de estudo, além de procurar estreitar o objeto, tem um motivo plausível: sempre trabalhamos em empresas que fabricavam (e ainda fabricam) produtos de características especiais.

Em Leone (1971:427) afirmamos:

> os custos de distribuição se referem às despesas realizadas pela atividade comercial. Essa atividade, muitas vezes denominada de segmentos de distribuição, é realizada antes e depois da atividade de produção e se destina a fazer chegar o produto ou o serviço às mãos do consumidor.

Já em Leone (1982:348-349) apontamos:

> as técnicas de controle e apuração dos custos de distribuição já estão muito avançadas nos países mais desenvolvidos, porque ali começaram a influir na batalha da concorrência, na luta pela expansão e sobrevivência por parte das empresas (...) A empresa que conseguir controlar melhor seus custos comerciais, definindo seu comportamento diante de parâmetros controláveis, analisando-os pelos diversos segmentos da função comercial e identificando-os com os produtos vendidos, certamente terá meios para participar da concorrência em condições mais favoráveis.

Em primeiro lugar, a gerência deverá definir de que modo deseja subdividir a atividade de distribuição para as finalidades de planejamento, controle e tomada de decisões. A subdivisão pode ser feita de vários modos: por função, por produto, por território, por cliente, por canal de distribuição ou por tamanho de pedido. Os custos de distribuição são analisados de acordo com a separação de funções e, de acordo com as novas técnicas, podem ser analisados pelas atividades que compõem cada um dos segmentos ou canais.

Há, certamente, uma relação estreita com as atividades, chamadas de logística. A diferença marcante se dá pelo fato de que, hoje, os estudos se referem às atividades de distribuição identificadas a grandes empresas que, apesar de não fabricar os produtos ou realizar os serviços, se especializaram na administração do conjunto integrado de funções, denominado logística.

Em virtude desse fenômeno que se apresentou na atividade comercial, percebemos, com certa clareza, que não mais existem estudos abordando os "custos de distribuição". Os segmentos da função de distribuição foram "engolidos" pela função de logística, muito mais envolvente e muito mais "charmosa", sintonizada com o mundo atual.

Os segmentos da distribuição (marketing ou logística) são basicamente os seguintes: serviço ao cliente, controle do estoque, tráfego e transporte, armazenagem e estocagem, movimentação, armazenagem, estocagem, movimentação de materiais, embalagem, administração de devoluções, processamento de pedidos, comunicações de distribuição, previsão de demanda, localização da fábrica e de armazéns/depósitos, suprimentos, suporte de peças e de serviços, reaproveitamento e remoção de refugos.

Achamos conveniente denominar esses gastos de custos de distribuição ou custos comerciais. Mesmo quando muitos chamam de despesas. Por quê? Pelas seguintes razões: se são sacrifícios para realizar a função de distribuição (ou dirigir, coordenar e controlar a atividade comercial) e se os vários estudiosos insistem em afirmar que custo é um sacrifício, por que não chamarmos esses sacrifícios de custos comerciais ou de distribuição? Por que somente chamarmos de despesas? Será que somente os sacrifícios realizados pelas operações de fabricação ou de prestação de serviços merecem o *status* de custos? Por outro lado, seguindo como um intransigente beato, todos os sacrifícios que as empresas fazem, e nós pessoas físicas, serão despesas, pois se destinam a receber em troca alguns benefícios; no caso das empresas, normalmente as vendas; e no caso das pessoas físicas o reconhecimento, o salário e a satisfação de ter feito algo útil.

Do nosso ponto de vista, as despesas se referem aos gastos classificados por sua natureza: por exemplo, os gastos para pagar os salários dos empregados são chamados de despesas de salários. Entretanto, depois de identificadas com algum produto, serviço, atividade, departamento, setor, estudo, análise, programa, campanha, com algum objeto, essa despesa será naturalmente denominada custo do produto, dos serviços e assim por diante. Caso não se queira identificar os gastos como custos, em virtude de algum obstáculo (por ser um cálculo difícil, por usar recursos e meios muito caros, sem muita significação gerencial), os gastos serão chamados de despesas e serão componentes negativos da margem bruta ou das receitas. Como querem muitos estudiosos.

Suponha que trabalhamos no setor de análise de crédito dos clientes no departamento de vendas. As despesas (nossos salários e encargos, o material utilizado, a energia consumida, a depreciação e o seguro dos equipamentos, o aluguel do escritório, a manutenção dos equipamentos, comunicações e outros itens) poderão ser denominadas custos do setor de análise. Que crime estaremos cometendo?

Da mesma forma, se estamos no setor de manutenção, todos os gastos realizados serão chamados de despesas ou de custos: despesas de manutenção ou custos de manutenção. Na nossa concepção, parece que a palavra "custos" foi "esculpida" apenas para identificar gastos realizados na atividade de produção.

Diante desse esclarecimento, estamos de acordo que podemos chamar as despesas de distribuição de custos de distribuição ou de custos logísticos.

Nos artigos e nos estudos mais alentados sobre contabilidade e gestão que tivemos a oportunidade de conhecer e, principalmente, na literatura técnica divulgada a partir de 1995, os assuntos "custos de distribuição" e "custos comerciais" desapareceram, quase que inteiramente, como num passe de mágica. Como também, deixando aqui e ali na forma de pequeninos vestígios, os temas "custos gerais" e "custos administrativos". Os temas apenas aparecem na literatura quando os estudiosos brasileiros abordam, ao mesmo tempo, o custeio ABC e o método UEP, pois esses métodos têm campos próprios. O método UEP tem por objeto principal a atividade de produção, enquanto o custeio ABC trata do "terceiro elemento do custo" (expressão usada para nomear os custos e as despesas que não se identificam nem com os materiais diretos, nem com a mão-de-obra direta). Esse "terceiro elemento do custo" pode abranger os custos e despesas comerciais e administrativas.

Por exemplo, os custos gerais e comerciais surgem, mesmo que de modo superficial, quando são divulgados estudos sobre a contabilidade de custos relacionada a certas atividades especiais, como a determinação e o controle dos gastos de entidades que atuam nos ramos de hotelaria, de assistência médica e de ensino.

É verdade que os custos gerais sempre foram relegados. Entretanto, os gastos comerciais, principalmente os gastos da atividade denominada distribuição, tiveram sempre um papel preponderante entre os assuntos abordados pela contabilidade de custos.

Dissemos anteriormente que houve um "sumiço" dos custos de distribuição na literatura técnica. Na verdade "sumiram" de onde estavam e pertenciam, para agora serem apresentados, com toda força, nos estudos que abordam a administração da logística. Esse é o "passe de mágica" que nós enfatizamos neste capítulo. É por causa desse fenômeno, denominado logística, que a contabilidade de custos, aparentemente, passou a ser tratada com mais ênfase pelos especialistas em logística.

O título deste capítulo junta, de forma estratégica, a administração da logística aos custos de distribuição, para dar a impressão de que são dois temas distintos, mas que ao mesmo tempo podem ser trabalhados em conjunto.

Como contadores, administradores, matemáticos e especialistas em métodos quantitativos, podemos passar adiante nossas opiniões.

Em Leone (1982:347-354), descrevemos os custos de distribuição seguindo as atividades comerciais. Tais atividades, quando definidoras dos respectivos custos de distribuição, devem ser analisadas pelos administradores comerciais e pelos contadores de custos. Algumas atividades acontecem antes que os produtos ou os serviços sejam fabricados ou realizados. Outras após a fabricação dos produtos ou da realização dos serviços. Distinguir essas atividades não é uma tarefa difícil para o dueto (administrador e contador), que conhece bem os pormenores das operações comerciais. Por exemplo: a pesquisa de mercado, a promoção de vendas, a publicidade, o crédito e a venda. Por outro lado, as atividades dentro dos setores ou das unidades devem ser analisadas em dezenas de pequenas atividades, cujos custos devem ser identificados, sem o emprego de fórmulas matemáticas. Até onde a contabilidade de custos não identifique qualquer vantagem nessa análise tão minuciosa.

Uma vez que essa análise alcance a vantagem desejada, a contabilidade de custos tenta definir e avaliar os custos de cada uma das atividades.

Muitos são os objetos que podem receber uma parte dos custos dessas atividades, como as funções da distribuição ou da área comercial, os produtos, as linhas de produtos, os serviços, os clientes, os territórios de vendas, os canais de distribuição e o tamanho dos pedidos (ou outras atividades, se necessário).

Para cada uma dessas atividades e respectivos custos, o dueto irá determinar a variável, a base ou o direcionador que vai proporcionar a alocação apropriada.

Com todo esse procedimento, a gerência estará de posse das informações necessárias para analisar, avaliar e tomar decisões a respeito de cada um dos objetos e segmentos da atividade maior: a distribuição ou a área comercial. Estamos reduzindo à expressão mais simples o procedimento que vai dar a oportunidade à gerência de administrar os custos de distribuição com base na análise diferenciada dos custos de cada objeto.

Sugerimos que o leitor consulte Leone (1971) ou Leone (1982) para verificar o que escrevemos a respeito dos custos de distribuição, os conceitos, as análises, ampliando a exposição com exemplos práticos bem simples. Nas referências bibliográficas, relacionamos vários estudos realizados e divulgados nas décadas de 1960 e 1970, onde os administradores demonstravam grande preocupação com os custos de distribuição, do mesmo modo que tinham com os custos de fabricação de produtos e de realização de serviços. Naquela fase de desenvolvimento da contabilidade de custos, os contadores e os administradores começavam a intuir a necessidade de trabalhar em conjunto e já surgiam estudos enfatizando as finalidades gerenciais das informações de custos. Na fase posterior às décadas mencionadas, aconteceu, por razões bastante conhecidas (uma delas o avanço tecnológico da informática), o surgimento da logística, envolvendo grande parte dos saberes teóricos e práticos da atividade de distribuição e da atividade comercial.

É imprescindível que os leitores fiquem alertas. Alguns estudiosos de logística, de forma enganosa e por falta de conhecimentos, escrevem que, no passado recente, os administradores praticavam análises de custos, concentrando-se nos custos de cada atividade de distribuição, em lugar de levantar o custo total de uma determinada operação de distribuição (logística), com base em orientações oriundas da administração financeira e da contabilidade. Pior, afirmam que, em pleno século XXI, as muitas normas contábeis ainda continuam sendo barreiras ao emprego da idéia de custo total. Que "normas contábeis" são essas que impedem o uso interno, pelo dueto, de fazer análises econômicas mais objetivas e mais inteligentes? Há mais de 50 anos, procuramos esses terríveis empecilhos. Felizmente, nunca os encontramos.

Acrescentando mais alguns conceitos e definições sobre logística

Lambert e colaboradores (1998) destacam a seguinte definição retirada do Council of Logistics Management, de 1986, nos Estados Unidos:

> Logística é o processo de planejamento, implementação e controle do fluxo e armazenamento eficiente e econômico de matérias-primas, materiais semi-acabados e produtos acabados, bem como informações a eles relativas, desde o ponto de origem até o ponto de consumo, com o propósito de atender às exigências dos clientes.

Obviamente, é muito difícil expor, com poucas palavras, o conceito ou a definição de atividade tão ampla como a logística. O conceito apresentado acima está muito apropriado. Mesmo assim, para compreendê-lo melhor, devemos fazer alguns comentários a respeito de certos termos e colocações. Além disso, estamos nos apoiando em uma tradução. Não tivemos acesso ao texto original.

As palavras "eficiente" e "econômico" são idéias praticamente semelhantes em termos gerenciais. Não vemos, neste contexto, como poderão ter significados diferentes. Além do mais, não simpatizamos com o termo "matérias-primas". Os autores poderiam ter usado o termo "materiais de produção". O termo "matéria-prima" traz uma idéia ou muito específica ou muito abstrata. Seria melhor ainda se referir a "materiais diretos". O termo "materiais semi-acabados", a nosso ver, não está bem empregado. Se fosse tão importante assim, deveriam ser anotados como "produtos semi-acabados" ou, simplesmente, "peças" ou "componentes". Desculpem-nos os eminentes autores pelo atrevimento. Mas ficaríamos inquietos se não expuséssemos tais comentários.

É interessante notar como os meios acadêmicos e de negócios denominavam no passado recente o que hoje chamamos de logística: distribuição, distribuição física, engenharia de distribuição, distribuição de produtos, atividades de marketing, administração de materiais, administração comercial, distribuição comercial, sistema de respostas rápidas e administração de suprimentos (Lambert e colaboradores, 1998:5).

No capítulo 9 de Leone (1971) e no capítulo 8 de Leone (1982), entendemos "distribuição" como um campo relativamente mais amplo do que a "logística" atual, pois denotava a idéia das atividades de pesquisa de mercado até as atividades de serviços prestados aos clientes após a venda. Entendíamos que as atividades de distribuição faziam parte da "função comercial". Hoje, o termo "logística" se "apoderou" de atividades que não faziam parte da idéia de "distribuição" e deixou de lado algumas das atividades, integrantes do conceito de "distribuição". A logística avançou na área de materiais, de estoques, de compras, na área de fabricação ou de realização de serviços, na área chamada anteriormente de "planejamento e controle da produção" e, até mesmo, na área de pesquisa e desenvolvimento, mas deixou de envolver áreas como pesquisa de mercado, propaganda e publicidade, vendas, análise de crédito, faturamento e cobrança.

Assim, a logística, como é entendida atualmente, complementa a atividade comercial (ou o marketing), de tal modo que nos dá a impressão de serem uma única função.

Os dicionários não-especializados trazem definições mais ou menos semelhantes.

Para o *Webster's* (1964), a logística é o "ramo da ciência militar que trata do movimento e do suprimento de tropas aquarteladas". O dicionário faz referência à palavra *lodge* (como se a palavra "logística" tivesse ali a sua origem), que tem, entre muitos significados, ser um local onde se fica por uns momentos numa caminhada longa que se faz e que tem um determinado objetivo. De fato, faz sentido.

Para o *Le Petit Robert* (1984), a logística é "a arte de combinar todos os meios para transportar, para suprir e para alojar tropas militares". Conceito bem sintonizado com o conceito atual de logística na área de administração.

Finalmente, para o *Dicionário Houaiss* (2001) o termo está ligado à área militar, especialmente quanto à organização teórica da disposição do transporte e do abastecimento de tropas em operação militar.

Tais conceitos nos lembram vários exemplos espetaculares, históricos e reais, que demonstram de forma convincente o tamanho da moderna administração logística: a invasão da Normandia realizada em 6 de junho de 1944 pelas forças aliadas. É um contundente exemplo de um trabalho gigantesco de logística, em termos de planejamento, de controle e de organização; a organização feita pelos primeiros alpinistas a alcançarem o topo do Everest em 1953 (esse fato nos traz à memória as "conversas" que mantínhamos com o professor Benedicto Silva, ex-diretor da Ebape. Ele tantas vezes nos alertou para a administração singular, executada nessa escalada ao topo do mundo); a marcha de Aníbal, de Cartago, atravessando os Alpes com um exército montado em elefantes para invadir a capital do império romano; as divisões napoleônicas e nazistas, em tempos diferentes (1812 e 1942/1943), organizadas para invadir a capital da Rússia. Essas divisões deviam estar sustentadas em "logísticas" quase insuperáveis. Falharam por não considerarem no planejamento a inclemência do ambiente e a resistência heróica dos russos; o planejamento e o controle de uma "logística" constituída entre outros elementos, pelas 5 mil pessoas, entre figurantes, artistas, diretores e funcionários e a administração, de uma espetacular quantidade de equipamentos, no filme sobre a vida de Gandhi, em um tempo em que não existiam ainda os efeitos especiais. Era gente mesmo, em carne e osso.

Segundo Leone e Leone (2004), a logística

é a administração da movimentação de recursos de uma entidade que tem por finalidade a colocação dos montantes exatos de recursos necessários nos locais e no tempo planejados, buscando os menores custos e os maiores benefícios. Em termos de produção, é a administração da colocação planejada dos montantes mínimos de recursos materiais, de mão-de-obra e de estrutura (equipamentos, máquinas, instalações e outras facilidades). A logística é auxiliada cada vez mais pelos recursos da computação eletrônica. A logística confunde-se com os sistemas atuais chamados de "planejamento e controle computadorizados dos recursos de manufatura" (em inglês, *manufacturing resource planning*) e de "planejamento e controle computadorizados de necessidades de materiais" (em inglês, *materials requirements planning*). É a ciência da lógica aplicada à movimentação de materiais e mercadorias, com a participação e gerenciamento eficaz do ser humano.

Lambert e colaboradores (1998:13) oferecem uma relação, praticamente exaustiva das atividades que formam a logística: serviço ao cliente, processamento de pedidos, comunicações de distribuição, controle do inventário (melhor seria se tivessem colocado a palavra "estoque", em lugar de "inventário"), previsão de demanda, tráfego e transporte, armazenagem e estocagem, localização de fábrica e armazéns/depósitos, movimentação de materiais, suprimentos, suporte de peças de reposição e serviço, embalagem, reaproveitamento e remoção de refugo e administração de devoluções.

Para Bowersox e Closso (2001:19), "o objeto da logística é tornar disponíveis produtos e serviços no local onde são necessários, no momento em que são desejados". Fica claro o problema de tradução: em lugar de "objeto", deveria estar empregado o termo "objetivo". Tirando isso, o conceito está dentro dos padrões que temos encontrado.

Bowersox e Closso (2001:26) afirmam que "antes da década de 50, as empresas executavam, normalmente, a atividade logística de maneira puramente funcional. Não existia nenhum conceito ou uma teoria formal de logística integrada". Concordamos, porém é óbvio. Não poderia existir um conceito nem uma teoria, exatamente por falta das comunicações e da informática. O desenvolvimento das comunicações, como o avanço da informática, abriu o caminho para a integração das várias funções da logística (ou da distribuição tanto física quanto virtual, mas principalmente esta última).

A logística é uma atividade bem antiga

A distribuição dos produtos é tão antiga quanto o comércio. Vide a apresentação, constante dos livros, do desenvolvimento histórico da "administração logística".

Lambert e colaboradores (1998:23) apresentam uma pesquisa sobre as fases pelas quais passou o desenvolvimento da logística, desde o ano de 1901 até 1993, quando foi criada a Comunidade Econômica Européia, dando origem a um dos maiores mercados globais.

As empresas que desejavam entregar seus produtos nas mãos de seus clientes realizavam atividades que fizeram história, como os catálogos levados pelos viajantes aos mais distantes locais (caso da Sears), como as vendedoras que promoviam vendas de casa em casa (caso da Avon) e como os promotores que visitavam pessoalmente os clientes (médicos e dentistas), levando amostras de medicamentos e utensílios (caso dos grandes laboratórios farmacêuticos). Estes procedimentos continuam sendo usados.

A distribuição dos produtos é feita por meio de canais, chamados de "meios" de distribuição. Em nossos livros, chamamos de "segmentos" de distribuição. Como estamos tratando de empresas industriais, os segmentos, os canais ou os meios de distribuição (hoje perfeitamente denominados "segmentos da logística") são os seguintes: armazenagem e transporte. São suas atividades principais. São suas verdadeiras responsabilidades, visando ao objetivo essencial de atender ao cliente em termos de produto certo, na hora certa, no lugar certo, com segurança e custo mínimo. Ampliando um pouco mais, podemos acrescentar outras funções ou meios: vendas, crédito, faturamento, cobrança e serviço de assistência aos clientes. Se desejarmos, podemos adicionar a pesquisa de mercado, a publicidade e a propaganda.

A administração da logística: alguns exemplos marcantes da expansão

A expansão da administração logística é a cadeia de suprimentos (em inglês, *supply chain*). Essa expressão se destina a identificar uma grande integração vertical, desde a retirada da terra do material necessário, o beneficiamento desse material que, muitas vezes, ocorre ao lado do terreno de onde foi extraído, o transporte, até a fabricação dos produtos principais, à sua venda, às facilidades de crédito, à publicidade, à entrega nas lojas próprias e à entrega dos produtos aos consumidores finais. Henry Ford foi um dos primeiros administradores a materializar o sonho de uma verticalização total, tanto que chegou a comprar na Amazônia uma imensa área para a produção de borracha para os pneus de seus carros, que acabou sendo denominada Fordlândia durante alguns anos.

A "administração da logística" proporcionou uma substancial redução de custos na tarefa de distribuição dos produtos e das mercadorias, graças à redução de tempo e de outros arranjos em que se juntam, de forma coordenada, competências diferentes, mas que se destinam a atingir uma determinada finalidade. Os grandes supermercados organizaram, inicialmente, entrepostos de distribuição dos milhares de produtos diferentes que compravam de fabricantes diversos. Hoje, são os próprios fabricantes que se encarregam de fornecer seus produtos aos diversos supermercados espalhados pelo país.

No entanto, o sistema físico de distribuição é sempre o mesmo. As diferenças existentes entre a distribuição física de ontem e a distribuição física atual está no desenvolvimento da tecnologia de armazenagem, de transporte e de informação, que forneceu os meios para o fenômeno da integração. Dessa forma, foi possível administrar com mais eficiência os mais variados recursos, obtendo maior produtividade e, conseqüentemente, melhor racionalização no uso do tempo e na redução de custos. Bem como realizar serviços de uma cadeia bem maior de suprimentos, envolvendo, até mesmo, o suprimento organizado de materiais de fabricação pedidos pelos diversos ramos industriais.

Uma das atividades de papel significativo na logística é a administração do estoque, tanto de produtos acabados, quanto de materiais de produção. É evidente que os níveis dos vários estoques devem ser controlados: se há falta de um material quando a produção necessita, este "gargalo" provoca perdas sensíveis. Se há excesso de material, surge o problema da imobilização equivocada de recursos, sobretudo do capital de giro, o que pode provocar a falta de espaço para outros materiais necessários. No final, há a obsolescência, caso esse estoque permaneça sem utilização. Além disso, o seguro de estoques tem custos altíssimos.

Do lado dos produtos acabados o problema é idêntico. A falta de produtos para atender aos clientes traz repercussões negativas na imagem da empresa.

Em nossa percepção, a administração dos estoques é, atualmente, falha em algumas grandes empresas, por causa do emprego não muito racional do procedimento JIT. Nas concessionárias de veículos, principalmente, o cliente precisa esperar, por um longo período, que a peça de seu veículo esteja disponível, trazendo para si grandes prejuízos. A razão disso é que a concessionária não tem capital de giro para manter um estoque variado. A fábrica, por outro lado, tampouco dispõe de uma administração racional de várias peças. É lógico que a administração das empresas procura resolver esse problema. E outro: até quando a concessionária, ou mesmo a fábrica, deverá manter uma quantidade razoável de peças de veículos que já não estão sendo fabricados? Esse também é um problema sério.

Nesse contexto, temos um pequeno exemplo. Uma grande editora enfrentava o problema de estocagem das bobinas de papel. Era muito sério, sob todos os aspectos. Além da arrumação, denominada "primeiro-a-entrar-primeiro-a-sair" (Peps), uma vez que as bobinas entregues pelos fornecedores ficavam, rapidamente, amareladas em sua superfície e em seu interior, o que significava perda substancial. Havia, ainda, os estragos ocorridos no transporte e na própria arrumação. Porém, o pior problema era o que poderíamos denominar "JIT tremendão". As bobinas eram importadas principalmente do Canadá e da Finlândia em virtude da alta qualidade do papel. Naquele tempo, a indústria brasileira, principalmente no Paraná, não tinha capacidade de produzir papel apropriado para uma editora de alto nível. As bobinas eram negociadas com grande antecipação. Seu preço, muito elevado, tanto pela produção, quanto pelo transporte daqueles países até o Rio de Janeiro. Era um processo demorado e sujeito a grandes problemas característicos dos invernos rigorosos. A solução deveria ser aplicar o JIT. Porém, como fazê-lo? Para todos, o JIT era um sonho de ficção científica. A empresa precisava se organizar para comprar e estocar quantidades de bobinas para, pelo menos, três meses de produção. O problema era tão sério que a empresa decidiu comprar, por um custo muito alto, um enorme galpão, por trás do galpão existente, de forma que o galpão resultante ia de uma rua à outra. Tudo isso pela necessidade de fazer a estocagem "Peps": o recebimento das bobinas era feito pelos portões de uma rua e o embarque para a produção era feito pelos portões da outra rua.

Assim como aconteceu com uma simples editora, o método JIT perece ser de difícil aplicação em muitas outras empresas. A distribuição virtual é realmente instantânea quando comparada à distribuição física. Como disse, certa vez, Osíris Silva, na época presidente da Varig; "a atividade da Varig no ar é um míssil, mas a atividade na terra é um paquiderme. É preciso mudar, se quisermos atenuar os nossos problemas. A entrega rápida é um grande problema para a administração da logística".

Um dos casos mais conhecidos é o emprego "curioso" e "alardeado" da técnica JIT nos restaurantes *fast-food*. A administração de seus estoques de materiais deve ser um desafio. Primeiramente, porque os materiais são alimentos que se estragam rapidamente. Em segundo lugar, porque os "pratos" servidos devem estar praticamente prontos, pois a velocidade é o lema da empresa.

Tal necessidade acontecerá sempre nas fábricas. As montadoras de veículos, ao iniciar a produção de determinadas marcas, precisam disponibilizar todo o material e todas as peças no mesmo dia. Para a produção dos dias seguintes talvez peças e materiais já estejam na fábrica. Caso sejam encomendadas em fornecedores, provavelmente distantes, esses materiais e peças já devem estar prontos. Ou será que os fornecedores vão iniciar a produção assim que receberem novos pedidos? Será que os fornecedores vão utilizar o procedimento JIT? E os fornecedores dos fornecedores, o que vão fazer? Em algum ponto da cadeia de suprimentos, alguém é obrigado a manter estoques para atender aos clientes que formam os primeiros elos da cadeia. E, certamente, os fornecedores/clientes da longa cadeia deverão manter, também, estoques de segurança. As empresas não comandam os desejos do mercado. Normalmente, as empresas acompanham os "humores" e tendências do mercado. As preferências, em alguns casos, podem ser percebidas pelos vendedores e pesquisadores. Em alguns casos raros, a empresa, por meio da propaganda, pode controlar o mercado e se preparar para as encomendas que vão chegar. Mas isso é raríssimo.

Embora os estudos tratem a administração dos estoques muitas vezes separadamente, os estudos sobre logística já absorvem esse tipo de função. Há pouco tempo, a administração de estoques, tanto de materiais, quanto de processos e de produtos e peças acabadas, fazia parte de estudos denominados "administração de materiais" ou "administração da produção". A ampliação da função logística é muito benéfica, pois possibilita boas oportunidades de redução de custos, de rendimentos de escala e de especializações.

O grande gargalo

O grande gargalo na "distribuição física" continua sendo o mesmo. Apesar dos trabalhos inovadores dos japoneses — *kanban*, *kaizen* e *just-in-time* — o problema persiste no aspecto "transporte". Podemos dizer que, embora já se tenha alcançado um espetacular desenvolvimento tecnológico, principalmente em termos de transmissão de informações, o transporte de bens (e serviços), de modo geral, ainda é um problema. A única solução existente — o transporte aéreo — ainda é cara.

Obviamente que se levarmos em conta a rapidez, a segurança e a qualidade, em comparação aos tropeços e necessidades de outros meios de transporte, o transporte aéreo passa a ser bem mais barato. A EBCT, por exemplo, adotou o transporte aéreo noturno para a movimentação de cargas e de correspondência no território brasileiro, com grande sucesso. Principalmente para as encomendas Sedex. Apesar de ser um serviço muito caro, o custo total para o cliente é sobrepujado pelo benefício da rapidez e da segurança.

Bowersox e Closso (2001) expõem ensinamentos e manifestações a respeito da logística, com os quais estamos de acordo. Grande parte de nossos comentários neste capítulo está apoiada em suas observações. Entretanto, ao se referirem à influência negativa das práticas contábeis na administração da logística, é nosso dever discordar totalmente. Desconhecemos os motivos que levam economistas, engenheiros e administradores norte-americanos, em grande maioria, a sustentar a idéia de que os contadores não acompanharam o desenvolvimento gerencial naquele país. Eles insistem em afirmar que os contadores somente são capazes de preparar relatórios para os interessados externos, sustentando, com teimosia, que os trabalhos dos contadores devem seguir fielmente, com certo fanatismo, os princípios fundamentais de contabilidade, em todos os estudos. Esse "fanatismo" é o grande culpado pelas práticas contábeis, vinculadas a mandamentos legais, não conseguirem satisfazer às necessidades gerenciais da logística, sobretudo na apuração dos custos. Os autores citados afirmam, de maneira peremptória, que o problema reside no fato de que a prática contábil acumula custos em contas por natureza e não por atividade.

Se a obra original de Bowersox e Closso (1996) tivesse sido preparada há 40 anos, poderíamos aceitar suas críticas. Em Leone (1971) e Leone (1982), apresentamos essa acumulação de custos por natureza de gastos e a acumulação de custos por função, por setores, por atividades, por produtos, por clientes, pelo tamanho de pedidos, mas não chegamos a acumular os custos por atividades, como no caso do custeio ABC. Precisamos afirmar novamente que cabe aos contadores de custos, em conjunto com os administradores responsáveis por gerenciar as informações contábeis, analisar os gastos da forma necessitada pelos diversos níveis gerenciais, desde que a relação custo/benefício lhes seja favorável, isto é, desde que os benefícios das informações sejam maiores do que as despesas e os custos necessários para determiná-las. Já ouvimos, muitas vezes, executivos dizendo que, "para diminuir os meus custos, não faço questão de gastar muito dinheiro". Achamos muito complicado o raciocínio de alguns estudiosos que imaginam os contadores imobilizados dentro de uma camisa-de-força legal. Cada vez mais, os contadores fornecem informações de custos sob medida para os administradores na forma que eles desejam e que as entendam. Há 60 anos essa preocupação vem melhorando as informações, inclusive o próprio custeamento por atividades (critério ABC) foi engendrado para permitir a preparação de dados segundo a orientação de que os custos são diferentes para atender necessidades diferentes. Os contadores sempre estiveram aptos a ajudar a administração das empresas. Podemos afirmar, em alto e bom som, que "a contabilidade jamais complica, ela simplifica o mundo complicado dos negócios".

Avaliação e controle

As empresas industriais são constituídas por quatro funções típicas e clássicas: a direção, a administração geral, a administração comercial e a administração da produção. Os custos de distribuição são os gastos realizados pelos segmentos de distribuição dos produtos acabados para os clientes finais. Os segmentos de distribuição fazem parte da administração comercial (ou "função comercial", como querem alguns estudiosos). Os administradores comerciais têm sempre muita necessidade de informações sobre os gastos de distribuição.

Diversos fatores influenciaram a administração logística, tornando-a mais abrangente e mais complexa. Entretanto, ao mesmo tempo, o fator "informática" surgiu para diminuir a complexidade natural do gigantismo da logística. A "customização"[12] foi um fator preponderante.

O menor tempo existente entre as datas dos pedidos e as datas das entregas dos produtos é tão fundamental quanto qualquer vantagem competitiva. Os pedidos são feitos instantaneamente por meio da internet, mas a entrega dos produtos solicitados deve enfrentar obstáculos que ainda não foram removidos, como o transporte.

---

[12] Somos obrigados a empregar esse "palavrão" importado, por falta de um termo em nossa língua capaz de conter as idéias de uma fabricação de produtos sob medida diferentes, atendendo aos múltiplos desejos dos consumidores.

São problemas cujas soluções devem ser planejadas com antecipação.

Para que isso aconteça, é necessário que as funções dos níveis gerenciais sejam direcionadas para o atendimento dos clientes com o produto (ou serviço) certo, na hora certa, no local certo, a baixo custo e com qualidade. Percebam que esse objetivo exige a participação real de todos os níveis gerenciais, sem exceção, desde o planejamento da produção até a entrega ao cliente, passando pela venda, crédito, armazenagem, transporte e serviço de assistência técnica pós-venda.

Embora alguns estudiosos venham a público afirmar que somente hoje, por causa de mudanças tecnológicas no ambiente econômico, os administradores ficam preocupados em controlar as operações de distribuição física e a distribuição virtual, não estamos de acordo. Há muitos anos (talvez 50), desde que começamos a trabalhar em grandes empresas, os administradores se preocupam com os problemas, principalmente da distribuição física e os seus custos. Essa história, contada por muitos, sobre o surgimento recente da preocupação com a cadeia de valor estendida, desde o fornecedor de materiais até os distribuidores finais dos produtos fabricados, já era contada naquela época. As fábricas sempre se preocuparam com a eficiência e a eficácia dos seus fornecedores de materiais e dos revendedores de seus produtos ao público consumidor. Os custos de fabricação dos fornecedores eram analisados pela empresa industrial que necessitava desses materiais tanto quanto eram controlados os custos de distribuição das empresas comerciais que vendiam os seus produtos no atacado e no varejo (Coronado, 2000).

Do mesmo modo como com qualquer atividade dentro da empresa, o procedimento em relação à avaliação e ao controle do desempenho da administração logística é fundamental. As principais medidas de desempenho (identificadas como medidas de eficácia) se referem ao objetivo final da distribuição: a satisfação total do cliente. Em segundo lugar, deve ser avaliado e controlado o uso dos recursos. Podemos denominar essa preocupação como o desempenho associado à eficiência. Nossos estudos sobre os custos de distribuição (Leone, 1971, 1982) tentaram divulgar medições de desempenho utilizadas pelas empresas das décadas de 1960 e 1970, principalmente nos Estados Unidos. Naquele tempo, as medições eram baseadas nas funções (ou segmentos) da atividade comercial. Atualmente, as medições de avaliação e controle do desempenho da administração logística mudaram o foco. Houve um refinamento nos segmentos de distribuição. Maior análise foi necessária para enfocar as atividades que formam os principais segmentos. Com base nessa análise minuciosa (uma espécie de fragmentação) da administração logística, foram criados vários indicadores para o acompanhamento mais eficaz do seu desempenho. Nas décadas de 1980 e 1990, os administradores e os contadores fizeram um trabalho especial para criar medições, tanto físicas quanto de custos, no sentido de aperfeiçoar o acompanhamento das atividades logísticas.

Apenas porque a atividade logística se tornou uma das mais críticas atividades empresariais na "atual conjuntura econômica globalizada".[13]

Embora as preocupações básicas sejam as mesmas — buscar eficácia e eficiência —, os relatórios de acompanhamento do desempenho logístico são compostos por indicadores sob medida para atender necessidades específicas (Bowersox e Closso, 2001). Como afirmamos, o atendimento superior ao cliente está relacionado aos indicadores de eficácia, e o uso dos recursos (dinheiro, tempo, homens, equipamentos e organização) — sempre escassos e caros — está continuamente relacionado às medidas de eficiência. Apesar de terem um relacionamento muito especial com a mecanização, a robotização e, principalmente, com a informática, ainda existe a participação do elemento humano, que precisa ser monitorado. A grande maioria dos indicadores de desempenho, mesmo na logística, acaba tendo uma forte ligação com o trabalho humano. Basta analisarmos algumas das mais corriqueiras atividades logísticas relacionadas ao recurso "tempo": tempo para entrada do pedido (por pedido), prazo de entrega (por pedido), tempo de separação do pedido (por pedido), tempo de consulta (por pedido), tempo para entrada do pedido (por cliente), tempo de separação do pedido (por cliente), prazo de entrega (por cliente), tempo de separação do pedido (por produto) e prazo de entrega (por produto). Não temos dúvida de que "as medidas internas de desempenho concentram-se nas atividades necessárias para servir os clientes. A avaliação dessas atividades, assim como a comparação com metas e padrões, é necessária para aperfeiçoar o desempenho e motivar e recompensar os funcionários" (Bowersox e Closso, 2001:566).

É muito interessante observar que a prática do *benchmarking* externo é aceito atualmente. Há algum tempo, essa prática era considerada "espionagem". O *benchmarking* era praticado apenas internamente. Os administradores se reuniam para praticar a "consultoria" interna com o objetivo de estudar a melhor prática entre as usadas em alguns de seus departamentos. Essa atividade se parecia com os famosos "círculos de qualidade" que tanta fama obtiveram na década de 1990.

As grandes firmas de consultoria passaram a reunir os administradores de empresas clientes para uma discussão aberta sobre as práticas que cada uma delas executava. Essa prática foi aceita e se tornou uma das estratégias de administração. É usual, entre os administradores, a "convicção de que a melhor prática deve ser identificada e estudada, o que normalmente significa pesquisar fora da própria

---

[13] Colocamos a expressão entre aspas de propósito, para chamar a atenção do leitor. Há muitos anos, o economista Roberto Campos apresentou, com ironia e talvez como resposta aos profissionais que sempre atacaram o "economês", uma relação de expressões gongóricas e de uma beleza estupenda, fartamente utilizadas, sobretudo por políticos na tribuna. Da mesma forma, relacionamos cerca de 100 expressões, apenas para apresentá-las em sala de aula com o intuito de despertar o interesse de alunos "dorminhocos".

empresa" (Bowersox e Closso, 2001:386). Os resultados da prática do *benchmarking* têm sido benéficos para a administração logística.

O alerta dado por Bowersox e Closso (2001:514) deve ser destacado, não só para o *benchmarking*, como para outros tantos termos e práticas "alienígenas" que a administração e a contabilidade insistem em utilizar. A surpresa é que Bowersox e Closso estão tratando das práticas existentes nos Estados Unidos:

> A literatura elementar de administração de empresas está repleta de terminologias e conceitos organizacionais que surgem a cada dia e são apresentados como caminhos para o sucesso imediato. Em face desse bombardeio contínuo de novas idéias, torna-se confuso para os executivos responsáveis pelo gerenciamento da logística selecionar e implementar a proporção adequada de conceitos organizacionais tradicionais comprovados e uma combinação de maneiras novas e inovadoras para melhorar a produtividade logística e a flexibilidade operacional. O desafio é diferenciar conceitos que satisfazem às necessidades singulares de cada organização de conceitos que são simplesmente modismos, que oferecem pouca ou nenhuma relevância. Esse desafio é ampliado pelas discrepâncias existentes entre palavras e realidades.

Redução de custos e integração de funções

Em muitos setores, atividades, situações e aspectos, os contadores/administradores podem descobrir pontos de redução de custos razoáveis. A logística integrada é campo fértil para a descoberta de redução de custos. Por exemplo, a redução do *lead time* entre recebimento dos pedidos e entrega, oferecida pela cadeia McDonald's (Kobayashi, 2000:20). O mesmo autor acrescenta (2000:22):

> Muitas das atividades relativas à logística colocadas em ação pelas várias empresas são desenvolvidas com a finalidade de reduzir os custos (...) Em certas atividades da logística surgem oportunidades para a descoberta de custos que podem ser reduzidos. Na redução dos custos de transporte e entrega; redução dos custos de carga e descarga; redução dos custos de armazenagem e gestão do estoque; redução dos custos de confecção e embalagem; redução de custos gerais de gestão.

Sugerimos consultar o livro de Kobaysahi (2000) que, em suas páginas iniciais, faz algumas anotações significativas sobre o tema redução de custos. Em cada um de seus capítulos que tratam da distribuição física, os leitores podem encontrar mais exemplos de redução de custos. Como o próprio autor adverte, é na distribuição física dos pedidos que os contadores/administradores encontram possíveis e boas reduções de custos que, inclusive, podem aperfeiçoar as atividades.

Referências

BALLOU, Ronald H. *Logística empresarial*. São Paulo: Atlas, 1993.

BOWERSOX, Donald J.; CLOSSO, Favid J. *Logística empresarial* — o processo de integração da cadeia de suprimento. São Paulo: Atlas, 2001.

> *Tradução de Adalberto Ferreira das Neves; revisão técnica de César Roberto Lavalle da Silva e Paulo Frenando Fleury. Título original:* Logistical management — the integrated supply chain process, *The McGraw-Hill Companies, Inc., 1996.*

BROSNAM, William T.; VANGERMEERSCH, Richard. Aumentando os resultados através do controle dos custos de distribuição. *Revista do CRC-RS*, n. 56, 1989.

CORONADO, Osmar. *Controladoria* — no atacado e no varejo. São Paulo: Atlas, 2000.

DORNIER, Philippe-Pierre; ERNST, Ricardo; FENDER, Michel; KOUVELIS, Panos. *Logística e operações globais*. São Paulo: Atlas, 2000.

> *Tradução para o português de* Global operations and logistics*: text and cases, editado em 1998, pela John Wiley & Sons, Inc.*

GAITHER, Norman; FRAZIER, Greg. *Production and operations management*. Cincinatti: Southwestern College Publishing, 1999.

GECOWETS, George A. Physical distribution management. *Defense Transportation Journal*, v. 35, n. 4, Aug. 1979.

HECKERT, J. Brooks; MILNER, Robert B. *Distribution costs*. New York: Roland Press Company, 1940.

HOUAISS, Antônio. *Dicionário Houaiss da língua portuguesa*. Rio de Janeiro: Objetiva, 2001.

KOBAIASHI, Shun'ichi. *Renovação da logística* — como definir as estratégias de distribuição física global. São Paulo: Atlas, 2000.

> *Traduzida do original* Renovare la logística — come definire le strategie di distribuzione fisica globale, *de 1998.*

LAMBERT, Douglas M.; STOCK, James R.; VANTINE, José Geraldo. *A administração da logística*. São Paulo: Vantine Consultoria, 1998.

> *O título original desse livro é* Strategic logistics management. *Já estava em sua 3ª edição pela Richard D. Irwin, Inc. de Nova York, em 1993. O livro é um dos mais abrangentes e mais atualizados que conhecemos, no que diz respeito à logística.*

_____; ARMITAGE, Howard M. Distribution costs: the chalenge. *Management Accounting*, n. 45, p. 33-37, 1979.

LEONE, George S. Guerra. *Custos* — um enfoque administrativo. Rio de Janeiro: FGV, 1971.

_____. *Custos* — planejamento, implantação e controle. São Paulo: Atlas, 1982.

_____; LEONE, Rodrigo José Guerra. *Dicionário de custos*. São Paulo: Atlas, 2004.

LONGMAN, Donald R.; SCHIFF, Michael. *Practical distribution cost analysis*. Homewood: Ricrad D. Irwin, 1955.

MARTINS, Petrônio Garcia; CAMPOS ALT, Paulo Renato. *Administração de materiais e recursos patrimoniais*. São Paulo: Saraiva, 2000.

_____; LAUGENI, Fernando P. *Administração da produção*. São Paulo: Saraiva, 1998.

MOREIRA, Daniel A. *Administração da produção e operações*. São Paulo: Pioneira, 1996.

NAA. Cost control of marketing operations. *NAA Research Report*, s.d.

NACA (National Association of Cost Accountants) Analysis for non-manufacturing costs for managerial decision. *Research Report*, n. 19, 1951.

ROBERT, Paul. *Le Petit Robert* — dictionnaire alphabétique et analogique de la langue française. Paris: Le Robert, 1984.

SLACK, Nigel et al. *Administração da produção*. São Paulo: Atlas, 1997.

WEBSTER'S new world dictionary of the American Language. College Edition. New York: The World Publishing Company, 1964.

10º Mandamento

Conheça e utilize os métodos quantitativos

O título do capítulo contém a expressão "métodos quantitativos". Porém essa expressão não "traduz" concretamente o que ela deseja "expressar", embora seja empregada há muitos anos no mundo acadêmico, com o objetivo de nomear um conjunto de "métodos", baseados em informações numéricas e instrumentos matemáticos e estatísticos, usados pela administração para a solução de problemas gerenciais.

Nossa intenção é fazer uma incursão por variados termos na tentativa de obter uma idéia melhor do que são esses "procedimentos", chamados, de modo geral, de "métodos".

Além de "método", outros termos são usados com o mesmo intuito. São eles análise, ferramenta, instrumento, modelo, técnica, seguidos de qualificações como quantitativo, numérico, financeiro, monetário, econômico, físico, matemático e estatístico.

A seguir, transcrevemos o que diz o *Dicionário Aurélio*, a respeito dos termos citados.

> **Método**: caminho pelo qual se atinge um objetivo. Programa que regula previamente uma série de operações que se devem realizar, apontando erros evitáveis em vista de um resultado determinado.
> **Técnica**: maneira, jeito ou habilidade especial de executar ou fazer algo.
> **Quantitativo**: relativo a, ou indicativo de quantidade; (em filosofia) uma das categorias fundamentais do pensamento; caráter do que pode ser medido.
> **Numérico**: relativo a números; que indica número; numeral.
> **Financeiro**: relativo a finanças.
> **Finanças**: é a ciência e a profissão do manejo do dinheiro.
> **Monetário**: relativo à moeda.
> **Econômico**: referente à economia; referente à ciência econômica.
> **Físico**: corpóreo, material, natural.

Segundo os ensinamentos do *Dicionário Aurélio*, observamos que todos esses conceitos têm relação estreita com os métodos, as técnicas e os modelos empregados pela matemática e, como conseqüência, pela estatística. Os instrumentos e modelos matemáticos são usados tanto para resolver problemas gerenciais diretamente, quanto para servir de suporte às técnicas estatísticas, cujo objetivo é semelhante: resolver problemas empresariais.

Em nossos estudos na década de 1980, encontramos a afirmação de Stevenson (1986:5. É uma confissão ousada, que mexe com a cabeça de cada um de nós. Achamos que seria oportuno inseri-la aqui:

> Infelizmente, os textos sobre estatística são notoriamente áridos e desinteressantes. Além disso, a maioria dos estudantes começa a estudar estatística com certo medo, simplesmente em razão da matemática envolvida. Pode o leitor estar certo de que estou ciente desse aspecto negativo. Quanto aos pré-requisitos matemáticos, verá o leitor que tudo quanto se exige é um conhecimento básico de álgebra e vontade de aprender.

Modelo: é uma versão simplificada de algum problema ou situação da vida real, destinado a ilustrar certos aspectos do problema sem levar em conta todos os detalhes (Stevenson, 1986:5).

Toda essa incursão pelos conceitos básicos apresentados no *Dicionário Aurélio* e à última definição de "modelo" é necessária para que possamos nos adiantar na dissertação sobre o título do capítulo e tenhamos uma idéia bem clara do que significa a expressão "métodos quantitativos" em relação à contabilidade de custos e à gestão de custos.

É fácil chegarmos à conclusão de que a contabilidade de custos, por si mesma, deve ser tratada, desde logo, como um "método quantitativo". Ela é, em sua quase totalidade, baseada em dados numéricos. Além disso, não é preciso ressaltar o emprego, pela contabilidade de custos, dos dados definidos pelo *Dicionário Aurélio* como monetários, também chamados, embora atrapalhando um pouco, de dados financeiros. Algumas vezes é empregada a expressão "dados econômicos", que oferece uma idéia bastante ampla e, dessa forma, pouco esclarecedora não só para o profissional como para aquele que se inicia nos estudos de administração de empresas ou de ciências contábeis. Pois é possível pensarmos que um dado, seja financeiro ou monetário, quando empregado pela contabilidade de custos, apoiada em algum método quantitativo, será sempre um dado econômico.

Segundo Corcoran (1978), os "dados financeiros são paradoxais — uma vez idéia ampla, outra vez idéia muito estreita". Este brilhante autor, quando dirige seu comentário sobre os "dados financeiros", afirmando que podem ter uma idéia abrangente, com certeza está observando que são dados, ao mesmo tempo, quantitativos, numéricos e, principalmente, econômicos. Já quando os considera uma "idéia muito estreita", acreditamos estar se referindo ao caso em que os dados são monetários, isto é, são mensurados em moeda.

Diante dessas considerações, podemos afirmar que, em contabilidade, quase todos os dados são mensurados em moeda. Em contabilidade de custos, porém, os dados trabalhados podem ser físicos ou monetários (financeiros), ou uma combinação desses dois tipos. Serão sempre dados econômicos, por causa de sua idéia abrangente. São dados, não importam os conceitos, que muito ajudam os contadores e os contadores de custos a preparar relatórios para os diversos gerentes. Enfim, esses dados nada mais são que, simplesmente, dados numéricos, portanto quantitativos.

O problema principal se encontra na idéia, aparentemente muito particular, de que em administração os chamados "métodos quantitativos" pertencem a outra "família", dotada de uma grande dose de sofisticação. Estamos nos referindo, exclusivamente, aos instrumentos matemáticos e estatísticos.

O que devemos fazer, nesta altura da "complicação", é distinguir "dados quantitativos" (numéricos, monetários, físicos, financeiros e econômicos) como o "estofo" do que passamos a definir como "métodos quantitativos".

Nesse ponto estamos considerando "métodos quantitativos" os procedimentos de análise e, conseqüentemente, de preparação de relatórios gerenciais, baseados nos instrumentos de matemática e de estatística.

Não são raros, no cotidiano dos administradores, os problemas, cujas soluções acabam na seleção da alternativa que se apresenta, segundo os resultados da aplicação dos "métodos quantitativos" mais satisfatória, em relação ao fim proposto do momento ou em relação a uma meta previamente estabelecida. Esses "métodos quantitativos", embora trabalhando com dados "quantitativos" (ou seja, com os nossos conhecidos dados monetários, físicos, financeiros, econômicos e, até mesmo, com dados "qualitativos", transformados em dados "quantitativos"), são aqueles que denominamos "sofisticados" e "não-sofisticados", ou "usuais".

Mas, o que seriam métodos quantitativos "sofisticados" e métodos quantitativos "usuais"?

Como já afirmamos, a contabilidade de custos emprega normalmente, no cotidiano, sem alarde, os métodos quantitativos *usuais* como as quatro operações aritméticas básicas (somar, subtrair, multiplicar e dividir) e outras, também usuais, sem mistério, como as frações, as percentagens, a radiciação, a potenciação, bem como as freqüências relativas, as medidas de tendência central, as medidas de dispersão, com o emprego de gráficos estatísticos de fácil entendimento.

Os métodos quantitativos *não-usuais*, aqui nomeados métodos quantitativos *sofisticados*, são empregados pelo dueto, com forte auxílio dos instrumentos matemáticos e estatísticos.

Embora os métodos *usuais* também empreguem instrumentos matemáticos e estatísticos, estes são simples e usados no cotidiano com facilidade. Entre eles, apresentamos alguns exemplos de métodos que, sem erro, poderiam ser chamados de técnicas.

Outra proposta deste capítulo é "identificar", na contabilidade de custos, algumas aplicações bem simples dos instrumentos quantitativos, com o objetivo de esclarecer certas situações, resolver alguns problemas e preparar relatórios sob medida para os diversos níveis gerenciais.

Por outro lado, vamos identificar alguns problemas cujas soluções se apresentam sob formas mais *sofisticadas*. Tais problemas se destinam a prover o dueto de informações especiais para possibilitar o planejamento, a tomada de decisões, a execução e o controle de certas atividades, principalmente não-recorrentes.

Procurando "simplificar" a "complicação"

Estamos diante de uma encruzilhada, talvez de um enigma. Pela frente, vários caminhos. Qual deles escolher?

Dissertamos, de modo breve, sobre métodos *usuais* e *sofisticados*, numa tentativa de explicar o que pode ser um método quantitativo. Alguém já nos disse que na nossa vida, sobretudo na profissional, aparece um problema a cada momento. Para resolvê-lo, é preciso, em primeiro lugar, usar a inteligência. Se não chegarmos à solução por esse caminho natural, devemos buscar os modelos que aprendemos a usar. Mas os modelos são imagens simplificadas das situações reais, sempre muito complexas. Daí usarmos os modelos com cuidado. Podemos, como exemplo, apresentar o conhecido modelo da "análise do ponto de equilíbrio", repleta de hipóteses simplificadoras (Leone e Leone, 2002).

Certos modelos nos levam a empregar, preferencialmente, dados quantitativos, de fácil mensuração, perante a dificuldade de medir dados qualitativos. Ao usarmos dados quantitativos, tanto faz se forem monetários, financeiros, econômicos ou físicos, podemos escolher os vários modelos e métodos à nossa disposição.

Entre os mais conhecidos, existem modelos-cópias (por exemplo, o protótipo de uma máquina ou a maquete de um edifício ou de uma ponte, os aparelhos do aeromodelismo), modelos de pequenas peças (por exemplo, o *layout* de uma fábrica onde os técnicos usam peças pequenas representando móveis, máquinas, esteiras ou pontes), modelos representados por escrito (manuais de controle, manuais de procedimentos, manuais de rotinas) e, finalmente, os modelos matemáticos e estatísticos. Estes últimos são modelos quantitativos, não importa se os métodos utilizados sejam ou não constituídos por métodos *usuais* ou por métodos *não-usuais*.

Sabemos que é possível usar dados, antes somente qualitativos, sob a forma quantitativa. A chamada estatística não-paramétrica nos apresenta um instrumento criado por Likert (1932), destinado a transformar dados qualitativos em dados quantitativos. Em contabilidade de custos, é comum utilizarmos dados qualitativos. Por exemplo, no caso de estarmos diante de dados probabilísticos com um nível qualquer de incerteza e querermos nos aproximar do mundo real.

Os contadores de custos usam métodos quantitativos já consolidados e aprovados, aprendidos nas escolas, normalmente. Tanto que alguns chegam a chamá-los de "técnicas". O emprego dessas "técnicas" permite a obtenção de soluções bastante razoáveis. Porém, em alguns problemas ou situações, é imprescindível a busca de métodos quantitativos mais sofisticados. Isso acontece quando os contadores/administradores precisam criar modelos e métodos especiais, sob medida, embora apoiados em regras e teorias consagradas, matemáticas ou estatísticas, para solucionar problemas especialmente entendidos como não-recorrentes.

A teoria comportamental dos custos

Este seria o título do capítulo 4 do nosso livro, editado em 1982 (Leone, 1982). No entanto, resolvemos mudar o título para "Análise do comportamento dos custos", diante do fato de que apresentar uma *teoria* sobre custos poderia aparentar uma forte prepotência de nossa parte. O termo *teoria* define um conjunto de princípios fundamentais de uma ciência e, conseqüentemente, passa a constituir uma *doutrina*, idéia que estava, e continua, muito longe de nossas pretensões.

Não obstante, as observações apresentadas no ano de 1982 ainda permanecem válidas, sobretudo por causa da expansão da aplicação da informática na contabilidade de custos e de suas informações gerenciais, geralmente baseadas em dados quantitativos.

Todos os custos apresentados por uma empresa observam comportamentos definidos em relação a variáveis operacionais. Os custos são reflexos de ações e decisões gerenciais. A "última e definitiva fronteira" da análise dos custos é a descoberta das variáveis quantitativas, operacionais e de fácil entendimento que influenciam os montantes dos custos.

Em Leone (1982), destacamos as figuras dos "fatores governamentais dos custos", dos quais tomamos conhecimento, em 1966, ao estudarmos a obra de Shillinglaw (1961). Os "fatores governamentais" nada mais são do que os atuais "direcionadores de custos", unidades fundamentais que sustentam o custeio ABC.

Um dos objetivos do contador de custos é identificar as variáveis (direcionadores de custos ou fatores governantes dos custos) que originam (ou causam) os custos e definir o comportamento desses custos diante do comportamento dessas variáveis tomadas como base de comparação. Os montantes dos custos se modificam segundo as mudanças quantitativas dos seus direcionadores ou fatores governamentais. Uma vez determinada a relação entre o custo e sua variável, a gerência terá meios de acompanhar, analisar, controlar e estimar o comportamento dos custos de sua empresa.

O problema reside no modelo e no método quantitativo que deverá ser aplicado para a determinação desse comportamento. Em Leone (1982), apresentamos alguns modelos matemáticos e estatísticos empregados para se alcançar a fórmula, a equação, a relação, o nome que tenha, que mostra a variação do custo em face das mudanças na variável (direcionador ou fator governante). Trata-se de um trabalho minucioso, complexo, às vezes demorado. É necessário ter em mente que os custos são reflexos dos direcionadores ou fatores governantes (alguns autores apreciam nomes diferentes) que, por sua vez, são influenciados por ações e decisões gerenciais e, até mesmo, por situações externas de mercado e do meio ambiente. Portanto, é fácil entendermos por que as pesquisas feitas pelo dueto para determinar e *medir* a influência do direcionador sobre cada um dos custos são exaustivas (uma providência salutar é selecionar, na pesquisa, os custos e as atividades relevantes).

Outro exemplo válido, apesar de simples, está em nosso primeiro livro de custos (Leone, 1971:330-334). O exemplo mostra a determinação, de forma estimada, do custo de fabricação de uma caixa d'água com base nas variáveis volume e peso. Comentaremos adiante.

Vale a pena também consultar nosso terceiro livro (Leone, 1996), onde apresentamos um capítulo inteiramente dedicado aos métodos matemáticos, capazes de auxiliar a gerência a tomar decisões de curto prazo. Por exemplo, a aplicação do cálculo diferencial na determinação do lote econômico de compras e na determinação do ponto (capacidade de produção e venda) de lucro máximo, o emprego da curva de aprendizagem no planejamento de uma atividade e na possibilidade de redução de custos e o uso da programação linear na solução do problema de combinação de recursos escassos.

Considerações em torno de relatórios gerenciais sobre o comportamento da margem bruta e de outros aspectos operacionais

A margem bruta (denominada muitas vezes "resultado bruto" ou "lucro bruto") é a diferença entre as vendas (líquidas) e o custo de vendas. Ainda é um dos principais indicadores do desempenho operacional de uma empresa, de um setor, de uma linha de produtos ou de um produto único. A margem bruta faz parte de uma das demonstrações contábeis convencionais mais importantes: a demonstração do resultado do exercício.

Em Leone (1971:448-452), incluímos um relatório gerencial que apresenta quatro variações que traduzem, pelo menos de forma inicial, o desempenho operacional de um produto entre dois exercícios consecutivos. São as seguintes variações: nos preços; de volume vendido em unidades, com base no preço do ano tomado como base (no caso, o preço do ano-base); do custo unitário; do volume vendido, com base no custo do ano-base. Essas variações somadas algebricamente (porque surgem variações favoráveis e desfavoráveis, portanto, com valores positivos e negativos) chegam a explicar a diferença líquida entre as duas margens líquidas. É uma aplicação prática e simples de uma análise semelhante à utilizada para determinar as variações entre valores reais e valores-padrão ou entre valores reais e valores orçados. Na verdade, é a aplicação de um método quantitativo *usual* muito simples. A forma mais simples está baseada em dados quantitativos apresentados no primeiro quadrante de um plano cartesiano. Tal modelo matemático é empregado em várias análises de resultados apresentados pela contabilidade de custos. Por exemplo, nas análises das diferenças resultantes das atividades operacionais que se baseiam nos montantes reais e montantes estimados, orçados ou padronizados, relativos ao uso dos recursos diretos de materiais, mão-de-obra e dos recursos indiretos e gerais de estrutura, de instalações, de organização, de ferramentas, de materiais e de mão-de-obra.

A contabilidade de custos produz esses relatórios gerenciais usando dados quantitativos arranjados de modos matemáticos simples, sem a necessidade de aplicação de métodos *não-usuais, sofisticados* e *não-recorrentes*.

Retornando aos métodos quantitativos usados na aplicação das equivalências

Não vamos repetir aqui outro capítulo deste livro, sobre as equivalências existentes nas atividades operacionais e empregadas pelos contadores de custos no seu cotidiano.

Porém, é nosso dever lembrar aos nossos leitores que já fizemos algumas observações mais completas sobre esses fenômenos.

Os exemplos práticos que apresentamos para explicar o fenômeno das equivalências operacionais são caracterizados por técnicas quantitativas (principalmente primárias e algumas vezes algébricas muito simples). Assim, poderíamos, sem maiores turbulências, inserir neste capítulo os procedimentos empregados pelos contadores de custos, em conjunto com os administradores, no aproveitamento das descobertas das equivalências nas operações para, com maior rapidez, obter custos de fabricação cada vez mais verdadeiros.

O impacto da informática na contabilidade de custos

A informática de fácil uso e de aplicação generalizada é um fenômeno recente. Principalmente porque se tornou um instrumento barato. E recursos técnicos mais evoluídos surgem a cada momento. Alguns afirmam que os estudiosos até agora, em relação à informática, avançaram apenas 1% do que provavelmente está "escondido". Os avanços são surpreendentes porque apresentam características contraditórias: quanto mais sofisticados são os novos recursos, mais baratos ficam e mais rapidamente se transformam em instrumentos de fácil entendimento e uso. É muito comum a situação em que os mais velhos se surpreendem com a facilidade que têm as crianças no uso dos computadores. Esses casos confirmam a grande facilidade com que a informática está sendo aplicada em todos os setores e, principalmente, dentro das organizações.

Há menos de 40 anos, trabalhamos em uma fábrica de tecidos de porte médio. Seu principal e quase único material de produção era o algodão. Os setores de fabricação não eram muitos assim como os setores não-operacionais. Porém, a fábrica produzia possivelmente de 30 a 40 tipos de tecido, além dos fios, que também eram vendidos. O cálculo dos custos reais mensais dos setores não-operacionais e operacionais e dos custos dos diversos produtos levava mais de 20 dias. Tínhamos uma mesa de três metros de comprimento e quase dois metros de largura. Nela, estendíamos um conjunto de páginas enormes divididas em colunas e linhas onde anotávamos os dados monetários vindos da contabilidade e os dados físicos vindos dos setores produtivos. Esse conjunto de páginas coladas umas às outras tinha como finalidade primordial permitir os rateios dos setores não-operacionais para os setores operacionais e destes para os produtos. Tal procedimento vinha sendo aplicado há muitos anos, talvez desde o início do século XX. Felizmente, com o advento da informática, o procedimento foi, aos poucos, se tornando mais rápido e mais correto, até que possibilitou a conclusão do cálculo em minutos.

Esse exemplo real demonstra que a evolução (ou será revolução?) avassaladora do emprego dos computadores, sobretudo dos programas, aperfeiçoou o cálculo dos diversos tipos de custos, conseguindo atender às necessidades gerenciais, que também se multiplicaram.

Outro progresso, que andou no mesmo passo que a informática, se deu no campo dos modelos, dos métodos quantitativos e das respectivas técnicas: os instrumentos matemáticos, conhecidos há dezenas de anos, tiveram campo apropriado para suas aplicações na área empresarial.

Por exemplo, o cálculo matricial é usado, sem dificuldade, por todos os contadores de custos, não importando a quantidade de termos, colunas e fileiras. O trabalho, recentemente quase impossível, de fazer a distribuição e apropriação recíproca dos custos dos setores auxiliares e destes para os setores produtivos e para os produtos, quando existiam vários tipos de custos e muitos setores de serviço, é atualmente desenvolvido com grande facilidade.

Essa revolução é também percebida no campo das aplicações dos instrumentos estatísticos. Há mais de 60 anos, os trabalhos estatísticos eram efetuados com o emprego de máquinas de processamento de dados com cartões perfurados. Teoricamente, os recursos da estatística são ainda os mesmos de dezenas de anos. Todavia, os instrumentos estatísticos, apesar de compreensíveis (mais que os instrumentos matemáticos), são de difícil aplicação, pois se propõem a resolver problemas cujas soluções envolvem de centenas a milhares de dados. Os computadores, cada vez mais modernos e poderosos, trouxeram grande facilidade para a aplicação desses instrumentos e, conseqüentemente, para a solução de problemas empresariais, principalmente por causa da integração, sobretudo para a contabilidade de custos. Tanto que alguns afirmam, com certa verdade: "a informática é a fada madrinha da contabilidade".

Análise de investimentos

Em inglês, chama-se esse tema de *capital budgeting*. Em português, é traduzido como "orçamento de capital", o que gera confusão, visto que "capital" termina sendo associado a "dinheiro" e não, como deveria, a "ativo permanente".

Essa análise é apoiada em instrumentos simples de matemática. São técnicas quantitativas para resolver problemas específicos de administração financeira. Sugerimos uma olhada em Leone (1971), onde o assunto está desenvolvido, em termos introdutórios, com base em exemplos numéricos de fácil entendimento.

As técnicas estatísticas

Podemos dividir a estatística em três partes: a estatística descritiva, a teoria das probabilidades e a inferência estatística. Os métodos quantitativos, aqui denominados não-usuais, estão inseridos, em sua quase totalidade, na inferência estatística.

A inferência estatística trata do estudo e da interpretação de dados recolhidos por amostragem com o objetivo de transferi-los como resultados para a população. O processo de amostragem seleciona, de maneira inteligente, um pequeno pedaço do todo, avalia esse pedaço e infere os resultados para o todo. Dando nome aos bois, o pequeno pedaço é chamado de amostra e o todo é chamado de população (ou universo). A maneira inteligente de selecionar a amostra significa escolher essa amostra de modo que ela guarde as características mais significativas da população. Quando isso acontece, dizemos que a amostra é representativa da população. E, então, podemos, a menos de um erro calculado, dizer que o resultado obtido na avaliação dessa amostra é válido para a população de onde ela foi colhida. Esse procedimento tem uma série de razões, tais como:

- às vezes, é impossível estudar a população inteira (imagine o enfermeiro coletar todo o sangue do paciente para avaliar se ele está anêmico);
- o estudo da população pode ser destrutivo (imagine testarmos todos os palitos de fósforos de uma empresa para avaliar o percentual de palitos defeituosos);
- trabalhar com amostra reduz os custos e o tempo (que também pode ser entendido como custo).

Um exemplo conhecido por todos acontece por ocasião das eleições presidenciais. Como explicar o fato de os institutos de pesquisa consultarem cerca de 3 mil pessoas e os resultados obtidos para intenção de voto se mostrarem bem próximos dos resultados reais para os cerca de 90 milhões de eleitores?

O processo de amostragem e a inferência estatística têm auxiliado os contadores e os administradores na solução de problemas de custos, muito embora pudessem ajudar muito mais, já que, na maior parte dos casos, apenas as técnicas estatísticas "usuais" são empregadas.

Outra forma de classificar as técnicas estatísticas leva em conta o tipo de dados que serão tratados: quantitativos (discretos ou contínuos) ou qualitativos. Apesar de, na área de custos, não ser muito comum o emprego de dados qualitativos, vale a pena conhecer a maneira como eles são processados em Likert (1932). Também vale a pena consultar a obra de Freund e Williams (1964), onde os autores apresentam algumas observações, ainda úteis, sobre o uso das técnicas estatísticas. Finalmente, sugerimos a leitura de dois estudos, apesar de curiosos e divertidos, bastante úteis e esclarecedores, sobretudo para os "noviços". São eles: *Como mentir com estatísticas* (Duff, 1968) e *Estatística divertida* (Abbott, 1961).

Problemas de custos resolvidos por métodos quantitativos

Vamos nos valer do que já lemos e estudamos, de nossa experiência e, principalmente, do que já divulgamos por meio de artigos e livros. Essa metodologia, além de facilitar nossa vida, permite que mostremos aos nossos leitores algumas fontes onde eles poderão se abastecer de uma maior, e mais específica, quantidade de informações sobre os métodos quantitativos e suas respectivas aplicações, sobretudo em contabilidade de custos.

Em Leone (1971) damos vários exemplos. Destacamos dois deles. No primeiro, apresentamos os cálculos aplicados na determinação dos custos de fabricação, levando em conta os montantes dos estoques inicial e final, tanto dos materiais quanto da produção em processo e da produção acabada; no segundo, empregamos uma aritmética simples para a elaboração dos relatórios das variações mais relevantes entre os valores orçados e os valores reais e das variações relevantes entre os custos-padrão e os custos reais.

Um ponto importante do livro é que saímos ligeiramente da superfície, ou seja, das soluções corriqueiras, para penetrar mais no assunto, usando soluções menos usuais e um pouco mais complexas. Por exemplo, quando mostramos o caso de uma empresa imaginária que desejava conhecer previamente, mesmo que por estimação, os custos de um produto, no caso, uma caixa d'água, "customizado", fabricado por encomenda. A primeira providência do contador foi determinar as variáveis que realmente teriam influência no custo final de fabricação do produto. Determinadas essas variáveis, o segundo passo foi levantar os dados sobre as três variáveis: custo de fabricação, peso e volume. Em seguida, o contador calculou a correlação entre esses custos e os dois direcionadores. Com a informação indicando um forte grau de correlação, o contador poderia dar o último passo, que consistia em encontrar, via análise de regressão, a expressão que melhor aproxima a relação entre os custos e os direcionadores, para, dessa forma, conseguir estimar os custos para diferentes combinações de peso e volume. É um caso prático muito simples, cujo objetivo é mostrar o uso das análises de correlação e de regressão linear.

Também apresentamos alguns exemplos do controle das despesas indiretas de fabricação, levando em conta principalmente o uso da capacidade de produção. Problemas dessa natureza foram solucionados pelo emprego de uma aritmética simples.

Ainda trabalhamos com problemas de custos relacionados ao campo da análise do ponto de equilíbrio sob vários aspectos. Recomendamos a leitura do caso da Cia. Toda Fixa. Esse caso foi criado pelo contador norte-americano Raymond Marple, então presidente da Naca (National Association of Cost Accountants), importante associação existente, nos anos 1960, nos Estados Unidos.

Finalmente, o livro apresenta outros dois temas de custos em que podemos utilizar métodos quantitativos, tanto empregando instrumentos da matemática, quanto instrumentos da estatística: problemas da análise e controle dos custos de distribuição (esse tema atualmente desapareceu dos livros de contabilidade de custos e foi inserido nos livros de logística empresarial) e a aplicação da matemática, principalmente, nas decisões de investimentos em ativos permanentes.

Em Leone (1982), o capítulo 4 é inteiramente dedicado ao emprego dos instrumentos matemáticos para a solução de problemas de determinação de custos. Como naquela época não existiam ainda os computadores pessoais, nem os aplicativos que vieram facilitar o emprego dos métodos quantitativos, os problemas foram resolvidos com o uso de fórmulas matemáticas. Dado o avanço tecnológico, precisamos urgentemente atualizá-lo.

Nesse mesmo livro, continuamos a apresentar a contabilidade dos custos de distribuição com algumas técnicas mais atualizadas de métodos quantitativos, embora ainda não muito sofisticadas. O desenvolvimento da informática, em termos de disponibilidade, de custo baixo e de fácil utilização, em consonância e em integração com o desenvolvimento das comunicações e dos transportes, favoreceu o aparecimento da surpreendente tecnologia da logística, que absorveu (e ainda está absorvendo) alguns serviços que antes eram separados e administrados por setores independentes dentro das empresas: administração de materiais, administração da produção, administração comercial, da contabilidade de custos, de alguns aspectos da administração financeira e de engenharia de fabricação.

Em Leone (1997), esticamos o tema do emprego dos métodos quantitativos, alcançando um tema importante, compartilhado pela contabilidade de custos e pela administração: as decisões de curto prazo. Nele, os contadores de custos necessitam aplicar os seus conhecimentos de técnicas quantitativas, sobretudo da matemática. Não fizemos nada demais. Apenas acompanhamos a tendência, mostrada por autores, sobretudo norte-americanos. Os casos apresentados seguem a mesma tipicidade dos casos imaginados pelos demais autores.

Ainda apresentamos um capítulo dedicado inteiramente às soluções por meio de técnicas quantitativas mais sofisticadas de problemas de custos. São, na verdade, quatro grandes tipos de problema. Em dois deles, as soluções foram alcançadas pelo emprego do cálculo diferencial, em outro utilizamos a técnica matemática denominada "curva de aprendizagem" e, por último, um problema, em que a obtenção da solução foi simplificada pelo uso da programação linear. No final do capítulo, achamos interessante apresentar as "observações a respeito do uso dos métodos quantitativos", como um alerta para os nossos leitores, seguindo o exemplo de Freund e Williams (1964). Vale ressaltar que nosso livro só não foi uma novidade porque o professor Sérgio de Iudícibus (1988) já havia editado um livro, onde tratou, de forma inovadora e magistralmente didática, de problemas, e respectivas soluções, relacionados a decisões de curto prazo

Por último, as "medições gerenciais"

Faremos apenas uma pequena excursão pelo tema (pois é amplo e demandaria mais que um capítulo). Nossa intenção é enfatizar sua estreita ligação aos métodos quantitativos. Podemos dizer, até mesmo, que são irmãos siameses. Um tema não pode viver sem o outro.

As melhores medições gerenciais são preparadas com base nas medições próprias da matemática e da estatística. O dueto — contador e administrador — exerce seu trabalho, com muito mais sucesso, se tiver como base medições gerenciais quantitativas. Cabe ao dueto, de acordo com a experiência, as facilidades e as necessidades, transformar os dados quantitativos, ou qualitativos, em indicadores, em balizadores, em proporções, em estatísticas inter-relacionadas, em fatores governantes, em quocientes, em suma, em informações extraídas dos negócios, manipuláveis por meio dos métodos da matemática e da estatística.

Uma informação bem simples, porém, até há pouco tempo muito procurada, era a proporção equilibrada entre os gastos gerais (administrativos) e as receitas de uma empresa industrial. Há muitos anos, aprendemos que os gastos administrativos não deveriam ultrapassar 30% das receitas. As metas de algumas empresas industriais não deixavam de atacar a redução cada vez maior dessa proporcionalidade. Alguns administradores chamavam o total dos recursos gerais de material, homens, instalações e equipamentos, de "paquiderme". Ainda existem empresas que não conseguiram diminuir o tamanho dos respectivos paquidermes (também denominados "dinossauros"). A reforma das estruturas organizacionais, com o propósito de reduzi-las e trazê-las a um tamanho adequado, esteve muito em moda em anos recentes: a reengenharia e o *downsizing* ("redução de estruturas").

Tivemos a oportunidade de trabalhar em uma empresa de proporções gigantescas que até hoje é um padrão internacional de boa organização. Nessa empresa, éramos parte de um setor especial chamado "setor de orçamentos e medições". Os orçamentos já são por natureza um gráfico de medições. Mas ali, preparávamos também outros relatórios sob medida para os vários níveis gerenciais, que eram constituídos por diversos tipos de medições. Os dados orçamentários eram processados e juntados a outros dados, principalmente não-monetários, provenientes de setores operacionais e administrativos. Essa junção resultava em novas medições de enorme eficácia para os diversos gerentes. As medições eram constituídas, inicialmente, pelos dados constantes das demonstrações contábeis tradicionais como o balanço patrimonial, a demonstração de resultados e a demonstração das mutações patrimoniais. Esse era o primeiro passo. Apenas em seguida, juntávamos, como dito anteriormente, os dados de muitos tipos, monetários ou não, fornecidos pelos diversos setores e construíamos outros balizadores ou indicadores. Esses indicadores constantes da análise financeira, econômica e patrimonial das demonstrações contábeis constituíam, por si só, um quadro de indicadores cheio de proporções, quocientes, índices, desvios e diferenças.

As medições transitam por todas as atividades da empresa, sejam elas comerciais, de marketing, de distribuição, de logística, de pessoal, de fabricação, de administração propriamente dita e de finanças. Atualmente, existem medições que avançam em outras áreas, como no campo da responsabilidade social, da responsabilidade ambiental, da responsabilidade diante dos funcionários, da responsabilidade perante os fornecedores e os clientes, principalmente quanto à qualidade dos produtos e serviços.

As proporções entre os componentes da demonstração dos resultados e as receitas, margens brutas e lucros fazem parte do conjunto das medições gerenciais. A demonstração de resultados, partindo da figura do lucro líquido para cima, apresenta famosos indicadores econômicos. Um exemplo da arrumação especial da demonstração de resultados é o valor econômico adicionado (o EVA, marca registrada da Stern Steward & Co.), que mostra o desempenho das atividades da empresa em certo período, já levando em conta o custo do capital. É interessante ressaltar que, há mais de 40 anos, já conhecíamos e utilizávamos, no setor de orçamentos e medições, uma demonstração de resultados arranjada de modo parecido, de onde sobressaía o "valor de contribuição" (Leone, 1982).

O "quadro equilibrado de indicadores" (hoje mais conhecido como *balanced scorecard*) apresenta quatro eixos principais: administração financeira, clientes, processos empresariais e aprendizagem organizacional. Cada um desses eixos está subdividido em outros eixos secundários, e estes, por sua vez, têm objetivos e, conseqüentemente, metas constituídas por medições quantitativas. Fica bastante claro que o estabelecimento de medições quantitativas (sem as quais ficaria muito difícil fazer o acompanhamento dos desempenhos) é um trabalho intenso e extenso, combinando instrumentos matemáticos e estatísticos.

O sistema de custos-padrão foi sempre um meio rico de indicadores de toda espécie para o controle das operações.

Os dados retirados do fluxo de caixa admitem a preparação de medições gerenciais financeiras de grande utilidade.

Ainda provenientes do balanço patrimonial, de seus detalhes e ramificações, surgem medições de grande significação, principalmente quando os analistas juntam a elas as medições das demonstrações econômicas: rentabilidade dos ativos, sobretudo dos ativos permanentes; rentabilidade do patrimônio líquido; custo do capital (acionistas e investidores).

Em tempos recentes, estavam na moda alguns procedimentos de análise e de controle das operações empresariais. Entre eles, podemos citar, sem sombra de dúvida, a administração por objetivos, o orçamento base-zero, o orçamento-programa (bastante usado na administração pública) e o Pert/CPM, um método constituído de caminhos planejados com os quais os administradores e os contadores de custos podiam controlar o consumo de recursos, sendo o tempo um dos principais.

Como se nota, as medições formam um campo extenso na administração empresarial, que merece um estudo separado.

Referências

ABBOTT, W. H. *Estatística divertida*. General Electric S.A., 1961.

AMAT, O. *EVA — valor económico agregado: un nuevo enfoque para optimizar la gestión empresarial, motivar a los empleados y crear valor*. Barcelona: Grupo Editorial Norma, 2000.

> *Este livro trata, em primeiro lugar, dos indicadores tradicionais de acompanhamento do desempenho de uma empresa. Em seguida aborda, de forma concisa, mas bem explicada, o EVA, o lucro antes dos juros e depois dos impostos, o valor contábil do ativo, o custo médio do capital, o valor de mercado adicionado, a análise dos incentivos aos empregados e, finalmente, o* balanced scorecard *(que o autor do livro traduz para quadro de mando integral). Como se nota, é um livro que envolve uma boa mostra dos mais modernos indicadores de controle do desempenho de uma empresa.*

CASAROTTO FILHO, N.; KOPITTKE, B. H. *Análise de investimentos*. 8. ed. São Paulo: Atlas, 1998.

> *O capítulo 8 dessa obra trata da comparação entre projetos de investimentos. Essa parte é bem explicada, simples e breve. Ao final, os autores apresentam soluções de alguns problemas típicos de contabilidade de custos. O mesmo acontece com os capítulos 11 (Aplicações em substituição de equipamentos) e 12 (Aplicação em análise de projetos industriais).*

CORCORAN, A. W. *Costs accounting, analysis and control*. New York: John Wiley & Sons, 1978.

> *Desse livro, sugerimos consultar os seguintes capítulos: 10, "Decisionmaking costs" (serve também como material complementar para o nosso capítulo "Análise de custos especiais: custos relevantes e receitas relevantes". Custo de oportunidade, imputado, afundado, despesas rateadas, custos evitáveis, despesas de depreciação, juros imputa-*

dos); 11, "Capital budgeting"; 13, "Amostragem estatística, distribuição normal, gráficos de controle"; 14, "Teoria do inventário e controle de custos"; 16, "Programação linear".

COSTA, Sergio Francisco; SANTO, Maria Paula. *Introdução ilustrada à estatística.* São Paulo: Harbra, 1988.

DORNIER, Philippe-Pierre et al. *Logística e operações globais:* texto e casos. São Paulo: Atlas, 2000.

DUFF, Darrell. *Como mentir com estatísticas*, Rio de Janeiro: Edições Financeiras S.A., 1968.

FERREIRA, Aurélio Buarque de Holanda. *Dicionário Aurélio básico da língua portuguesa.* São Paulo: Folha de S. Paulo; Rio de Janeiro: Nova Fronteira, 1988.

FREUND, John E.; WILLIAMS, Frank J. *Elementary business statistics*: the modern approach. New Jersey: Prentice Hall, 1964.

Atenção aos cuidados que se deve ter em relação aos dados estatísticos e aos cálculos estatísticos. Existe a estatística descritiva, que apenas descreve o que acontece com os dados já coletados, e a inferência estatística, que vai mais longe, no futuro, com base nos dados já coletados. A matemática usada na estatística descritiva é muito simples, mas a matemática usada nos modelos estatísticos para a inferência é mais sofisticada.

A obra de Freund e Williams já alertava para esse aspecto há mais de 60 anos. E nós gostamos de fazer o mesmo alerta ainda hoje, em pleno século XXI: "a quantidade de informações estatísticas que é divulgada para o público por uma razão ou outra é quase incompreensível, quando são 'boas' estatísticas ou estatísticas 'ruins'. Com certeza, todas não podem ser aceitas sem uma análise mais demorada. Outra consideração importante é que, às vezes, conclusões completamente erradas são extraídas de estatísticas que parecem confiáveis".

Podemos dar um exemplo real: os capixabas ficam raivosos quando os jornais anunciam que Vitória é uma das cidades mais violentas do Brasil, baseados em estatísticas que mostram a surpreendente quantidade de pacientes que entram nos hospitais da cidade baleados, atropelados, esmurrados, esfaqueados, torturados, assaltados com ferimentos e surrados. Pelas estatísticas, temos a nítida impressão de que a cidade de Vitória é realmente um lugar maldito para se morar. No entanto, na verdade, é uma das cidades mais agradáveis para se viver em nosso país. Então, por que as estatísticas erram? Porque Vitória está cercada de municípios menores, onde surgem casos de violência. Como esses municípios não têm hospitais tão bons e tão bem aparelhados como os de Vitória, os "violentados" de lá dão entrada nos hospitais capixabas. Muitos morrem e as estatísticas processam esses dados como se tudo tivesse acontecido em Vitória. As estatísticas precisam ser bem analisadas.

Outro exemplo, bem sugestivo: contam que o Museu de Arte Moderna de Nova York era o mais freqüentado em todo o mundo; relativamente com mais visitantes do que o Louvre e até mesmo o Museu de Cera de Londres. As "estatísticas" não mentiam: todos os visitantes eram contabilizados automaticamente. Alguém, que estudava a fundo as "estatís-

ticas" descobriu o tenebroso engano dos números. Nunca fora feita uma análise mais detida dos dados. Como o museu é localizado no centro de Nova York, milhares de pessoas passam pela sua frente o dia todo. Naturalmente, várias delas sentem vontade de ir ao toalete e acabam por fazer o uso das modernas e limpas instalações do museu, sendo contabilizadas (o termo aqui está colocado de propósito, mesmo sabendo-se que as pessoas não são registradas a débito e a crédito, inclusive porque não são dados monetários — a nossa contabilidade também conta e também contabiliza; no caso a palavra "contabilizar" pode ser empregada por qualquer pessoa física ou jurídica, querendo fazer o registro de coisas simples, como, por exemplo, a quantidade de ovos que ainda estão intactos na despensa). As pessoas contadas na entrada do museu não são todas visitantes desejando conhecer as famosas obras de arte, mas, simplesmente, pessoas "apertadas".

Nós, brasileiros, estamos cansados de ler e ouvir "estatísticas" falsas, com jeito de "confiáveis", preparadas pelos órgãos governamentais e não-governamentais que procedem de maneira errada para se beneficiar das "benesses" dos governos. Principalmente para "rechear" a propaganda governamental por ocasião das eleições. Um exemplo atual (março de 2006) bem claro: as estatísticas da campanha "tapa-buraco" das estradas federais e estaduais.

Obviamente, há que se ressaltar, os exemplos dos hospitais capixabas e do Museu de Nova York foram erros não-intencionais. São essas estatísticas "inocentes" que devem ser analisadas pelos administradores e contadores dentro das empresas. Já em relação às estatísticas dos governos...

LEONE, George S. Guerra. *Custos*: um enfoque administrativo. Rio de Janeiro: FGV, 1971.

_____. *Custos*: planejamento, implantação e controle. São Paulo: Atlas, 1982.

_____. *Curso de contabilidade de custos*. São Paulo: Atlas, 1996.

_____; LEONE, Rodrigo José Guerra. A análise do ponto de equilíbrio — um instrumento contábil cheio de simplificações. *Revista do Conselho Regional de Contabilidade do Rio Grande do Sul*, n. 110, p. 52-59, 2002.

LIKERT, R. A technique for measurement of attitudes. *Archives of Psychology*, v. 140, n. 55, 1932.

MALHOTRA, Naresh J. *Pesquisa de marketing*: uma orientação aplicada. 3. ed. Porto Alegre: Bookman, 2004.

Na parte III, do capítulo 13 ao capítulo 21: coleta, preparação e análise de dados: análise discriminante, análise fatorial, análise de conglomerados.

O livro apresenta soluções estatísticas, embora orientadas para pesquisas de marketing, com vasta quantidade de indicações bibliográficas que sejam aplicadas a possíveis problemas de contabilidade de custos. O autor faz referências a Rensis Likert, criador das mensurações quantitativas de dados qualitativos. A "escala de Likert" faz parte dos testes não-paramétricos. A característica principal da aplicação de testes não-paramétricos é a sua simplicidade, sobretudo porque não necessita empregar instrumentos matemáticos de alta sofisticação. Há, no livro, uma indicação bibliográfica relacionada a "criatura" de Rensis Likert (A Technique for the measurement of attitudes. Archives of Psycholoy, *n. 140, 1932).*

A tese de doutoramento da professora Nilda Guerra Leone, apresentada na Universidade de Ciências Sociais de Grenoble, França, em 1988, traz uma aplicação prática da "escala de atitudes" de Rensis Likert.

PACHECO, Vicente, Mensuração e divulgação do capital intelectual nas demonstrações contábeis: teoria e empiria. *Revista Brasileira de Contabilidade*, ano XXXV, n. 160, p. 55-73, 2006.

PAIVA, Simone Bastos. A utilização da abordagem qualitativa nas pesquisas acadêmicas em contabilidade. *Revista Brasileira de Contabilidade*, ano XXXV, n. 161, p. 29-45, 2006.

PRADO, Darci. *Programação linear.* Belo Horizonte: Editora de Desenvolvimento Gerencial, 1999.

Capítulo 1: Conceitos básicos. O que é programação linear? Aplicações da programação linear. Alguns exemplos.

Capítulos 2 e 3: Modelando e resolvendo problemas simples pelo método gráfico.

O autor apresenta vários exemplos práticos e simples. As soluções alcançadas com o uso dos modelos matemáticos e gráficos podem servir de exemplo para a solução de problemas, cujos objetivos são reduzir os custos e buscar a combinação de rendimento máximo no caso em que os recursos sejam limitados.

O autor apresenta, de forma didática, passo a passo, o emprego do aplicativo Lindo na solução dos problemas.

SHILLINGLAW, G. *Cost accounting*: analysis and control. Englewood Cliffs: Prentice Hall, 1964.

SMAILES, Joanne; McGRANE, Ângela. *Estatística aplicada à administração com Excel.* São Paulo: Atlas, 2002.

O livro mostra, de forma bastante didática, o emprego do programa Excel na solução estatística de problemas simples. Os capítulos 8 e 10 apresentam problemas empresariais que são resolvidos por meio de instrumentos matemáticos, assim como, de certa forma, os problemas apresentados no capítulo 9. Os instrumentos estatísticos são, na sua totalidade, aplicados com o auxilio da matemática. Muitos exemplos práticos podem ser definidos como problemas relacionados aos problemas de custos. Por isso, recomendamos o seu uso para aqueles que estão iniciando o aprendizado da aplicação dos recursos quantitativos na solução de problemas empresariais.

SPIEGEL, Murray S. *Theory and problems of statistics,* New York: Schaum, 1961.

No prefácio: "Statistics, or statistical methods as it is sometimes called, is playing an increasingly important role in nearly all phases of human endeavor".

Página 1: "A Estatística está relacionada com métodos científicos que coletam, organizam, acumulam, apresentam e analisam dados, bem como fazem conclusões válidas e proporcionam decisões adequadas com base em tais análises".

Comentando sobre os dados quantitativos que são os mais trabalhados pela estatística, o autor apresenta sua idéia (página 2): "às vezes, é conveniente estender o conceito de variável para expressões não-numéricas. Por exemplo, a cor em um arco-íris é uma variável que pode apresentar tipos como vermelho, laranja, amarelo, verde, azul, azul mais escuro e violeta. É possível substituir tais 'valores' por quantidades numéricas. Por exemplo, transformar vermelho em 1, laranja em 2 e assim por diante".

Spiegel apresenta os métodos (ou técnicas) matemáticas que trabalham em conjunto com os métodos estatísticos: os cálculos, podemos dizer aritméticos, as funções, os gráficos com coordenadas retangulares, os demais gráficos, as equações, as inequações, os logaritmos e os antilogaritmos. Mais adiante, quando apresenta a teoria das probabilidades, ele estuda a técnica matemática denominada análise combinatória, com arranjos, combinações e permutações.

STEVENSON, William J. *Estatística aplicada à administração*. São Paulo: Harbra, 1986.

O livro é uma tradução da obra Business statistics: concepts and applications, *editada em 1978 pela Harper & Row Publishers, Inc.*

Para Stevenson, a estatística é dividida em três partes: a estatística descritiva, a teoria das probabilidades e a inferência estatística (página 2). A inferência estatística trata do estudo e da interpretação de dados recolhidos por amostragem para transferir os resultados para a população e tem auxiliado os contadores e administradores na solução de problemas de custos.

O livro apresenta detalhadamente as técnicas da estatística descritiva: a organização das variáveis, as medidas de tendência central e as medidas de dispersão. Trata ainda de estimação, regressão e correlação, dos números-índices e da análise das séries temporais (tendências, variações cíclicas, variações sazonais, variações irregulares, incluindo as condições atípicas).

VIEIRA, Sônia; WASA, Ronaldo. *Estatística*: introdução ilustrada. 2. ed. São Paulo: Atlas, 1992.

WEBER, Jean E. *Matemática para economia e administração*. São Paulo: Harbra, 2001.

Vale a pena consultar o capítulo 1 (Representação gráfica), capítulo 2 (Cálculo diferencial: funções de uma variável), capítulo 7 (Álgebra matricial) e o capítulo 8 (Aplicações da álgebra matricial; máximos e mínimos de funções de n variáveis, programação linear, teoria dos jogos).

A obra de Jean Weber, embora teoricamente seja de grande utilidade tanto para economistas quanto para administradores e contadores, apresenta soluções práticas nas áreas de cálculo diferencial e de álgebra matricial dirigidas quase que inteiramente para resolver problemas de economia.

11º Mandamento

Encare a redução de custos como uma atividade permanente

O que significa a expressão "reduzir custos"? Será o mesmo que "reduzir gastos" ou "reduzir despesas"?

O bem-sucedido empresário, em uma das reuniões realizadas em sua empresa, onde estava presente a maior parte de seus executivos, disse em alto e bom som, sem medo de errar: "não vamos medir despesas para reduzir os nossos custos". Há uma aparente incongruência revelada pelo modo de pensar os seus custos, uma vez que parece ter agredido violentamente o mandamento do contador de custos: "Tenha sempre em mente a relação custo/benefício". Mandamento bastante conhecido, pois sintetiza uma das maiores preocupações de qualquer nível gerencial, responsável por planejar, controlar e tomar decisões em qualquer entidade, não importando se é privada ou pública.

Apesar dessa inconformidade, o empresário usou, com acerto, dois termos que são empregados, muitas vezes, de maneira não apropriada: "despesas" e "custos". E, de modo muito correto, não empregou a palavra "gastos".

Obviamente, essa é a nossa maneira de pensar sobre o possível emprego desses três termos básicos. Pois, "gastos", "despesas" e "custos" têm significados próprios e diferentes entre si. Se o empresário tivesse dito "não vamos medir gastos para reduzir os nossos custos", não estaria apresentando uma idéia tão correta quanto a que apresentou.

Há uma variedade de empregos e de significados de termos em contabilidade.

Vejamos o que pensam Atkinson e colaboradores (2000:184). É uma afirmação curiosa: "se o pessoal de vendas é pago com um salário constante, os custos de vendas são fixos; se, ao invés, eles recebem comissões a cada unidade vendida, os custos de vendas são variáveis".

Por que os autores empregaram o termo "custos" no lugar de "despesas"?

Achamos muito estranho, uma vez que os estudiosos denominam os gastos de vendas como "despesas"; alguns até, de forma radical, acham que é um terrível "sacrilégio" chamar esses gastos de "custos" (e que aqueles que resolvem chamar os gastos comerciais de "custos" devem ser condenados a morrer queimados, como na Inquisição).

Por via das dúvidas, procuramos a mesma afirmação na obra original, em inglês. Estava lá, do mesmo jeito.

O *gasto*, tanto de investimento quanto de consumo, se transforma em *despesa* e esta pode *continuar como despesa* ou *passa a ser custo de produção ou custo de serviço* se aplicada na produção de um bem ou na realização de um serviço ou atividade. Não podemos nos esquecer de que as perdas e os desperdícios são sempre considerados custos.

Portanto, um gasto é apenas uma diminuição da disponibilidade ou é, simplesmente, uma assunção de compromisso, integrada ao grupo das obrigações no passivo.

Fica evidente, então, de acordo com os conceitos acima, que *a redução de custos vai exigir, quase sempre, uma realização de despesas*.

Em Leone e Leone (2004:249) conceituamos como redução de custos "todo o trabalho sistemático que tem por finalidade o exame contínuo das atividades operacionais e administrativas na busca de reduzir o consumo de recursos".

Acreditamos que tal conceito pode ser melhorado. Na verdade, a redução de custos é o resultado de todo aquele trabalho sistemático. Sugerimos que se faça uma ligeira incursão à página 249 da obra citada onde estão relacionados três trabalhos pertinentes ao tema de redução de custos. Ali, o estudioso interessado verificará um alerta, que deve ser respeitado quando alguém tem sucesso ao alcançar o objetivo de reduzir custos: *uma redução de custos pode acarretar efeitos colaterais negativos*, às vezes contundentes. É necessário ter cautela. Na página 250 da mesma obra, vamos encontrar os conceitos de duas atividades amplas que fizeram enorme sucesso e que se relacionam positivamente com os trabalhos de redução de custos: a "redução de estruturas ou redução de tamanho", resultado de uma tradução do termo americano *downsizing*, e a "reengenharia". Tocaremos nesses assuntos mais adiante.

Ainda em Leone e Leone (2004:246), encontra-se a conceituação do termo "racionalização", que também tem fortes relações com a atividade de redução de custos:

> É a aplicação de métodos mais eficientes de trabalho, de procedimentos e de estudos nas diversas atividades e operações, com o fito de reduzir a necessidade de grandes esforços e, por conseguinte, reduzir o consumo de recursos escassos e dispendiosos.

Os comentários e observações acima têm o objetivo de dar uma visão inicial do que vamos tratar neste capítulo. Além disso, *tentam motivar o estudioso avisan-*

do-o que não é muito fácil conceituar e definir com precisão a expressão "redução de custos". Insistir no conhecimento do conceito real é necessidade imperiosa para quem está envolvido com essa atividade.

Ajustando o conceito

Precisamos, além de estreitar o significado da expressão "redução dos custos", ajustar seu conceito e definição. Parece-nos, à primeira vista, uma expressão embaraçosa. Tem uma idéia ao mesmo tempo ampla e estreita.

A questão central é: *como vamos saber se houve ou não uma redução de custos?*

Em outras palavras, a redução de custos alcançada foi o resultado de um programa a que se denominou "redução de custos" ou a redução de custos foi o produto, entre outros resultados, de ações de promoção de produtividade ou de eficiência. O que dizer, por exemplo, sobre o estudo da "curva de aprendizagem" (em inglês, *learning process*)? *O que provoca, na verdade, uma redução de custos? Como se suspeita de que há um custo alto que pode ser reduzido por meio de ações planejadas e executadas fielmente? Quais são as medições?*

Por exemplo, o famoso engenheiro norte-americano F. W. Taylor, no final do século XIX, conseguiu reduções de custos graças ao estudo e análise dos movimentos dos operários e ao melhor uso da relação homem/equipamento. O que está funcionando, pode melhorar, já disseram os japoneses com a expressão *kaizen*. Essa idéia está na base do nosso capítulo.

O tema "redução de custos", na verdade, é uma das preocupações principais da contabilidade de custos e dos diversos níveis gerenciais. Apesar desse cuidado, *procurar na prática empresarial uma atividade formal, regulada e definida como "redução de custos", é uma procura ingrata: não vamos encontrá-la*. Como também, não vamos encontrá-la em destaque nos estudos de contabilidade de custos e gerencial. Porém, *o tema está presente em todas as manifestações de controle de custos, tanto na prática, quanto na literatura especializada*. Acreditamos, no entanto, que a atividade de redução de custos (ou, pelo menos, a preocupação, por menor que seja) é um dos principais objetivos da contabilidade de custos. Na obra de Atkinson e colaboradores (2000), o tema navega impávido no meio de todos os capítulos. Mas não há sequer uma seção que trate exclusivamente da "redução de custos". Na página 82, da obra citada, os autores atentam para "o afã de cortar custos". Mais adiante, afirmam que "os custos refletem os recursos que a empresa usa para fornecer serviços ou produtos" e que "realizando as mesmas coisas com menos recursos e, portanto, menores custos, significa que a empresa está tornando-se mais eficiente". Finalmente, concluem que "mantendo os custos em um mínimo, resultará numa empresa com uma poderosa vantagem competitiva".

O empenho na atividade de procura para reduzir custos é constante e sem fim, porque o mercado competitivo está sempre mudando e porque, internamente, em qualquer empresa (e, mesmo, em qualquer entidade) está presente o fenômeno traduzido por: "se algum trabalho está funcionando, ele pode melhorar em termos do uso de recursos".[14]

Bornia (2000) trata os custos em empresas modernas. Ao longo de seus vários capítulos, apresenta a questão dos "desperdícios". Essa preocupação do autor tem lógicas raízes. A sua formação, como engenheiro da produção, inclusive com doutorado nessa área, o leva, sem surpresa, para o caminho do controle dos desperdícios, sobretudo nas operações. Lendo a apresentação 1 do referido livro, elaborada pelo professor Francisco José Kliemann Neto, doutor em engenharia industrial na França, podemos nos certificar de que o objetivo maior do autor é alertar os administradores e contadores para a permanente preocupação com a identificação das perdas, o seu controle e a sua diminuição, ou a sua eliminação. Sugerimos a leitura da obra do professor Bornia, principalmente das partes que tratam diretamente da redução de custos.

A organização para a redução de custos

O papel principal é da gerência

Reduzir custos significa, na verdade, *reduzir e controlar o uso dos recursos* mais dispendiosos, sendo que alguns são mais visíveis do que outros. Acontece, muitas vezes, que o ineficiente uso dos recursos visíveis e dispendiosos não é, na realidade, o causador do descontrole dos custos. Outros fatores poderão estar influenciando os custos. Esse é o grande problema.

Os administradores usam os recursos e sabem quanto custam. Sabem como são consumidos. Por isso, têm a obrigação de controlar suas operações e, conseqüentemente, analisar os desvios no consumo dos recursos. *Gerenciar os custos é uma das suas responsabilidades.* Outra responsabilidade gerencial — a principal — é alcançar os objetivos traçados. Nesse intuito, o administrador deverá requisitar recursos, tanto estruturais (fixos), quanto variáveis. Ele planeja e estabelece as medi-

---

[14] A parábola "O sábio e o granjeiro" (Rangel, 2002:18) se encaixa perfeitamente no contexto das preocupações expostas neste capítulo. Conta o seguinte: certo granjeiro pediu a um sábio que o ajudasse a melhorar sua granja, que tinha baixo rendimento. O sábio escreveu algo em um pedaço de papel e colocou em uma caixa. Fechou-a e entregou-a ao granjeiro, dizendo: "Leva esta caixa por todos os lados da sua granja três vezes ao dia, durante um ano". Assim fez o granjeiro, levando a caixa fechada para todos os cantos de sua "empresa". A cada passagem, ele via coisas que estavam onerando os custos e que poderiam ser melhoradas. Ao final do ano, tantas mudanças ele fez, que a granja começou a dar bons resultados. Nesse momento, o granjeiro se encontrou com o sábio e pediu que deixasse a caixa com ele por mais um ano. O granjeiro pensou na caixa como um amuleto. O sábio abriu a caixa e mostrou um papel onde estava escrito: "Se queres que as coisas melhorem deves acompanhá-las constantemente".

ções para controlar o alcance dos objetivos e os recursos requisitados. Finalmente, analisa o desempenho de seu setor, os desvios, descobre as origens desses desvios e os corrige.

A participação do contador de custos

Todo esse trabalho, no entanto, não cabe apenas ao administrador. Ele precisa se cercar de assessores internos (seus subordinados) e de assessores externos, em relação ao setor que administra. Geralmente, esses assessores, além de auxiliar, fornecem informações. Um deles é o contador de custos. *Deve haver uma relação estreita entre a gerência e o contador de custos.* O contador de custos faz parte da relação de trabalho com o gerente. Essa relação deve se manter harmoniosa ao longo do tempo. *O gerente é o responsável pelo planejamento, pela execução e pela tomada de decisões, mas o contador de custos tem papel preponderante na execução dessas responsabilidades.*

Cada gerente toma para si o planejamento e o controle da redução de custos. Entretanto, não se descarta da ajuda do contador de custos. A atividade de redução de custos — permanente ou pontual — parece-nos mais produtiva quando se realiza intermitentemente, de acordo com os "focos" de um incêndio maior, com administradores e contadores de custos trabalhando em conjunto.

A programação permanente do trabalho, tendo em vista o melhoramento contínuo das operações, oferece um campo mais descoberto e visível para as análises do consumo dos recursos, desaguando, naturalmente, nas decisões de redução de custos.

Com relação a esse aspecto, sobretudo quanto ao acompanhamento contínuo do gerenciamento dos custos, o dueto contador de custos/administrador deve definir e analisar algumas atividades ou procedimentos que surgiram, com mais força, no final do século XX. Embora essas atividades e procedimentos — que podemos englobar como temas gerenciais — tenham sido sempre objeto de preocupação por parte dos administradores, hoje, em virtude do que os estudiosos denominam "novos cenários econômicos", em todos os seus aspectos (as comunicações, a informática, os transportes, o desenvolvimento de novos instrumentos gerenciais, sobretudo da matemática e da estatística, a globalização de interesses comerciais e as regulamentações mais envolventes por parte dos governos), o estudo desses temas intensificaram-se. A análise das atividades que adicionam valor e das atividades que não adicionam valor aos produtos e serviços (um dos pilares do custeio ABC), a administração da cadeia de suprimentos (*supply chain*, a administração da logística), a implantação da produção *just-in-time*, os tipos de custeio como o custo-meta, o custeio *kaizen* e o custo do ciclo de vidas dos produtos, a administração mais acurada dos gargalos, principalmente no processo de fabricação de produtos ou de serviços. Esses aspectos tornaram-se objetos de muitos estudos, principalmente pelo objetivo de reduzir custos (Eldenburg e Wolcott, 2005).

O auxílio fundamental do auditor interno

Trata-se de outro profissional, cujo trabalho sistemático e contínuo é de grande utilidade para o alcance de reduções de custos. Suas investigações permanentes apontam as atividades do cotidiano possíveis de serem mais bem controladas e analisadas para as finalidades de desempenho mais eficiente.

Podemos apresentar vários exemplos: a recepção dos materiais e de mercadorias; a venda de sucatas e aparas; o consumo de combustível nos postos de gasolina credenciados; as investigações esporádicas, armadas para exercer um "certo" controle na saída dos operários e funcionários; a estocagem correta dos materiais e das mercadorias; as auditorias esporádicas nas operações dos almoxarifados e o acompanhamento do controle de perdas e desperdícios, e muitos outros.

Os auditores internos prestam um grande serviço no afã da gerência em reduzir custos. Eles devem ser sempre bem aceitos por todos os que compõem as operações, conscientes do papel importante que os auditores realizam. Os auditores (assim como os contadores de custos) não devem ser considerados policiais. Cabe à direção da empresa, às gerências e ao setor de recursos humanos informarem, com clareza, a função dos auditores e dos contadores de custos.

Opção básica

Embora a responsabilidade pelas iniciativas de uma campanha ou de um serviço isolado, ambos sistemáticos, consistentes, consensuais e conscientes, permanentes ou eventuais para a redução dos custos, estejam nos ombros da gerência do setor, da unidade, do componente operacional ou administrativo, sua execução e seu controle podem ser realizados com a ajuda principalmente do contador de custos.

Nesse ponto, já podemos responder com certa precisão às seguintes questões: quem, dentro da empresa, tem a obrigação de idealizar um processo de redução de custos? Quem, na empresa, vai gerenciar os procedimentos de uma atividade de redução de custos?

Podemos solicitar o auxílio de um consultor externo?

Estendendo um pouco mais o problema — caso seja realmente um problema —, a empresa, ou um de seus componentes organizacionais, pode solicitar a ajuda de uma consultoria externa, não só para a implantação, como para a execução e acompanhamento, da atividade de redução de custos. Diz-se que *a consultoria externa tem uma visão menos enviesada das necessidades internas.* Segundo Cristovam

Buarque, antes de tudo um estudioso de administração: "Tudo que fica banal deixa de ser percebido, é preciso alguém de fora para mostrar" (*O Globo*, 20 mar. 2002).

Sobre o auxílio prestado por um consultor externo, sugerimos que o prezado leitor assista ao filme de 1991 *Um visitante inesperado*, dirigido por Mark Joffe. O título em português é atraente, mas não reflete o tema do filme. Em inglês é uma incógnita. Quem, entre nós, saberá o que quer dizer *Spotswood*? O ator principal, Anthony Hopkins, tem um desempenho notável. Um dos atores coadjuvantes, ainda desconhecido naquele ano, é o brilhante Russell Crowe. A história é simples: um consultor externo especializado em redução de custos é convidado para examinar as operações de uma fábrica instalada em uma pequena cidade no interior dos Estados Unidos. O consultor, um "cara durão", descobre que um dos motivos pelos quais a fábrica está cada vez mais no "vermelho" são os benefícios concedidos a seus funcionários. O fim da história, mesmo previsível, é interessante.

Outro exemplo é o vídeo *Redução de custos: fazer ou morrer*, apresentado por Ronaldo Nuzzi. O estudo divide a atividade de redução em duas partes: a redução como uma atividade contínua e outra parte como uma atividade eventual para resolver um problema específico. Outra característica importante e útil, para nós e para os que nos lêem, é a inserção da participação das pessoas no trabalho de redução de custos. A apresentação está fundamentada num acróstico: vertice. Cada letra do acróstico representa um passo a ser dado no planejamento, na execução e no controle da tarefa de redução de custos, sobretudo no caso de uma redução contínua.

O que faz a contabilidade de custos?

É incontestável o poderoso auxílio da contabilidade de custos no processo de redução de custos. Temos conceituado a contabilidade de custos desde as nossas manifestações iniciais (acompanhamos a maioria dos estudiosos e praticantes, principalmente da área de administração) como a parte da contabilidade responsável por produzir informações gerenciais para a determinação das muitas rentabilidades (da empresa, dos setores, produtos e de outros objetos), para que os diversos níveis gerenciais possam planejar e controlar o uso dos recursos requisitados pelas respectivas operações, tomando, dessa forma, decisões mais bem fundamentadas. *A contabilidade de custos está ligada, por natureza, aos procedimentos, tanto eventuais quanto permanentes, de redução de custos. O administrador e o contador de custos são como "unha e carne" na atividade de redução de custos.*

A gerência deve trabalhar inicialmente com o contador de custos para que sejam estabelecidos os passos para a implantação de um procedimento, amplo ou pontual, permanente ou eventual, de redução de custos. *Quem, porém, idealiza o movimento*[15] *formal para a redução de custos é a gerência, tomada aqui como o conjunto dos gerentes operacionais e administrativos.*

O procedimento para a redução de custos: como realizar a sua implantação?

A implantação de um procedimento de redução de custos vai depender do tipo de operação, da organização da empresa, dos recursos, cujo consumo será estudado, do nível de qualidade do trabalho da contabilidade de custos, dos recursos específicos, colocados à disposição da gerência para executar a implantação do procedimento, sua execução e seu acompanhamento. Embora a gerência possa se valer de experiências bem-sucedidas em outros setores da empresa e em outras empresas, não existem dois cenários iguais. O que foi implantado num setor ou numa empresa não poderá ser replicado para outro setor ou outra empresa. Os problemas e as soluções são sempre diferentes. Como se diz por aí, "não há na natureza, duas zebras com listras iguais".

Acreditamos ser uma boa idéia, inserir uma reflexão diretamente ligada ao trabalho de redução de custos e de despesas: *se estivermos sendo avisados, por sinais, sintomas e indicadores adequados, que as despesas e os custos estão descontrolados, o que devemos fazer em primeiro lugar?* Não é nada do que talvez nossos leitores estejam pensando. Devemos, sim, procurar, de uma vez, as causas e tentar eliminá-las. Analisar e eliminar os efeitos podem ser procedimentos que causam certo alívio. Mas é perda de tempo. O tempo é caro e irrecuperável.

Alguns exemplos, comentários, observações e afirmações, obtidos em Dudick (1972), estão em sintonia com os problemas atuais, apesar de ser uma obra editada há mais de 30 anos.

Os serviços de contabilidade fazem o registro organizado das despesas e dos custos. Esses dados organizados são de grande ajuda nos trabalhos de redução de custos. Porém, quem "mete a colher" nos esforços para reduzir despesas e custos são os responsáveis pelos setores operacionais (atividades-fim, fabris ou comerciais) e administrativos (atividades-meio).

As despesas e os custos são, como sempre enfatizamos, reflexos de ações, atividades e decisões realizadas e tomadas pelos gerentes e administradores. São eles que estão "com a mão na massa". O contador de custos deve estar bem familiarizado com as operações para melhor auxiliá-los na busca do aproveitamento ótimo dos recursos a serem consumidos. Daí a importância do contador de custos

---

[15] Poderíamos chamar esse "movimento" de administração da redução de custos, porquanto o termo "administração" traz uma idéia mais ampla de planejamento, treinamento dos recursos humanos, de programação, de escolha de outros participantes, de estabelecimento de metas, de seleção das medições, de acompanhamento dos resultados e dos tipos de relatórios internos ou externos.

industriais trabalhar o mais perto possível das operações fabris ("chão-de-fábrica"). Tal regra pode ser estendida para as áreas comerciais e administrativas.

A obra de Nascimento (2001) traz idéias úteis de como reduzir custos. O autor enfatizou a necessidade de uma preocupação permanente por parte de todos os agentes de qualquer empresa, em relação ao objetivo de redução. Com muita justiça, inclusive, lembrou os ensinamentos do ilustre professor Paulo Jacobsen, nessa questão de redução de custos. Podemos confirmar a participação significativa desse professor, porque fomos companheiros em trabalhos compartilhados em muitas missões de ensino e divulgação da contabilidade de custos.

Passamos a descrever um exemplo simples

Suponhamos uma indústria em que o produto A é o menos lucrativo. Para despi-lo de "vestes" complexas, vamos dizer que ele é o menos lucrativo até o nível da margem bruta ou, dependendo do critério de custeio, até o nível da margem de contribuição. As vendas desse produto, no entanto, são volumosas. Uma das medidas salutares seria reduzir os custos de material e de mão-de-obra por meio de uma possível simplificação do projeto, utilizando material mais barato, por exemplo. Poderia ser feita uma análise na programação de produção para oferecer ao departamento de compras e aos responsáveis pelo aproveitamento de pessoal oportunidades para planejar a compra de materiais e a participação dos operários.

Uma das boas providências a ser adotada para controlar as despesas passa pelo rateio das despesas indiretas, comuns, transferidas de setores-meio para os setores produtivos por meio de alocações um tanto ou quanto arbitrárias. Mais uma vez, devemos lembrar que, tanto os custos, quanto as despesas são reflexos do consumo de recursos e de ações e decisões das gerências. Os custos (vamos chamar apenas de custos) transferidos de uma conta geral que acumula o consumo de recursos comuns ou de um departamento que presta serviços para outros departamentos, ou unidades organizacionais, são chamados, pelos departamentos que recebem essas frações, de custos não-controláveis. No entanto, a bem da verdade, eles podem ser controláveis. Daí surge um dos principais motivos pelos quais a contabilidade de custos faz esse rateio ou transferência. E surge, também, a importância do rateio, quando se pensa em controle e redução de custos. Vamos explicar.

Tivemos a oportunidade de trabalhar em uma grande fábrica com quase 4 mil empregados. Cumprindo certas regulamentações oficiais, essa fábrica mantinha um departamento médico com todos os recursos (materiais, equipamentos, enfermeiros e médicos) necessários para atender a qualquer necessidade. A gerência médica desse departamento exercia controle gerencial de todas as suas despesas e custos. Havia, entretanto, uma parte falha nesse controle: as despesas de outros departamentos, como do almoxarifado, de compras, da contabilidade e da manutenção, entre outros da mesma natureza, apropriadas ao departamento médico por meio de taxas de rateio determinadas pelos níveis mais altos na hierarquia.

No entanto, por sua vez, o departamento médico descarregava seus custos e despesas para os demais departamentos, principalmente os departamentos operacionais fabris, com base na movimentação diária e mensal indicada pela quantidade de operários e funcionários que procuravam atendimento médico. Essa apropriação era controlada pelos departamentos recebedores com base no atendimento médico. Assim, esse atendimento precisava ser controlado. Lembramo-nos de que o maior volume de atendimentos era motivado por dores de cabeça e dores nas costas. Segundo os médicos, eram sinais difíceis de diagnosticar na primeira consulta. Desse modo, e apesar do aborrecimento de fazer tal controle, os custos denominados não-controláveis provenientes dos atendimentos, eram controlados. Ao caracterizarem as despesas e os custos como "não-controláveis", os contadores indicam que a atividade de controle é feita no departamento de origem. Esses controles — podemos dizer simultâneos —, diretos e indiretos, atendem a muitas finalidades. Uma delas é procurar a redução desses custos e dessas despesas, uma vez que as gerências e chefias das unidades organizacionais se preocupam apenas com as suas despesas e seus custos, não importando se são diretos ou indiretos.

Voltando a fazer outras reflexões

Os itens mais significativos dos ativos realizáveis, dos permanentes e dos passivos exigíveis devem ser cuidadosamente controlados. Os ativos são recursos caros. Os passivos são obrigações geradoras de despesas.

Entre os ativos estão os estoques e os imobilizados. Os cuidados com os estoques devem ser uma constante, pois, além dos custos fixos e variáveis, podem sofrer perdas consideráveis. São recursos que perdem valor caso não sejam observados com freqüência. Os ativos imobilizados, principalmente os equipamentos de produção, devem estar sempre em boas condições de funcionamento para permitir sua máxima utilização e, com isso, a produção de receitas. Os custos da ociosidade de equipamentos e da sua má produtividade costumam ser muito altos. Outra preocupação dos administradores são os ativos humanos. Eles devem ser produtivos. Os relatórios gerenciais modernos trazem indicadores de acompanhamento para o bom uso desses recursos, que podem tanto gerar perdas quanto originar oportunidades de redução de despesas e de custos.

Dudick (1977:308) apresenta "Os dez mandamentos do bom controle de custos". Nem todos são dirigidos diretamente ao problema de redução de custos e de despesas. Entre os que percebemos alguma relação com o tema já discutido nas páginas anteriores, estão os seguintes: faça uma análise e indique as despesas e os custos mais significativos (é o princípio básico da relevância), utilize gráficos e relatórios apresentando indicadores, antes de tudo físicos e não os monetários puros (já sabemos que são os montantes físicos das atividades que originam os dados monetários). Por exemplo: desejávamos construir uma casa de 400 m². Como o custo estava alto demais, diminuímos nossas pretensões para 320 m², e os custos baixaram sensivelmente. Um amigo desejou fazer uma viagem por terra, com o seu próprio carro, levando toda a família, mulher e três filhos pequenos, para visitar o sul do Brasil. A viagem duraria 15 dias. Como o orçamento total ficou acima de suas expectativas, diminuiu o tempo para 10 dias. O orçamento diminuiu e ele pôde viajar.

Os custos e despesas são reflexos de decisões operacionais (essa lei é conhecida desde o tempo de Ramsés II, quando comandou a construção das grandes pirâmides). Ao alcançar uma razoável familiaridade com as operações em estudo, passe devagar pela análise das despesas indiretas. Se precisar usar padrões, prefira padrões práticos.

Outro problema capaz de fornecer boas soluções é procurar trabalhar dentro de um *planejamento tributário*, prática conhecida nos meios fiscais como elisão. A carga tributária em nosso país é infame. A política de tributos é essencial para uma nação, porque permite a correção de certos desvios e alavanca o desenvolvimento. No Brasil, infelizmente, não é assim. A carga tributária é, dentro da América do Sul, a mais onerosa para a população. Ao invés de servir como política de desenvolvimento, é uma política que atrapalha. A primeira página do Caderno de Economia do jornal O Globo, do dia 21 de novembro de 2004, traz a manchete "Voracidade sem limite". Porém, lá no alto, em letras bem menores para não "machucar" os governantes, exibem: "Imposto sem retorno".

Onde colocar este caso?

Temos, em mãos, o orçamento da Elétrica Bronca Ltda., referente a uma compra efetuada em 23 de dezembro de 1999, de material elétrico para as obras do nosso novo apartamento. Os 16 itens adquiridos totalizaram R$ 366,78, já incluído o desconto de 10%. Lembramo-nos desse caso, não pelo preço, mas pelo tempo gasto (tempo custa dinheiro, principalmente para uma empresa varejista, vendedora dos produtos). Gastamos 1 hora e 10 minutos para fazer a compra e saímos de lá com a impressão de que a loja estava caminhando para a falência.

Os melhores locais

É natural que os melhores locais para se estudar as possibilidades de redução de custos de produção são os desenhos de fabricação dos produtos e dos planos de serviços, onde se encontram as planilhas bem detalhadas, contendo as estimações ou padrões do consumo dos recursos, normalmente os mais caros, medidos em unidades físicas, e as próprias fases de fabricação ou de realização dos serviços, onde seu funcionamento pode ser observado e controlado, na prática, com alguma facilidade.

A revista *Exame*, de 9 de novembro de 2005, apresenta a reportagem "O triunfo do *design*", onde descreve "como as empresas estão usando a beleza e praticidade como uma arma estratégica para ganhar mercado e reduzir custos". O termo *design* está no título apenas como fator chamativo, pois, no Brasil, infelizmente, estamos todos atacados da "febre americanista". A reportagem quer mostrar que, além das muitas finalidades principais relacionadas à fabricação propriamente dita, o projeto do produto inclui o desenho, ou *design*. O desenho é uma fase significativa do projeto. Especialistas em desenho criam novas formas, acompanhadas por novos processos de fabricação, capazes de contribuir com a redução de custos. A jornalista Denise Carvalho, autora da matéria, inclui alguns exemplos de sucesso, entre eles os novos desenhos trazendo redução de custos para os clientes. Vejam os casos do celular Motorola de 14 mm de espessura, do novo modelo Fox da Volkswagen e do projeto da aeronave ERJ 170 da Embraer, entre outros.

Outro campo fértil, com boas possibilidades para as tentativas no sentido de alcançar proveitosas reduções de custos, se cristaliza nas atividades de produção. O primeiro passo é suspeitar, ou detectar, com mais convicção, as operações ou as atividades em que caberiam vantajosas reduções de custos. Esse passo é básico.

Como alguém pode levantar essa suspeita? Quais os sinais e os sintomas?

Existem pessoas que possuem uma espécie de "faro". Outras possuem uma grande experiência. E tantas outras se encontram tão afinadas com certas operações que, sem muito esforço, sentem que alguma coisa pode ser feita no sentido de melhorá-las e, com isso, alcançar a redução de custos. Não existem fórmulas padronizadas, vendidas em prateleiras de supermercados. Para as pessoas normais, a ajuda é estabelecer certos indicadores, pistas, rastros e combinações, que vão se aperfeiçoando e se transformando em bons sinais e sintomas.

Sobre indicadores e medições

Os indicadores mais famosos fazem parte do conjunto, já muito testado, que denominamos, na área contábil-financeira, análise das demonstrações e relatórios contábeis, principalmente em relação aos diversos tipos de balanços. Essa análise pode ser ampliada para captar indicadores de situações atuais ou de situações futuras nas áreas econômicas, administrativas e sociais de influência negativa, ou, positivamente, sobre o patrimônio da empresa. Esses indicadores estão em todos os livros de administração financeira, de contabilidade gerencial e de análise das demonstrações contábeis.

A Dupont, nos Estados Unidos, criou a análise do retorno de investimentos, um conjunto de indicadores que sinalizava pontos fracos, cujo apogeu aconteceu nas décadas seguintes ao fim da II Guerra Mundial.

Os gerentes, depois de 1950, tiveram vários instrumentos de acompanhamento, criados para controlar o desempenho, principalmente econômico, das empresas e que apontavam, alguns com muita certeza, os focos com os problemas mais graves.

São exemplos desses instrumentos o Projeto de Medições da General Electric, criado na gestão do presidente Ralph Cordiner; a Administração por Objetivos de Drucker e Odiorne; o Orçamento Base-Zero de Pyhr; os Orçamentos-Programa na administração pública; o Pert/CPM; o Custeamento pela Responsabilidade; o Método das Restrições; a Gestão Econômica de Catelli; o Critério de Custeamento ABC; o Quadro Equilibrado de Indicadores (*balanced scorecard*), bastante semelhante ao tradicional *Tableau de Bord* dos franceses; o Fluxo de Caixa Descontado e o EVA. Alguns desses instrumentos mais modernos nasceram num terreno fértil, primeiro pelas mudanças nos cenários econômicos, segundo pelo desenvolvimento da informática e, por último, pela aplicação de métodos quantitativos.

Nas operações, principalmente fabris, os gerentes, supervisores, mestres e, muitas vezes, os próprios contadores de custos descobrem, por intuição, pela experiência ou por algumas medições formais (como os padrões) os estragos, os refugos, os desperdícios, os retrabalhos, as unidades defeituosas e as aparas. Esses fenômenos são controlados. Sua administração eficaz produz, é claro, grande redução de custos.

Vamos apresentar alguns conceitos para esses fatos corriqueiros do processo fabril. Não são conceitos de consenso universal. Nossos leitores podem conseguir conceitos ligeiramente diferentes, obtidos de outros estudiosos. Mas essas possíveis variações, em lugar de atrapalhar, vão na verdade ajudar. No capítulo 6 de Leone (2000), apresentamos conceitos semelhantes aos que seguirão.

Os *estragos* são produtos ou materiais que apresentaram defeitos em qualquer fase do processo e que não puderam ser recuperados. Serão vendidos por um preço estrategicamente atrativo.

Os *refugos* têm conceito praticamente semelhante.

Os *desperdícios* são provenientes de operações manuais ou mecânicas malconduzidas. Podem ser originados de equipamentos velhos, ou em situações em que não existem condições econômicas favoráveis para impedi-los, nem mesmo, atenuá-los.

Os *retrabalhos* são produtos que apresentaram defeitos, mas puderam, com algum esforço, resultar em bons produtos.

As unidades defeituosas normalmente são detectadas ao final do processo produtivo. São tratadas como os retrabalhos, se for conveniente. As aparas são restos de materiais que acontecem por causa dos cortes, das prensas e de outros processamentos, dos problemas de transporte e armazenamento, mas podem ser aproveitados em outras operações ou na fabricação de subprodutos.

Os contadores de custos, fatalmente, em face desses fenômenos, têm a responsabilidade de defini-los, proceder às avaliações obrigatórias, contabilizá-los de forma organizada e fornecer os relatórios aos gerentes, dando condições de auxílio ao tratamento mais conveniente para a empresa.

Todo o trabalho dos contadores de custos deve estar em sintonia firme com os desejos dos administradores da produção e de administradores de maior nível hierárquico.

Até chegarmos a esse ponto, o controle dos estragos, das aparas e de todos os demais da mesma natureza *não podem ser considerados como redução de custos, porque não são, ainda, redução de custos.* Eles existem e nada se pode fazer quanto à sua ocorrência. *Os contadores de custos, até aqui, somente determinam os montantes dos prejuízos.*

A grande façanha é realmente tentar diminuir esses montantes, aplicando melhorias no processo produtivo e maior controle do próprio funcionamento. Se ações possíveis são realizadas com sucesso, então a contabilidade de custos certamente contabilizará a redução de custos. Para que sejam feitas reduções de custos, é necessário proceder a modificações no processo produtivo. Como já enfatizamos, as oportunidades de redução de custos estão exatamente no desenho dos produtos e dos serviços e no decorrer do processamento. Slack e colaboradores (1999) tratam da prevenção e recuperação das falhas. Eles sublinham o fato de que na fase de planejamento das operações, tanto de produção, quanto de realização de serviços, os administradores, em conjunto com a contabilidade de custos, em alguns casos, podem prever problemas e possíveis falhas de funcionamento. É bom lembrar que as reduções de custos podem, ainda, ser atingidas nos estoques, nos manuseios e na recepção de materiais vindos dos fornecedores. Outro lembrete óbvio: determinar os prejuízos por ocorrências desse tipo não significa redução de custos. Não basta detectar perdas. A redução de custos só se verifica após a implantação de melhoramentos que trazem como conseqüência a redução das perdas.

As atividades administrativas e comerciais também são áreas potenciais de *redução de despesas.* Colocamos em itálico pelo termo "despesas" em lugar do termo "custos". Nessas áreas operacionais, distintas das áreas operacionais fabris, o que normalmente acontece entre os contadores é denominar os gastos como despesas, deixando os custos para identificar os gastos na área de produção e as perdas dos mais diversos tipos. Para nós, particularmente, baseados em nossa experiência e nossas próprias reflexões, tudo é despesa. Quando aplicada e identificada, a despesa se transforma em custo do objeto que está sendo custeado. Porém, vamos continuar usando a expressão "redução de despesas", quando essa atividade estiver relacionada às áreas de administração e comercial, para "agradar a gregos e troianos".

Já mostramos que os custos relacionados às atividades de administração não devem ser iguais ou maiores que as atividades-fim, aqui consideradas as atividades de produção e as atividades comerciais. Tudo deve ser feito para reduzir despesas administrativas. Será uma preocupação constante, porque os aumentos são "insidiosos" como uma doença traiçoeira que não mostra sinais de alerta.

Conta-se, como anedota provavelmente, que um executivo, preocupado com a quantidade de documentos e com a necessidade, cada vez mais evidente, de arquivos que consumiam espaços vitais e dispendiosos, chamou o gerente responsável pelos serviços e ordenou: "desejo que você e seu pessoal destruam grande parte dessa papelada. Mas, tomem o cuidado de copiar todos os documentos, porque muitas vezes poderemos precisar de alguns deles". É claro que a primeira parte era uma boa decisão. Já a segunda, pode ser tratada como uma boa anedota. Apesar da sua comicidade, acreditamos que casos como esse aconteciam freqüentemente antes da era da informática.

Não tivemos a oportunidade, neste capítulo, de apresentar alguns significativos casos de redução de despesas na área-meio. Porém, todos se lembram das campanhas de redução de despesas que atacam o consumo de material de expediente, o uso de telefonemas para celulares, o uso da internet, o controle da energia elétrica, o uso do departamento médico, os atrasos, o absenteísmo, a demora por ocasião dos intervalos para lanches e dos cafezinhos, o término antecipado do expediente normal para que as mulheres se arrumassem para sair e para todos, sem exceção, para tomarem lugares estratégicos nas filas para "bater o ponto", o tempo de reinício do trabalho no dia seguinte, sobretudo nas segundas-feiras, por causa das histórias do fim de semana a serem passadas aos colegas, e muitos outros casos. Aproveitamos para alertar contra os efeitos colaterais negativos dessas medidas, um tanto rigorosas e antipáticas, de controle, principalmente pela insatisfação que podem causar.

Na área comercial, existem vários pontos onde é possível fazer boas reduções de despesas. E despesas consideráveis. Por outro lado, podem se transformar em "tiros nos pés". É preciso muito cuidado. As medidas de controle e as decisões conseqüentes devem ser bem planejadas, com muito bom senso, antes de tudo. As viagens de vendedores, as prestações de contas, a racionalização das saídas dos vendedores, a publicidade, o uso dos veículos, o uso de telefones fixos e celulares, os gastos de representação, as medidas físicas de controle e acompanhamento das atividades e dos respectivos sucessos do pessoal de vendas, o transporte de produtos, a armazenagem, os serviços de atendimento aos clientes, a investigação da concessão de créditos, os atrasos de contas a receber de clientes, as devoluções de mercadorias, o controle dos serviços malfeitos, entre outros. Esses controles e acompanhamentos devem estar fundamentados em indicadores, preferencialmente físicos, promovidos por meio de estudos estatísticos.

E os gastos da administração superior?

Precisamos alertar para o controle dos gastos da alta administração. Embora seja um espaço onde se pode fazer grandes reduções de despesas, os controles são perigosos para quem se atreve a simplesmente sugeri-los. Esse(s) funcionário(s) deve(m) ter o respaldo, talvez, de "Papai do Céu", que é o único capaz de protegê-los eficazmente. Quando existem regras e normas de operação, tanto na produção, quanto na administração e na área comercial, o pessoal subalterno as cumpre fielmente. No entanto, o pessoal da administração superior, proprietários, presidentes e diretores, não as _____ fielmente. Deixamos um espaço estratégico para que os leitores completem a frase!

Qualidade é algo difícil de conceituar e de definir

Independentemente disso, estamos certos de que os produtos e os serviços fabricados e realizados há alguns anos eram de alta qualidade e os consumidores não aceitavam nada em troca, ou seja, eram muito mais exigentes do que hoje.

É claro que, no passado, apesar do fraco desenvolvimento se comparado com o de hoje, os gerentes tentavam melhorar a qualidade dos processos e dos produtos, além de procurar reduzir os custos. A procura pela qualidade e pela redução de custos sempre existiu.

Estão aí os vários exemplos. Entre eles a indústria de automóveis de Henry Ford e as lições e experiências de Taylor.

Casos e dicas

Esta seção tem o objetivo de trazer novos conceitos e, na medida do possível, apoiar certas definições, conclusões e sugestões em casos reais onde os contadores e os administradores procuraram reduzir custos e despesas. À medida que formos descrevendo e analisando os casos, vamos nos permitir tecer alguns comentários pertinentes, motivados pela preocupação em chamar a atenção para a prudência sobre a qual os administradores e contadores devem se apoiar ao decidirem reduzir custos e despesas.

Essa decisão é, quase sempre, uma ação benéfica. Porém, pode trazer efeitos colaterais negativos em outras áreas e setores da empresa. Por isso, apresentaremos alguns cuidados a serem tomados e as prováveis desvantagens de certas decisões apressadas.

O custo Brasil como carro-chefe

As empresas vivem, em nosso país, sobressaltadas e são, quase sempre, atingidas por verdadeiras avalanches de gastos, englobados, por muitos estudiosos, no conjunto "custo Brasil". Alguns desses custos (ou despesas) são previsíveis, outros não, alguns são mensuráveis, outros não. Portanto, alguns são administrados e outros não. Esse conjunto de custos, muitas vezes, desanima os empreendedores a prosseguirem em seus investimentos, e os obriga a repassarem esses gastos para os preços de seus produtos e serviços.

Tais custos têm uma característica singular. Alguns deles são visíveis, identificados, passam "por caixa" e podem ser mais ou menos controlados. Outros são invisíveis. Existem, mas não são identificados. Em algum momento, podem passar "por caixa", embora essa passagem seja de difícil visibilidade e caracterização, ficando arquivados numa espécie de "limbo". Como não são definidos, não são contabilizados adequadamente e, portanto, não podem ser administrados, nem controlados.

Deixando o leitor ciente de que os custos invisíveis existem e de que precisam ser identificados, registrados, organizados, analisados e relatados, estamos abrindo uma porta imensa para algumas tentativas de redução de custos.

Operários e funcionários

Os mestres e supervisores devem, constantemente, avaliar o trabalho de seus operários e funcionários. Os contadores de custos, em conjunto com os responsáveis pelo processo produtivo e com os engenheiros de produção, devem estabelecer métodos, rotinas e indicadores para praticar com eficácia o controle da mão-de-obra.

Vamos lembrar o óbvio: a própria mão-de-obra tem seus custos que devem ser controlados. Entretanto, os custos maiores, relativos à mão-de-obra, se originam do manuseio dos equipamentos caros. Esses equipamentos devem ser tratados "com muito carinho".

Conhecemos dois amigos taxistas que operavam de modo diferente os veículos de sua propriedade. Ambos adquiriram, aproximadamente na mesma época, o mesmo tipo de automóvel: um Del Rey, da Ford. O João não cuidava de seu equipamento. Nunca fez uma revisão. O veículo muitas vezes passava dias nas oficinas para consertos. Até aqui nada demais. O fato é que, deixando de usar o seu veículo, perdia tempo e faturamento. Terminou tendo que vendê-lo após cinco anos de uso. Já o Antônio era diferente. Cuidava do seu patrimônio com muito cuidado. Nunca teve problemas sérios com o carro. Conseguiu vendê-lo, ainda muito "enxuto", 16 anos depois da compra.

Apesar de simples e piegas, este caso é uma grande lição. Por ser o óbvio, às vezes, não percebemos o problema.

Os equipamentos dão a medida da capacidade instalada da empresa

Contadores de custos e administradores devem controlar o uso dessa capacidade instalada. Pode-se determiná-la por meio de inúmeras medições, principalmente físicas. De uma forma ou de outra, o acompanhamento das medições se relaciona aos setores capazes de produzir dentro de padrões normais, às horas que podem ser trabalhadas, à quantidade de serviços que podem ser realizados para alcançar a maior receita possível dentro de certas condições práticas e a muitos outros componentes e atividades.

Nas companhias aéreas, por exemplo, a capacidade utilizada das aeronaves é medida pelo número de assentos ocupados e entre os assentos existentes. Esses indicadores são uma constante dor de cabeça para os seus administradores. A contabilidade de custos conta com indicadores aproximadamente precisos (nunca se alcançará a exatidão, porque sempre haverá um jeito de melhorar os serviços e as operações), como as variações de volume das despesas e dos custos fixos. Esses indicadores medem os custos da ociosidade dos investimentos fixos. A ociosidade dos equipamentos não deve acontecer. Deve-se dar um jeito de aproveitar a capacidade não utilizada para obter receitas extras. Em uma empresa jornalística de grande porte, as rotativas são caríssimas, devido aos preços de aquisição e instalação e aos custos de manutenção. Esses custos devem ser absorvidos por uma variedade, a maior possível, de trabalhos faturáveis. Os administradores devem buscar maneiras de ocupar parte da capacidade que, porventura, não está sendo utilizada, desenvolvendo outros serviços diferentes da fabricação de jornais. Tivemos a oportunidade de conhecer uma dessas empresas que alugava seu poderoso e moderno equipamento para imprimir, com facilidade, o grande volume de formulários oficiais e padronizados, utilizados pelos vários departamentos do serviço público federal, pois a gráfica oficial não dava conta dos serviços, inumeráveis e urgentes.

Outros exemplos podem ser lembrados: os táxis são utilizados 24 horas por dia, por meio de revezamento dos taxistas; as lojas dos gigantescos centros comerciais passam a funcionar nos domingos e feriados; as empresas de ônibus alugam seus carros para excursões e para o transporte de equipes esportivas ou de grupos de torcedores.

Outro dia, com algum espanto, vimos uma barca que faz o tradicional percurso Rio-Niterói-Rio trafegando na enseada de Botafogo, perto da praia da Urca. Pensamos, a princípio, que a barca estava à deriva, porém, soubemos que a empresa aluga essas barcas, aos domingos, quando ficam paradas, para ocupar a sua capacidade ociosa.

Custos envolvendo a qualidade dos produtos e dos serviços

A contabilidade de custos, nos dias de hoje, acumula informações sobre a determinação, o controle e a gestão dos "custos da qualidade". Robles Jr. (1994) apresenta os quatro grupos de custos, chamados "da qualidade". O livro está baseado na sua tese de doutorado, no Departamento de Contabilidade e Atuária, da Faculdade de Economia, Administração e Contabilidade, da USP.

Porém, no quesito qualidade, é preciso "prudência". A relação custo/benefício tem um funcionamento singular. Uma redução de custos na produção e, provavelmente, na "logística", pode reduzir a qualidade, definida como a "conformidade com os desejos do consumidor". Não podemos deixar de observar que a "melhor qualidade" exige a realização de maiores custos. Tal fenômeno — maiores custos, melhor qualidade, preço de venda mais alto, maior volume de vendas, maior receita e finalmente maior lucro — explica melhor a relação custo/benefício. Daí por que temos a obrigação de alertar para a prudência.

A síndrome da economia de palitos

Síndrome é um termo médico. Os dicionários o definem como um conjunto de sinais e sintomas observáveis em vários processos patológicos diferentes e sem causa específica, ou como um conjunto de sinais e características que é revelado em associação com uma condição crítica.

Apelidamos o fenômeno de "síndrome da economia de palitos".

Nas empresas, a gerência, observando certos sinais e sintomas ameaçadores, alguns indefinidos e outros definidos, julga apressadamente que a melhor solução é cortar custos. *Surge a síndrome da redução de custos.* Mas não faz um estudo mais profundo para saber de onde vêm esses sinais. Não sabe exatamente onde cortar os custos. Podemos apelidar essa situação até mesmo de "síndrome da barata tonta", apelido mais claro. Como não sentem firmeza em cortar os custos das operações realmente causadoras dos altos custos, os administradores preferem adotar procedimentos superficiais e inócuos, mas que oferecem um bem-estar psicológico. Tal situação é a "síndrome da economia de palitos".

Em um ambiente doméstico, é bem mais fácil identificar a "síndrome da economia de palitos". Os gerentes (marido e mulher) percebem uma crise econômica capaz de afetar sua sociedade familiar. Inflação fora de controle, aumento salarial de 0,1%, impostos subindo, desemprego aumentando, gastos do governo cada vez mais altos, sem a melhoria na distribuição de renda. Tais fatos caracterizam uma provável condição crítica que traz insegurança. Os administradores do núcleo familiar passam a adotar procedimentos para a redução de custos. Os custos serão o reflexo dessas atividades e ações. É muito comum acabar com certas atividades e ações como diversões, compras de roupas e de calçados, telefonemas, o que pode trazer alguma diminuição nos gastos, mas certamente vai afetar as condições sociais e morais da família.

Tanto na empresa quanto na família, o procedimento mais simples é cortar gastos. Mesmo que esses gastos não sejam supérfluos, seus cortes não trazem resultados significativos. É o que todos chamam de "economia de palitos". O benefício dessa redução de gastos somente se revela após algum tempo, enquanto a insatisfação aparece imediatamente.

Por exemplo, algumas empresas estabelecem, sem estudo mais profundo, procedimentos de vigilância e revista durante a saída dos funcionários. É uma ação constrangedora, além de atrasar toda a movimentação. Trabalhamos, certa vez, como consultores externos de uma grande revendedora de materiais de construção em uma capital do Nordeste. Perguntando ao proprietário/diretor o que se fazia para impedir que os funcionários subtraíssem peças e materiais dos estoques, ele cobriu os olhos com as mãos e disse: "eu nem olho". Era uma política que influenciava de maneira positiva a satisfação dos empregados. Decerto, havia subtrações. Mas eram de pequena monta. O custo/benefício de uma medida mais rigorosa de controle seria, seguramente, desfavorável.

Em outra grande empresa em que trabalhamos, os funcionários eram revistados, incluindo os porta-malas de seus veículos. Até mesmo os funcionários de cargo de gerência. Nunca se achou nada. A diretoria suspendeu a investigação diária passando para alguns dias incertos. Nem assim, nada foi apurado. Finalmente, o procedimento foi abortado.

Outras empresas, no afã de reduzir custos, controlam o consumo de alguns itens de material de escritório. É uma medida de difícil controle. Nas grandes empresas, é comum haver um almoxarifado central, responsável pelo controle da saída de itens, quaisquer que sejam, não importando os valores, por meio de requisições assinadas por gerentes autorizados. São vários setores, departamentos e diretorias. Em cada uma dessas diversas unidades organizacionais, sempre há um funcionário encarregado de retirar do almoxarifado uma certa quantidade que, presumidamente, vai ser consumida em 15 dias, por exemplo. Esse encarregado, naturalmente, tem a chave de um armário ou de um depósito especial para guardar o material requisitado. À medida que os demais funcionários da unidade precisam do material, solicitam-no ao encarregado por esse pequeno almoxarifado. Imagine o trabalho exigido por essas manobras, o tempo perdido, as discussões irritantes e inócuas, os mal-entendidos insolúveis, as queixas sem respostas. Uma série de conseqüências envolvendo custos muito maiores do que os custos dos materiais que estão sendo usados.

Mais um exemplo de nossa vida profissional: trabalhamos como contadores de custos em um setor de produção que ficava longe do almoxarifado central. Para evitar a perda de tempo — e dinheiro —, alguém autorizado pelo engenheiro-chefe buscava por meio de uma única requisição, bem detalhada, uma quantidade de materiais e peças diferentes para compor um almoxarifado menor localizado estrategicamente ao lado do processo de produção. O grande problema, para nós, com certeza, era a falta de controle das retiradas desse almoxarifado intermediário, pois não perdíamos tempo preenchendo requisições que definissem para que tipos de produtos e serviços os materiais e as peças estavam sendo aplicados. Esse procedimento, decerto, diminuía o tempo para buscar os materiais e as peças a todo momento de um almoxarifado central longe da área de produção, mas o descontrole do consumo desses materiais e peças era enorme e causava graves danos no preparo das informações gerenciais de custos.

Todo e qualquer aviso de um provável programa de redução de custos traz insatisfação e insegurança por parte dos funcionários, principalmente daqueles que ocupam posições de chefia. Nesses casos, é preciso que se faça uma análise bem cuidadosa dos prováveis resultados negativos em termos de insatisfação e de baixa do moral dos funcionários.

Analisar a relevância das atividades, ações, decisões e operações

Muitas empresas têm um conjunto enorme de órgãos qualificados como de atividades-meio. Enorme, sim, pois têm tamanho desproporcional às suas necessidades. Em muitos casos é um "aleijão". É como se o "rabo do cachorro balançasse o seu corpo". Esse conjunto deve ser reduzido até chegar a um tamanho adequado ao funcionamento da empresa. É o que os cientistas da administração caracterizaram, há alguns anos, como *downsizing*, que pode ser traduzido como "redução de estruturas". Nesse aspecto, a empresa tem espaço para realizar uma consistente redução de despesas. A análise das despesas administrativas deve ser cuidadosa e revestida de bom senso. Se assim se fizer, os resultados dos procedimentos de redução de custos e do conseqüente estabelecimento e funcionamento dos instrumentos de controle permanecerão muito favoráveis. Não confundamos, porém, *downsizing* com reengenharia. São procedimentos diferentes, embora no primeiro momento possam passar a idéia de que são semelhantes, uma vez que os propósitos são os mesmos. O significado de reengenharia faz com que o modelo seja mais radical em termos de mudanças organizacionais. A reengenharia se compromete em "derrubar um edifício e fazer um novo" para que a empresa enfrente com desenvoltura os novos cenários econômicos globais.

É quase sempre perigoso esticar a prática de reduzir custos em setores das atividades-fim. Resultados desfavoráveis são muito comuns.

As organizações são como organismos vivos. *Gordura em demasia faz mal.* A redução de custos e despesas é uma forma de cortar gorduras em excesso. Encontramos, outro dia, lendo aquelas revistas velhas expostas nas salas de espera de consultórios médicos, o termo "dislipidemia". Seu conceito se encaixa no nosso problema. O grande volume de gordura pode, com muita freqüência, causar uma doença chamada "aterosclerose". É interessante observar os procedimentos adotados em outras ciências e adaptá-los aos problemas organizacionais. Despesas e custos em excesso devem ser examinados, pois são o "colesterol ruim".

Para o caso dos seres vivos, entretanto, já existem pesquisas médicas relatando *os efeitos benéficos da gordura.* Os japoneses identificaram uma proteína segregada por células gordurosas de efeitos benéficos. Essa proteína se chama adiponectina e tem ação antiinflamatória e antiaterogênica. Em suma, a tão abominável gordurinha produz uma proteína que ajuda a evitar doenças cardíacas ("Os efeitos benéficos da gordura", de Luciana Bahia, em *O Globo*, 5 jun. 2005, p. 70). Achamos o resultado da pesquisa muito estimulante, em todos os sentidos. Talvez existam, dentro do organismo empresarial, certas "proteínas" relacionadas à "gordura organizacional" benéficas ao funcionamento das empresas. Outra reportagem, apresentada no *Jornal do Brasil* de 7 de junho de 2005, intitulada "Prevenção: gordura deixa de ser apenas vilã", a autora Cláudia Bojunga chama a nossa atenção para as mesmas pesquisas. Utilizamos esses alertas como analogias para que os contadores de custos e os administradores estudem com mais vagar certas reduções da estrutura e de operações.

Assim como os médicos dispõem de uma série de medições, resultados de intensos (e extensos) estudos estatísticos para auxiliá-los a diagnosticar certas enfermidades, agindo como ratificação de sinais e sintomas que o organismo humano dispara, os contadores de custos, em conjunto com os administradores das áreas operacionais, sobretudo ligadas à fabricação, precisam estabelecer constantemente indicadores, de preferência físicos, para melhorar o controle sobre custos e despesas.

Muitos dos problemas existentes são genéticos, de nascença. Mesmo em empresas. Quando as empresas são estabelecidas, quando os processos fabris são implantados, quando os desenhos dos produtos são criados, a administração e os contadores de custos devem ficar atentos para visualizar, por meio de simulações, mesmo que não experimentais (isso seria melhor), alguns prognósticos desfavoráveis. A medicina faz hoje exames pré-natais que podem sugerir problemas futuros. São procedimentos preventivos. Por que a administração de custos e despesas nas organizações ainda não chegou a atingir tal patamar? Segundo Adizes (1990:17):

> No decorrer de vários milhares de anos a medicina desenvolveu instrumentos de diagnósticos e terapêutica para o tratamento dos sistemas orgânicos. Já os instrumentos de diagnóstico e tratamento da psique humana têm uma história mais recente. E os instrumentos para diagnosticar e tratar o comportamento das organizações para modificar a sua cultura e sua consciência ainda estão na infância.

Estamos certos de que contadores e administradores estão trabalhando para atingir esse nível. Não temos dúvida de que muitos estudiosos já deram notáveis colaborações nesse sentido, tanto no Brasil quanto em outros países.

No dia 10 de janeiro de 1999, o *Diário de Pernambuco*, na página 5 do seu "Caderno Vida Urbana", apresentou uma reportagem interessante sobre a quantidade do efetivo da Polícia Militar desenvolvendo serviços administrativos internos em lugar de estar atendendo serviços-fim para a realização dos quais a polícia fora criada. O título da reportagem era revelador: PM tem 39% do efetivo fora das ruas.

Trouxemos essa informação para iniciar outro tópico: é sempre bom acompanhar as várias proporções entre as despesas administrativas e os custos das áreas operacionais diante das receitas operacionais. Não só as proporções em termos monetários como também em termos físicos.

Há alguns anos, estourou um enorme escândalo envolvendo o Laboratório Farmacêutico Enila. A gerência do laboratório trocou uma substância existente em um dos medicamentos por uma outra substância que fez muito mal aos pacientes. A troca talvez tenha sido feita com a finalidade de reduzir os custos de produção. Foi um engano fatal. A nova substância, talvez de menor custo, causou danos sérios aos pacientes. Houve diminuição de custos, mas a um custo (preço) enorme e irreparável. Podemos intitular essa façanha de "feitiço contra o feiticeiro". Algumas providências de redução de custos precisam ser bem analisadas.

A gerência de uma clínica no interior de Pernambuco tomou uma diretriz desastrosa em termos de redução de custos. Por ser um equipamento caro, ao fazer a instalação, deixou de analisar a água que fazia uma certa depuração nos serviços de hemodiálise. Essa medida objetivando não aumentar os custos custou (causou) a morte de diversos pacientes. Na área médica acontece com freqüência casos da luta infernal "custos contra custos".

Em outra capital do Nordeste aconteceu um caso curioso nesse mesmo contexto: era uma clínica de análises com aparelhos de alta tecnologia. Uma das prioridades na construção da clínica foi o luxo exuberante e até extravagante ante a maioria das clínicas da região. Certo dia, um paciente idoso, que havia tomado um contraste de gosto intragável, esperava há mais de 30 minutos a chamada para enfrentar uma cansativa tomografia. De repente, faltou energia na região. Os modernos aparelhos deixaram de funcionar. A energia só voltou depois de 40 minutos. Queixas por todos os lados. Uma bagunça. O idoso precisaria esperar mais duas horas para tomar outra dose cavalar do contraste branco, pastoso, difícil de engolir. A clínica luxuosa não tinha um gerador próprio para atender a essas situações tão comuns na cidade. É mais um exemplo de "economia de palitos": uma economia de gastos causadora de grandes prejuízos como a insatisfação dos clientes.

Uma boa alternativa: a terceirização verdadeira

No início do mandato do ex-presidente Fernando Collor, o governo, na ânsia de "fazer bonito", resolveu "terceirizar" o uso de veículos, carros de autoridades, ônibus para funcionários, caminhões e kombis para serviços menores e ligeiros. "Picado por um inseto malvado", o presidente resolveu, de repente, pôr à venda a maior parte da frota de veículos do governo e contratar os serviços oferecidos por fornecedores especiais. Foi uma grande empreitada de cunho meramente político. Tanto que os governos estaduais e municipais da época adotaram a mesma providência, sem estudo algum. Foi uma "farra" em todo o Brasil. Em poucos meses, verificou-se que a terceirização era muito mais cara e os governos readquiriram suas frotas, contratando mais pessoal e criando mais oficinas.

A terceirização verdadeira, bem analisada, é de grande valor em todos os sentidos. Estamos falando em "terceirização verdadeira" porque, hoje, confunde-se terceirização com a simples, antiga e conhecidíssima rotina de "contratar fornecedores". Contratar fornecedores é mais antigo do que a serra de Baturité, como dizem os cearenses. Terceirizar é uma decisão especial. Só se identifica quando uma empresa deixa de produzir uma peça ou material ou de realizar um serviço para atender necessidades internas procurando melhor preço, melhor qualidade e, finalmente, a redução de custos.

Sugerimos, como ratificação, a leitura da obra *Viva (ou morra) a organização* (Townsend, 1970). Nela, o autor aborda temas como reduzir preocupações, reduzir custos e aumentar a qualidade, procurando contratar externamente uma administração de pessoal, uma administração contábil, o controle do patrimônio, o serviço de limpeza, o serviço de transporte e outros serviços. Uma das preocupações é liberar tempo precioso gasto em administrar certos serviços para se dedicar melhor às operações em que se tem maior competência. Segundo o autor, as empresas devem "atacar" os serviços e as operações em que possuem maior especialização e maestria e devem deixar de "atacar" os serviços e as operações em que possuem menor especialização e muito menos maestria ou competência. Não devem desperdiçar recursos, escassos e dispendiosos, como energia, pessoal, dinheiro e tempo em ações de menor importância. As cobras venenosas sabem que têm um estoque reduzido de veneno. O seu organismo demora muito tempo para recompor o estoque de veneno gasto. Daí porque somente atacarem presas fáceis, com garantia de conseguir um bom alimento. Elas aprendem, desde cedo, a agir com eficiência, sem desperdiçar nada.

A jornalista Miriam Leitão, em sua coluna no Caderno de Economia do jornal *O Globo* de 13 de maio de 2005,[16] relaciona nosso tema à administração publica. O título do texto é "Contas do governo":

> No Fórum de Velloso, o tema foi objeto do debate e os ministros do governo Lula se defenderam atacando (...) Disseram que o governo Fernando Henrique é que errou ao terceirizar demais, e estão apenas preenchendo os cargos com funcionários em vez dos contratos de prestação de serviços (...) o argumento de que trocar funcionário terceirizado por servidor contratado é a mesma coisa seria perfeito se o Brasil tivesse feito uma reforma administrativa que permitisse ao governo, como empregador, demitir. Seria também perfeito se tivesse havido uma reforma da Previdência que igualasse direitos de empregados do setor público e do setor privado.

Familiaridade: uma alameda de duas mãos

Em qualquer circunstância, a gerência deve estar sempre familiarizada com os pormenores das operações (fim e meio). Os responsáveis pelas operações devem estar cientes das diretrizes e dos objetivos propostos pela gerência. Pode parecer óbvio, mas não é a realidade. Se, na verdade, é óbvio, então, mais do que nunca, a gerência e os seus subordinados devem ficar atentos, pois o óbvio passa, muitas vezes, despercebido. É necessária grande interação entre administradores e funcionários. Se os indivíduos desses dois grupos interagirem no sentido de tentar

---

[16] No Caderno de Economia do mesmo jornal, há a manchete "Governo analisa substituição de terceirizados", pois se percebe que o custo seria mais alto do que o custo de funcionários públicos concursados.

alcançar o mesmo objetivo, os estudos, a análise e o controle das atividades de redução de custos serão realizados com maior eficácia e eficiência. Deixamos para os estudiosos e interessados no tema deste capítulo a sugestão de refletirem na importância da familiaridade, denominada por nós "uma alameda de duas mãos". Para nós, é evidente que a gerência entenda os meandros e as particularidades das operações tanto quanto possível e que o pessoal das operações entenda o que a gerência necessita.

De modo geral, entendemos que deve haver harmonia no "dueto" formado pelo conjunto "chefias e seus subordinados".

Conclusões

O tema é amplo. Um capítulo não cobre todos os aspectos relacionados à atividade de "redução de custos". Conseguimos desenvolver um resumo, quase uma resenha e talvez uma pequena dissertação, mostrando alguns dos principais pontos dessa atividade. Partimos, como não poderia deixar de ser, de uma apresentação dos conceitos e das definições da decisão de reduzir custos e despesas. Vimos o relacionamento do trabalho de redução de custos em especial com outras manifestações da gerência como a "racionalização", o "*downsizing*" e a "reengenharia". Discutimos a participação de certas funções como a "gerência", a "contabilidade de custos", a "auditoria interna" e a "consultoria externa". Indicamos os locais propícios para receber uma atenção permanente por parte do contador de custos e da gerência. Tais locais constituem, na verdade, o conjunto das atividades operacionais tanto de fabricação quanto da realização de serviços. Existem também campos propícios para se fazer redução de custos tanto na área administrativa e financeira quanto na área comercial. Vamos continuar, em outros livros, apresentando algumas facetas da redução de custos como a base necessária para iniciar e manter, de modo profícuo, essa atividade — o conjunto de medições, como a descoberta, a definição e o controle dos custos "ocultos", entre eles, aqueles que denominamos "custo Brasil" — e apresentaremos casos reais e estudos que irão, com certeza, ampliar este primeiro livro. Um dos pontos principais relacionados à decisão de "reduzir custos" se refere aos cuidados que os administradores e os contadores de custos devem tomar. Eles devem sempre agir com muita prudência. Em seguida, vamos apresentar certos casos onde a "redução de custos" não foi favorável em termos globais. De qualquer modo, acreditamos que, com este livro, passamos para os contadores e para os administradores alguns conceitos básicos, certas reflexões e indicações práticas para iniciarem um trabalho permanente de redução dos custos.

Referências

ADIZES, Icka. *Os ciclos de vida das organizações.* Como e por que as empresas crescem e morrem e o que fazem a respeito. São Paulo: Pioneira, 1990.

ARAUJO, Francisco José de. Auditoria interna: o que é e para quê? *Revista Brasileira de Contabilidade*, n. 114, 1998.

ARGYRIS, Chrys. *Dicionário de administração*. São Paulo: Atlas, 1988.

ARNOLD, J. R. *Administração de materiais* — uma introdução. São Paulo: Atlas, 1999.

ATKINSON, Anthony et al. *Contabilidade gerencial*. São Paulo: Atlas, 2000.

ATTIE, William. *Auditoria interna*. São Paulo: Atlas, 1998.

BORNIA Antonio Cezar. *Custos* — aplicação em empresas modernas. Porto Alegre: Bookman, 2000.

CARDOZO, Julio Sergio. Auditores em xeque. *Gazeta Mercantil*, 28 fev. 2002.

CARVALHO, Denise. O triunfo do design. *Exame*, ed. 855, ano 22, p. 110-114, 9 nov. 2005.

COLLINS, James C.; PORRAS, Jerry T. *Feitas para durar* — práticas bem-sucedidas em empresas visionárias. Rio de Janeiro: Rocco, 2000.

CORCORAN, Wayne. *Cost accounting* — analysis and control. New York: John Wiley, 1978.

CUSTO ELEVADO. *O Globo*, p. 6, 3 ago. 2006. Opinião.

DAVIS, Mark M.; AQUILANO, Nichols J.; CHASE, Richard B. *Fundamentos da administração de produção*. 3. ed. Porto Alegre: Bookman, 2001.

DUDICK, Thomas S. *Controle de custos industriais*. São Paulo: Atlas, 1977.

EBHKER, Calvin. *Managerial accounting*. 3. ed. Homewood, Ill.: Irwin, s.d.

ELDENBURG, Leslie G.; WOLCOTT, Susan K. *Cost management* — measuring, monitoring and motivation performance. New York: John Wiley & Sons, 2005.

    Esse livro está sendo traduzido pela Livros Técnicos, Rio de Janeiro, para ser editado em 2007.

FORD, Henry. *Today and tomorrow*. London: William Heinemann, 1926.

FURTADO, José Maria. Abaixo os custos burros. *Exame*, p. 143, 9 ago. 2000.

GAITHER, Norman; FRAZIER, Greg. *Administração da produção e operações*. 5. ed. São Paulo: Pioneira, Thomson Learning, 2001.

JACOBSEN, Paulo. *Custos, otimização e produtividade*. Rio de Janeiro: COP, 1988.

KLOTZEL, Ernesto. Pneus feitos para voar. *Ícaro*, n. 261, p. 22, maio 2006.

LEONE. George S. Guerra. *Custos*: planejamento, implantação e controle. São Paulo: Atlas, 2000.

_____; LEONE, Rodrigo José Guerra. *Dicionário de custos*. São Paulo: Atlas, 2004.

MAXIMIANO, Antônio César Amaru. *Teoria geral da administração* — da escola científica à competitividade nas economias globalizadas. 2. ed. São Paulo: Atlas, 2000.

McCONKEY, Dale D. *Gerência por objetivos*. Rio de Janeiro: Expressão e Cultura, 1972.

MEREDITH, Jack R.; SHAFER, Scott M. *Administração da produção para MBAs*. Porto Alegre: Bookman, 2002.

NASCIMENTO, Jonilton Mendes do. *Custos* — planejamento, controle e gestão na economia globalizada. São Paulo: Atlas, 2001.

NESKEN, Brian H.; BEGGALEY, Bruce Lean. *Management accounting*. BMA, Inc., 2004. Disponível em: <www.nesken.com>.

NUZZI, Ronaldo. *Redução de custos*: fazer ou morrer. Vídeos Empresariais Mabra, Mabra Grupo Empresarial, Porto Alegre. Disponível em: <mabra@zaz.com.br>.

PEREZ Jr., José Hernandez; OLIVEIRA, Luís Martins; COSTA, Rogério Guedes. *Gestão estratégica de custos*. São Paulo: Atlas, 1999.

PESSOA, Fernando. Para que serve um auditor? *O Estado de S. Paulo*, 18 maio 2002.

Análise feita em Portugal no século XX.

O PRÓPRIO RICO BRASILEIRO, *A Tarde*, Salvador, 3 mar. 2002. Caderno 2, p. 3.

RANGEL, A. (Org.). *As mais belas parábolas de todos os tempos*. Belo Horizonte: Leitura, 2002. v. 1.

TOWNSEND, Robert. *Viva (ou morra) a organização*. São Paulo: Melhoramentos, 1970.

VASCONCELOS, Yumara Lúcia; PEREIRA, Anísio Cândido. A importância da auditoria interna no processo decisório das empresas. *Revista Brasileira de Contabilidade*, ano 32, n. 149, p. 65-78, 2004.

WEIGAUDT, Jerry J.; KIESS, Donald E.; KIMMER, Paul D. *Managerial accounting* — tools for decision making. New York: John Wiley, 2002.

ZIMMERMAN, Jerold L. *Accounting for decision making and control*. New York: Irwin McGraw-Hill, 2000.

12º Mandamento

Fique atento ao custo Brasil

A atividade empresarial e algumas situações a ela ligadas produzem gastos, despesas e, finalmente, custos, de maior ou menor dificuldade de identificação. Ao identificá-los, podemos classificá-los, registrá-los, medi-los, analisá-los, administrá-los e, possivelmente, reduzi-los. Porém, tal identificação não é simples, tanto para os custos visíveis, quanto para os invisíveis. Os custos visíveis são identificados e registrados como reflexos diretos de alguma ação ou decisão gerencial, ou até de alguma disfunção empresarial. Mesmo assim, podem ser de difícil determinação, medição e/ou controle. Por exemplo, os desperdícios de recursos de qualquer natureza, os produtos e serviços defeituosos e a capacidade instalada ociosa. Entretanto, tais custos já ocupam espaço conhecido nos estudos acadêmicos e nos manuais técnicos profissionais. Já os custos invisíveis, também chamados de ocultos ou escondidos, são de difícil caracterização e definição, pois possuem uma natureza especial: são, muitas vezes, resultado de ações tomadas por agentes estranhos à empresa. Assim, como é possível percebê-los e medi-los? Tomemos, por exemplo, o tempo perdido na entrega de um produto ao cliente. Esse tempo gera custos de vários tipos, que não são, normalmente, definidos, medidos e, muito menos, administrados. É preciso que o "dueto harmonioso", formado pelo contador de custos e pelo gerente, se esforce nesse sentido. É uma questão de "gestão de custos" e, não apenas, de "contabilidade de custos": administrar custos é uma tarefa conjunta entre a contabilidade de custos e as gerências de todas as atividades, sejam elas operacionais ou administrativas.

Os custos que discutiremos neste capítulo são reflexos da "sociedade perversa", entenda-se Brasil, na qual a empresa está inserida. Os resultados provenientes dessa "perversidade" precisam ser controlados e atenuados.

Reiteramos que alguns dos custos que formam o coletivo "custo Brasil" raramente são identificados com alguma certeza, pois decorrem, muitas vezes, de agentes externos. O controle se torna difícil, mas não impossível. Precisamos defini-los, classificá-los e analisá-los corretamente, para empregá-los como alertas para ações gerenciais, melhorando, assim, o planejamento, o controle e o desempenho das empresas.

O que dizem por aí

Navegando pela internet, encontramos inúmeras referências à expressão "custo Brasil". De maneira geral, tal expressão é utilizada para generalizar alguns fatores desfavoráveis à competitividade das empresas sediadas no Brasil, independentemente das mesmas. Por exemplo, a estrutura tributária, que onera desnecessariamente algumas exportações, os encargos sociais, supostamente maiores que no exterior e os custos com transportes terrestres, portos, cujo estado de deterioração está hoje elevado em função da insuficiência de investimentos públicos em infra-estrutura desde o início dos anos 1980 (Nery, 2006).

O site Wikipedia define "custo Brasil" como o

> termo genérico, usado para descrever o conjunto de dificuldades estruturais, burocráticas e econômicas que encarecem o investimento no Brasil, dificultando o desenvolvimento nacional, largamente usado na imprensa, fazendo parte do jargão econômico e político local (...) apesar da prevalência do termo, não há um indicador específico associado ao conceito. O termo é usado geralmente de forma qualitativa, sendo impossível quantificar de forma exata quando representa o custo Brasil.

E apresenta os seguintes exemplos:

- manutenção de taxas de juros reais elevadas;
- *spread* bancário exagerado;
- baixa eficiência portuária, com taxas elevadas e tempos de carga/descarga excessivos;
- burocracia excessiva para importação e exportação, dificultando o comércio exterior;
- carga tributária excessiva;
- custos trabalhistas excessivos, devido a uma legislação trabalhista obsoleta;
- altos custos do sistema previdenciário;
- legislação fiscal complexa, dando margem a subterfúgios que tornam as operações desnecessariamente complexas e arriscadas.

Resumo dos principais fatores que influenciam positiva e negativamente o custo Brasil

Item	+	-	Comentários
Câmbio e inflação	Manutenção do dólar e inflação baixos	Inflação e dólar em alta	Preços maiores, mercado consumidor menor
Preço da mão-de-obra	Barata	Cara	Maiores ou menores custos
Recursos naturais e insumos	Facilidade de obtenção	Dificuldade de obtenção	Maiores ou menores custos
Taxas de juros	Baixas	Altas	Financiamento da produção
Mercado consumidor e distribuição de renda	Mercado amplo e boa capacidade de consumo	Mercado restrito e baixa capacidade de consumo	Mais consumidores e boa distribuição de renda, maior mercado consumidor
Capacidade de entrada no mercado e privatização	Demanda grande e concessões públicas	Demanda pequena ou sem concessões	Mercado saturado, entrada mais difícil. Privatização abre portas
Reforma tributária	Velocidade das votações e concretização da reforma	Morosidade	Uma carga tributária alta, no Brasil, aumenta os custos e desanima o empreendedor
Política de subsídios	Vantajosa	Ausente ou fraca	Venda certa ou insumos e juros mais baratos
Risco Brasil	Baixo	Alto	Influencia na decisão do estrangeiro investir
Infra-estrutura: portos, estradas, fretes, energia	Situação ótima, boa, regular	Situação ruim, precária	Infra-estrutura precária: inibe investimentos

Fonte: Site do Espaço Acadêmico.

Custos da segurança industrial

A segurança industrial é um conjunto de atividades existentes há muitos anos. Atividades necessárias. Seus custos são diretos e indiretos. Quando diretos, são fáceis de registrar, controlar e administrar. Nesse caso, é possível planejá-los, para manter a empresa dentro dos padrões de segurança desejados.

No entanto, os acidentes acontecem.

O caso a seguir já está registrado neste livro. Achamos interessante reproduzi-lo, por causa de seu desfecho.

Trabalhamos, certa vez, em uma empresa industrial onde o órgão responsável pela segurança de vidas, equipamentos, instalações e, sobretudo, dos produtos (de alto valor) fabricados, organizou um concurso, amplo e irrestrito, com prêmios muito atrativos, do qual poderiam participar os funcionários e seus parentes e amigos. O objetivo do concurso era a criação de uma espécie de lema ou *slogan* capaz de evidenciar a importância da segurança no trabalho. O vencedor, muito aplaudido, foi um jovem de 14 anos, filho de um dos operários, com a seguinte frase: "Acidente só geográfico".

Sabemos que os custos necessários para bons padrões de segurança são altos. Em contrapartida, sabemos também que os acidentes causam custos muito mais contundentes. Não só pelas perdas materiais, mas pela morte de seres humanos. Vidas cujos custos não podem ser mensurados e nem nunca poderão.

É evidente que as empresas, principalmente na administração pública, têm se preocupado bastante com a segurança de seus equipamentos, de suas instalações e de seus empregados. Existem comissões, campanhas e outros componentes organizacionais que planejam e controlam as atividades de segurança. Todos com bastante eficácia. A vigilância é constante: os que comandam os equipamentos são muito bem treinados, as instalações são mantidas em bom estado de conservação, os sintomas e sinais de prováveis acidentes são analisados e as correções são feitas imediatamente... Entretanto, acidentes acontecem, muito embora "somente os acidentes geográficos sejam aceitáveis". Vide o caso recente da plataforma P-36 da Petrobras, afundada na Bacia de Campos, levando consigo nove operários. O prejuízo direto contabilizado foi de US$ 500 milhões. Na verdade, o preço da plataforma. Mas, o que dizer dos custos invisíveis? Devem ter somado mais de 10 vezes esse valor, sem incluir o "valor" inestimável das vidas daqueles operários.

Os custos da segurança industrial podem ser divididos em dois tipos: no primeiro, inserimos os custos da implantação e do funcionamento das campanhas e os custos da organização para a prevenção de acidentes. Fazem parte do segundo tipo os custos resultantes de um acidente, qualquer que seja. Estes últimos são, normalmente, bem maiores do que os custos do primeiro grupo. Apesar disso, não são contabilizados, até porque alguns prejuízos ou perdas são de natureza qualitativa. De qualquer modo, os administradores e os contadores de custos precisam quantificá-los, se não monetariamente, pelo menos fisicamente.

Custos da segurança particular

Em todo o mundo, vivenciamos tempos caracterizados pela violência sem controle. Nesse exato momento (final de 2005), enquanto preparamos este capítulo, acontece na França uma revolta civil tão grande e inesperada que, às vezes, pensamos ser o resultado de ações de vândalos, existentes apenas em filmes de ficção científica.

No nosso país, infelizmente, também temos violência. Muito embora os fatores e atores sejam diferentes. Os aparelhos formais de segurança não conseguem evitar a violência. Por outro lado, os indivíduos e as empresas precisam se defender. Para suprir a falta de segurança, contratam sistemas cujos custos são enormes. Alguns desses custos podem ser classificados como "custos Brasil visíveis", pois são identificados, registrados e desembolsáveis, como qualquer outro custo dessa natureza. Outros, resultantes da situação de insegurança, não são identificados, nem registrados, embora sejam previstos, mesmo que estimados com pouca certeza.

A seguir, levantamos três reportagens sobre o assunto que nos chamaram a atenção.

Manchete do jornal *Folha de S. Paulo*, de 20 de maio de 2006: "Crime contra a economia", do professor Gesner Oliveira:

> Em classificação de 117 países, elaborada pelo Fórum Econômico Mundial que avalia os fatores negativos que influenciam a competitividade, dos menos afetados para os mais afetados, o Brasil está na 99ª posição em relação ao crime organizado e na 107ª posição em relação aos custos das empresas gerados pelo crime e pela violência (...) Segundo o Banco Mundial, as empresas brasileiras incorrem em custos de segurança privada (equipamentos, alarmes, trancas, entre outros) de 1,4% das vendas, quase o dobro da média dos países da OCDE. Além disso, as perdas advindas de roubos, vandalismo, incêndio e outros crimes representam 0,4% das vendas, mais do que o triplo de países emergentes como a China (0,12%) e o Chile (0,19%) (...) O crime constitui mais um inibidor do empreendedorismo. Quantos pequenos e médios empreendedores são obrigados a vender os seus negócios por problemas de segurança? Uma grande empresa faz seguros e monta um exército privado. Os custos da segurança privada vão cair em cima dos preços. Os pequenos e médios empresários gostariam muito de passar para os preços os custos da segurança privada. Acontece é que não podem. Não podem concorrer com os seus competidores no mercado; talvez possamos comparar a um círculo vicioso.

O jornal *O Globo*, nos dias 29 e 30 de maio de 2005, respectivamente, apresentou uma matéria em duas partes, intituladas "Bico de alta patente" e "O gasto do estado com segurança privada dobra". A primeira foi realizada pela jornalista Elenice Bottari, e a segunda, realizada com a colaboração do jornalista Ronaldo Braga. Vale ressaltar que, na segunda parte, ao mencionarem "estado", os autores se referem ao estado do Rio de Janeiro. Na verdade, a matéria estuda o gasto com as empresas particulares, especializadas em segurança privada, que protegem o patrimônio público (bens de estatais, de hospitais, de museus, de jardins, de praças, de monumentos e de outros dessa natureza). O governo estadual gastou em 2004 mais de R$ 24 milhões. Já a primeira parte se preocupa com os montantes gastos pelo governo estadual e com a legalidade (ou ilegalidade) dos policiais militares, desde a mais alta patente até o simples policial, como vigilantes ou mesmo como donos de empresas particulares de segurança. Segundo a mesma matéria, seria melhor que o policial militar estivesse exercendo as funções para as quais foi recrutado, como o policiamento ostensivo nas ruas.

O debate é interessante, embora o tema nos pareça mais político do que técnico. *O Globo* de 31 de maio de 2005, na seção "Cartas dos Leitores", traz algumas opiniões interessantes, todas envolvendo o trabalho adicional, chamado de "bico", realizado pelos policiais. Uma dessas opiniões é bastante extravagante, pois compara a situação com a época dos famosos gângsteres nos Estados Unidos.

Voltando ao tema central, não resta dúvida de que os gastos realizados pelas empresas (cinemas, teatros, bancos, condomínios, edifícios, residências, empresas de transportes de carga e de passageiros) para proteger os respectivos patrimônios e serviços devem integrar o coletivo que denominamos "custo Brasil". Esses gastos estão cada vez maiores à medida que falta policiamento militar e civil e a violência vem aumentando. Temos a certeza de que esses gastos são "monstruosos". Outra certeza é o repasse desses custos para o preço final dos serviços e dos produtos. É uma bola de neve.

Por outro lado, há uma vantagem indireta, embora cruel, nesses gastos: a oferta de empregos, diante da redução de postos de trabalho proporcionada pela adoção de equipamentos automáticos. As empresas de segurança privada não deixam de ser uma válvula de escape, embora mínima, diante do espetáculo do desemprego tecnológico. Ou seja, tais atividades dão emprego. *Em termos macroeconômicos, parecem ser benéficas. Eis a crueldade! Eis a tragédia!*

Custos das estradas esburacadas

Quem nunca teve gastos com o reparo (ou compra) de pneus, amortecedores, rodas, estragados pelos buracos que encontramos nas estradas? Avaliem agora o montante gasto pelas empresas de transporte rodoviário e pelas empresas que pagam por esse serviço. Dá para estimar? Quanto custa o atraso nas viagens de caminhões?

O custo do transporte no Brasil é 50% mais caro que nos Estados Unidos e qualquer esforço para reduzir essa diferença dará uma vantagem adicional às exportações do país (*O Globo*, "Opinião", 3 ago. 2006). É óbvio que grande percentual desses custos é resultado dos gastos com o conserto dos veículos, danificados por causa das estradas esburacadas, sem iluminação e sem indicadores. Note-se a crescente quantidade de pequenas oficinas ao longo das estradas. Outro exemplo de consolo perverso.

Aqui cabe uma questão pertinente. Como os governantes tratam o problema das prioridades na pauta das políticas de investimento e de desenvolvimento em nosso país? Para nós, a resposta pode ser dada plagiando Nelson Rodrigues: sentimos uma irresistível vontade de sentar no meio-fio e chorar lágrimas de crocodilo (é uma bela figura literária, mas até hoje não sabemos se os crocodilos realmente choram).

No caso das estradas esburacadas, a tragédia das prioridades é ainda maior. Alguns governos, inclusive o de JK, selecionaram as piores prioridades: o transporte pelas rodovias e o transporte aéreo, ambos absurdamente caros, em detrimento de investir em ferrovias e na navegação marítima e fluvial, que não custariam tanto. Até a década de 1950, o Brasil detinha a segunda maior frota de navios cargueiros do mundo e fazia uso do transporte ferroviário, pelo menos entre as grandes cidades e os sítios de onde provinham os produtos agrícolas. Os governos militares tiveram mais visão: investiram nos estaleiros (que floresceram), na indústria aeronáutica (hoje uma bela atividade reconhecida internacionalmente), na indústria automobilística (embora estrangeira), na melhoria estupenda das comunicações de todos os tipos (vide a melhora inacreditável do funcionamento dos Correios depois dos serviços de consultoria prestados pelos técnicos franceses), no reaparelhamento dos portos e mesmo nas estradas federais (incluindo a ponte Rio-Niterói). Além disso, proporcionaram a construção de gigantescas hidroelétricas e das usinas atômicas em Angra dos Reis (que era um lugar paradisíaco; hoje, todo cuidado é pouco). Houve, é verdade, muita euforia: projetaram a Transamazônica (que ficou pelo meio, embora a metade concluída seja de grande valor) e a Perimetral-Norte (que não saiu do papel). O custo de todos esses aparelhamentos foi enorme e continua nos afligindo.

As estradas estão aí, devemos aproveitá-las, esperando que o governo as conserve "em grande estilo", como costuma falar um amigo nosso. Ou que privatize as principais. Mesmo que só o tempo nos mostre se foi ou não uma decisão acertada.

Custos da burocracia privada

É a burocracia existente no funcionamento das empresas particulares. Parece incrível, mas acontece. A burocracia privada é o resultado da falta de bom senso na administração. Mais adiante, formalizaremos melhor esse aspecto: é uma das situações arroladas no intróito. Burocracia e administração de empresas são duas inimigas figadais e mortais. Não podem ocupar o mesmo espaço. Quando isso acontece, o resultado é explosivo.

Podemos encontrar, sem muito trabalho, exemplos da burocracia empresarial nas páginas dos jornais, sobretudo nas dedicadas às reclamações dos leitores. Não podemos deixar de ler essas reclamações. Sugerimos que tais páginas sejam sempre consultadas. Sobretudo, para conhecermos o outro lado das empresas: o excesso de burocracia e, pior, o tratamento dispensado aos clientes, proclamados como reis, mas, na prática, vistos como inimigos.

Existem empresas que gastam milhões de reais em marketing, enfatizando os cuidados no tratamento dos clientes, e que, de forma inacreditável, não conseguem seguir o que anunciam. Nesses casos, a burocracia é tamanha que os clientes se sentem lesados. Os custos para as empresas assim "burocratizadas", no mau sentido, é muito alto. Infelizmente, não acreditamos que elas se preocupam em controlar esses gastos, nem tampouco em reduzi-los. Esses custos, acreditamos, devem estar sendo repassados aos clientes. É a forma mais fácil, embora perigosa a longo prazo. Para a nossa infelicidade, essas empresas são, na maior parte das vezes, concessionárias do serviço público, tendo algum monopólio sobre os serviços que prestam e, o que é pior, talvez sob o controle de empresas estrangeiras. Algumas delas (telefonia e seguros de saúde), sabemos, são líderes incontestes nas reclamações. Em muitos casos, as reclamações dos clientes se transformam em ações judiciais. Ações que levam tempo, não só pelo número excessivo, superlotando as mesas do Judiciário, como pela quantidade insuficiente de juízes e auxiliares, aliados à própria burocracia enorme da justiça em nosso país.

Custos da burocracia estatal

Benito Paret, presidente do Sindicato das Empresas de Informática do Estado do Rio de Janeiro, em artigo publicado no jornal *O Globo* do dia 25 de maio de 2005, alerta:

> O contribuinte que não queira infringir nenhuma norma, portaria, lei, medida provisória, decreto e outros tantos instrumentos de controle terá de se tornar um leitor assíduo do *Diário Oficial*. Não fará outra coisa senão verificar o que mudou (...) O custo para o contribuinte ajustar-se a esse universo kafkiano é quase tão alto quanto a carga tributária que pagamos em troca de serviços que muito deixam a desejar (...) A burocracia é própria dos Estados autoritários, controladores e corruptos. Quanto mais burocracia, mais corrupção. Quanto mais papel, carimbo, fila e despacho, mais se desenvolve a cultura de criar dificuldades para vender facilidades.

Segundo o vice-presidente do Banco Mundial, em entrevista dada ao jornalista André Lahóz, na revista *Exame*, de 9 de novembro de 2005, o Brasil tem dois grandes desafios. O primeiro é completar o ajuste macroeconômico. Os gastos públicos e os juros são muito altos. O segundo é atacar a burocracia. E continua: "é fundamental facilitar a vida de quem quer fazer negócios, reduzindo a burocracia para abrir ou fechar empresas, pagar impostos, exportar etc. Se é preciso ter regras, por que não fazê-las as mais simples possíveis?"

Os trechos anteriores merecem ser lidos. É claro que todos os brasileiros já sentiram os efeitos da burocracia estatal. Tivemos a oportunidade de morar na França durante alguns anos, quando ficamos sabendo que os franceses acusam a França de ser *le pays du tampon*. Traduzindo: a França é o país do carimbo. Realmente, a França, como um país de cultura latina, ainda tem, em muitas repartições governamentais, esse traço de país burocrata. Toda vez que precisávamos recorrer à burocracia francesa, sentíamos que havia muita papelada, muito carimbo, muita assinatura. Mas, também, sentíamos que não havia nenhum inconveniente em termos de mau atendimento e de demora sem motivo. Os serviços que de precisávamos demandavam um tempo normal, ainda mais para nós, acostumados com *a lentidão torturante e com os obstáculos sem razão da burocracia estatal do nosso país.*

Estamos cansados de ouvir falar dos prejuízos causados pela burocracia estatal. Porém, acostumamo-nos a tolerar esses prejuízos (eles já fazem parte de nossa cultura), tendo em vista *o reconhecimento da função social dos diversos níveis governamentais* (federal, estadual, municipal e das empresas estatais) e dos três poderes, estes teorizados por um francês famoso, o barão de Montesquieu, no século XVIII, cuja arquitetura foi adotada amplamente. Ficamos sabendo, ainda no ensino fundamental, que a função social dos governos, principalmente no Brasil, entre muitos aspectos, era dar emprego à população que não encontrava lugar nas empresas particulares. Hoje, quando as diversas áreas governamentais empregam um grande contingente de funcionários, acreditamos na "função social". Tal idéia talvez seja polêmica, deixemos que os leitores reflitam sobre ela.

Nesse ponto, atingimos sinistro círculo vicioso, muito ligado aos custos da burocracia estatal. Os governos de qualquer nível, de qualquer esfera ou de qualquer área de interesse possuem grandes contingentes de servidores, gastando vultosas quantidades de recursos em salários e benefícios. Esses recursos são provenientes dos tributos, que a todos nós impressionam e pressionam. O círculo vicioso se materializa ao, "quixotescamente" pensando, dizer que há uma redistribuição de renda, que há mesmo aquela função social dos governos. Esse círculo vicioso fica parecendo uma das bases políticas da idéia socialista e, quem sabe, até mesmo paternalista.

Outra função do governo dependente da burocracia diabólica é a arrumação e o controle da sociedade. Desde que nascemos somos "protegidos" pela manopla da burocracia estatal. Certidão disso e daquilo. Carteira de identidade, carteira de contribuinte, carteira de estudante, certidão de que cumprimos com o serviço militar obrigatório, carteira de reservista, carteira de motorista, certidão de óbito, atestados de toda a ordem. E de uns tempos para cá, os recadastramentos inusitados. Lembre-se do recente cadastramento dos idosos aposentados e pensionistas da Previdência Social. Comentava-se, em rodas de amigos, a idéia extravagante de que o ministro da Previdência estava possuído, naquele momento, do espírito de algum famoso e cruel ditador.

A mãe de um amigo nosso era pensionista da Previdência Social. O reconhecimento de que ela estava viva e de que ela era ela mesma costumava ser feito simplesmente pelos funcionários da agência do Banco do Brasil onde mantinha uma conta corrente e, por isso, freqüentemente aparecia na agência. Bastava o testemunho da agência. Hoje, a cada ano, no mês de aniversário, é necessário que o servidor público aposentado (ou pensionista) de universidades federais ou estaduais compareça a uma delegacia do Ministério de Educação, levando os mesmos documentos de sempre, para provar que está vivo. Não importa a idade. Se tiver mais de 100 anos, azar o dele! Quem mandou viver tanto tempo! Ele terá que comparecer. Caso não o faça, não receberá mais a sua aposentadoria ou pensão. A justificativa divulgada por tais "agressões" é o controle dos que já morreram, visto que suas famílias não informam o óbito para continuar recebendo o benefício. Concordamos com esse controle, porém existem outros meios de fazê-lo, sem molestar os idosos. O leitor pode nos fazer uma pergunta pertinente: "o que toda essa história tem a ver com o assunto custos?" Ocorre que os idosos devem se locomover, procurar os documentos, que muitas vezes custa caro em cartórios ou em outras repartições públicas, devem ir acompanhados, muitas vezes por enfermeiros ou médicos. Para atender a toda essa movimentação alguém terá despesas. Dependendo da atividade de quem acompanha o idoso, as despesas serão repassadas para os custos dos produtos que fabrica e vende ou dos serviços que realiza e vende. E, ainda, mais importante: ao gastar tempo, ter desgaste e desgosto, deixa de ganhar dinheiro por não ter produzido e vendido e por não ter realizado o serviço e vendê-lo.

Vamos apresentar outros exemplos.

Implantação (abertura) de uma empresa. Existem os custos diretos (visíveis), como os pagamentos de taxas, de despachantes, se necessário, de preparação da documentação exigida. São desembolsados, portanto registrados, classificados e controlados, até certo ponto. Mas, existe também o tempo gasto, o desgaste e o desgosto. O tempo origina custos, não muito visíveis: ficar em filas, retornar por falta de dados, entre outros. O exercício de paciência dura aproximadamente 152 dias em caso de abertura e é incalculável para o fechamento, segundo o Banco Mundial. Os custos chegam a R$ 2 mil com inscrições em 10 órgãos diferentes nos quais são exigidos cerca de 90 documentos.[17]

Filas intermináveis, insatisfação, impotência para reverter a situação, nervosismo, desconforto, desesperança, ansiedade. Tudo isso causa custos. No mínimo, o dinheiro deixado de ganhar ao ficar esperando atendimento. O problema é medir esses custos. Apesar dessa dificuldade, é preciso que pensemos em uma maneira de determinar esses custos, conhecer suas origens, para melhor controlá-los.

Um amigo nosso obteve, com distinção, o seu diploma de Doutor Nouveau Régime em uma universidade francesa. Voltando ao Brasil, com o "canudo" debaixo do braço, precisou revalidá-lo, embora a universidade do exterior fosse reconhecida pela Capes e a própria Capes tivesse dado uma bolsa de estudos ao nosso amigo. Na verdade, não é culpa da Capes. Não podemos culpar a instituição. Além do mais, a Capes, tão séria e de suma importância para o nosso ensino superior. Os culpados são os funcionários, as autoridades do momento, que dirigem a instituição, mas carecem de "bom senso". Só conseguiu revalidar seu diploma 10 anos após sua volta ao Brasil. Essa demora impediu que nosso amigo fosse admitido em alguns cursos de pós-graduação, impedindo-o, portanto, de faturar. A não

---

[17] Consultem o artigo "A marcha dos impostos", de Marcelo Freitas, na revista *IstoÉ Dinheiro*.

entrada de dinheiro representa ganhos que deixou de receber. Ganhos não recebidos representam prejuízos.

Custos da carga tributária e de outros encargos obrigatórios

Precisamos compartilhar com o leitor uma informação da Abrasel (Associação Brasileira de Restaurantes e Empresas de Entretenimentos), constante do cardápio de um dos restaurantes mais famosos da cidade em que moramos. Era um aviso aos clientes. Um aviso surpreendente, conciso, franco e objetivo, pois apresentava os outros ingredientes do seu prato e do seu *drink*, que você não vê, não come, não bebe, mas paga. São 52 itens que compõem a enorme carga tributária brasileira. Entre eles, ICMS, ISS, Cofins, imposto de renda, contribuição social, taxa de licença, taxa de lixo, contribuição patronal, PIS, INSS, Sebrae, Senac, Sesc, FGTS, vale-transporte, Fesp, salário-educação, afastamento por gestação, Ecad, o IPTU e obrigação de dar uma gorjeta ao garçom. Pelo que temos lido, estima-se que, em um prato no valor de R$ 50, você gasta R$ 25 para comer e R$ 25 por itens invisíveis. Caso você leve esposa e dois filhos, a família comerá R$ 100 e pagará outros R$ 100.

Outro exemplo, bastante revelador, evidencia a falta de bom senso dos que dirigem os Detrans nos vários estados brasileiros. O proprietário paga nos bancos indicados (que, no Rio de Janeiro, são apenas dois) o IPVA anual. Recebe um comprovante e acredita que, simultaneamente, o pagamento é registrado nos arquivos do Detran. Porém, isso não acontece, já que, por ocasião da vistoria anual ou da venda do veículo, o proprietário precisa apresentar o(s) comprovante(s) de pagamento. Difícil de acreditar, mas existe essa imposição. O que equivale a dizer que os Detrans não registram nada. Fica por conta do cidadão apresentar a prova. Quais são os custos relacionados? Ir ao Detran várias vezes, esperar ser atendido, ficar aborrecido, pagar mais taxas, perder tempo. Como, então, o Detran poderia fazer esse controle? Não há necessidade desse tipo de controle, para nós seria completamente desnecessário. Tivemos a oportunidade, há cerca de 40 anos, de morar nos Estados Unidos durante três anos. Lá, compramos dois veículos e nunca fomos obrigados a comparecer ao órgão americano equivalente ao Detran, nem por ocasião da compra e nem por ocasião da venda. Também vivemos por quatro anos na França, a cada ano, precisávamos comparecer a qualquer banca de revistas, botequins ou charutarias, preencher um formulário muito simples, pagar a taxa ao dono da banca que estava responsável pelo recolhimento de nosso formulário e que nos entregava um adesivo de uso obrigatório no pára-brisa. Somente isso e estava feito o controle.

Os tributos são uma carga excessiva nos custos de produção e de serviços. Não há como escapar. É quase impossível produzir quando se pretende observar as normas fiscais e legais. São verdadeiras camisas-de-força.

Algum leitor poderá argumentar com o fato de que os tributos e os encargos são necessários para, em primeiro lugar, pagar os gastos que fazem todos os tipos de governo. A palavra "governo" tem aqui um significado muito amplo. Pode ser federal, estadual ou municipal. Pode ser cada um dos três poderes. Pode até mesmo incluir certas atividades dirigidas por estatais. Acontece que, na verdade, como temos visto e revisto, os gastos não são bem administrados, são desviados para outros fins. Além desse propósito básico de sustentação dos governos, os especialistas, romanticamente, afirmam que uma das finalidades dos tributos e dos encargos é a procura, na verdade muito discreta e fraca, por uma realidade nebulosa chamada de "redistribuição de renda".

Domingo, 10 de julho de 2005, "Caderno de Economia" do jornal *O Globo*, primeira página: "Carga recorde, alimento para o preço alto. Peso de impostos no setor alimentício do Brasil é maior do que em países ricos e emergentes".

O Brasil é o país que mais cobra impostos no setor de alimentos em um *ranking* de 15 países ricos e emergentes. Péssima notícia, já que, segundo especialistas, os impostos elevam os preços dos alimentos, afetando diretamente o bolso das famílias brasileiras. A razão para tanto é que, em geral, os países têm apenas um tributo. Aqui há uma quantidade enorme de impostos. É difícil encontrar um sistema tão complexo quanto o nosso. E, com isso, quem paga a conta é o consumidor, em especial, o mais pobre, alerta o tributarista Gilberto Amaral, presidente do IBPT (Instituto Brasileiro de Planejamento Tributário).

Por exemplo, a carga sobre o macarrão, de 35,20%, em média, é a mesma para todos os brasileiros. Um erro. O impacto do imposto sobre quem tem menos renda é enorme, o que diminui naturalmente seu poder de compra.

Segundo Fernando Gaiger, especialista do Ipea (Instituto de Pesquisa Econômica e Aplicada), "os alimentos correspondem a 1/3 dos gastos das pessoas de baixa renda". Arthur Sendas Filho, membro do Conselho de Administração das Sendas, acredita que os consumidores encontrariam preços mais em conta, caso a tributação fosse menor. Para José Cezar Castanhar, professor da Ebape/FGV, a tributação sobre os alimentos também é um equívoco. Essa taxação alta torna o alimento mais caro, não estimula o consumo e não valoriza uma política de alimentação saudável. O imposto zero sobre os alimentos reduziria a indigência em 24%. Economistas dizem que tal medida estimularia o consumo e a economia.

Segundo o repórter do jornal, "procurada, a Receita Federal não quis comentar o estudo do IBPT". Acreditamos.

Cabe aqui fazer algumas observações em relação a esse estudo. Teoricamente, o estudo e as contribuições dos economistas entrevistados, sempre, em todos os tempos, fazem renascer nossas esperanças de que temos pensadores e principalmente diretrizes para dar ao povo brasileiro o que ele está esperando há 300 anos, pelo menos. Porém, duas reflexões acabam por destruir essa esperança.

Tudo é muito fácil, sempre foi assim, sobretudo no passado. Pergunta-se, então: por que nunca se fez uma redução dos tributos e encargos nos preços dos alimentos? Tivemos sempre, enquanto império e enquanto república, inicialmente nos quatro poderes do governo e depois em apenas três, homens bastante inteligentes, experientes e honestos, mas nunca chegaram perto dessa augusta medida. Nada foi feito apesar de muita discussão.

Os entrevistados que participam da matéria do jornal *O Globo*, como tantos outros que apareceram na mídia, ao longo da história, enquanto atiradores de pedra têm um discurso lindo, mas quando se transformam em vidraça, ou seja, quando estão no governo, mudam completamente de opinião.

Custos da saúde

Existem vários casos. Não apenas aqueles observados e identificados, mas muitos outros como absenteísmo, desperdícios, atrasos, trabalho de má qualidade, gargalos, falta de vontade e falta ao trabalho, principalmente de funcionárias.

Devemos, então, focar nosso estudo nos custos da saúde dentro das empresas: aqueles causados pelas doenças que, com freqüência, acometem o contingente dos funcionários (operacionais e não-operacionais). Tais custos não são visíveis, não são classificados, portanto não são medidos, nem administrados com maior efetividade. Os administradores, em conjunto com o contador de custos, devem estabelecer indicadores e sinalizações bem práticas e de fácil acumulação e controle, sobretudo físicas.

A revista *Exame*, de 28 de fevereiro de 1996, apresentou um estudo interessante chamado "O custo invisível das doenças no trabalho". O estudo se inicia com uma informação de impacto: "as despesas com saúde nos Estados Unidos estão em torno de 1 trilhão de dólares por ano". O que parece ser igual ao PIB brasileiro. É muito dinheiro! Pelo menos para nós, tupiniquins, habitantes de Pindorama. Não acreditamos que as empresas e as pessoas no Brasil gastem tanto dinheiro assim. Infelizmente, no Brasil, ainda não temos muitas estatísticas para serem apresentadas e analisadas. Para se ter uma idéia, se não estamos enganados, algumas das estatísticas mais importantes da macroeconomia brasileira somente começaram a ser coletadas e analisadas a partir de 1945 pelo Ibre da Fundação Getulio Vargas. Atualmente, o IBGE e a FGV fazem um ótimo trabalho. O grande problema é que deveriam ser dois órgãos completamente independentes. Todavia, em certas ocasiões, ficaram manietados pelo governo federal. Hoje (2006), depois de muita "briga" pela independência, o governo petista desejou manietar o IBGE com "mão de ferro" para que divulgasse somente os dados favoráveis. Os desfavoráveis que fossem para o "inferno". Sorte que a sociedade estrilou e a "mão de ferro" se escondeu no bolso, por enquanto.

O estudo referido anota que seu objetivo é chamar a atenção para a importância dos *custos invisíveis* das doenças no local de trabalho, especialmente para os efeitos de diminuição no fluxo de produção. O que se entende por esse objetivo? Sentimos que o estudo está se referindo aos custos que ocorrem nas operações de produção e de serviços (e comerciais, também) que podem (e devem) ser analisados e controlados para que sejam reduzidos cada vez mais. De qualquer modo, os custos, invisíveis ou não, classificados como custos da saúde, em relação às atividades empresariais, são dos mais significativos para a formação do "custo Brasil". Não só pela simples expressão monetária como, e principalmente, pela repercussão negativa em todas as atividades empresariais.

Custos da tecnologia

A tecnologia é, na verdade, uma faca de dois gumes.

Um colega nosso, contador e administrador, trabalhou em uma fábrica de médio porte no subúrbio do Rio de Janeiro por volta dos anos 1960. A fábrica se modernizava. Havia uma informatização com base em máquinas *hollerith*, que empregava cartões perfurados. Os resultados apareciam lentamente, diante da melhor e mais aperfeiçoada tecnologia da informação. O processo era trabalhoso. Precisavam de mais rapidez na preparação de relatórios gerenciais. A IBM estava pronta para lhes dar essa solução. A oficina da IBM ficava no centro da cidade do Rio e possuía um equipamento mais moderno, de nova geração, que não trabalhava mais com os cartões perfurados. O procedimento passou a ser o seguinte: colocavam toda a documentação do dia em ordem e mandavam, por meio de um de seus veículos, para a oficina da IBM. A IBM levava um dia inteiro para processar a documentação e teria que lhes devolver toda a documentação e os relatórios gerenciais no dia seguinte ao do processamento. Muitas vezes, por vários motivos, o serviço demorava mais do que tinham previsto. Principalmente por causa do trânsito. O custo do processamento da IBM estava saindo mais caro do que o custo do processamento feito nas suas dependências pelo sistema menos moderno, embora o serviço prestado pelos computadores mais avançados da IBM fornecessem relatórios mais aperfeiçoados. Além disso, a fábrica seria obrigada a dispensar 10 funcionários que tratavam os dados nas máquinas antigas. Eram funcionários antigos. A administração superior não estava vendo com bons olhos a demissão desses companheiros de muitos anos. Resultado: os serviços da IBM foram dispensados. E, finalmente, uns dois anos depois, a própria fábrica adquiriu o novo equipamento e "aposentou" as máquinas *hollerith*.

Outro amigo nosso trabalhou numa grande empresa mundial, cujas dependências se localizavam num subúrbio não muito distante da Zona Sul do Rio de Janeiro. Eram 10 diretores americanos, um para cada setor, tanto operacional, quanto administrativo. Esses 10 diretores residiam em edifícios em frente às praias do Leblon, de Ipanema e de Copacabana, com as respectivas famílias. Dois veículos eram o bastante para levá-los pela manhã, bem cedo, para o expediente diário na fábrica. E o mesmo veículo era utilizado para trazê-los de volta ao fim do dia. O diretor que morava mais longe ficava com o carro e era quem o dirigia, quase todos os dias. Cada veículo levava cinco diretores.

Por que contar essa história?

Porque a consideramos um exemplo de aplicação do bom senso gerencial. Com essa ação, eles conseguiam uma grande redução de custos.

Por outro lado, apenas para concluir a história e completar a justificativa de mostrar esse caso singular, esse mesmo amigo nosso trabalhou, alguns anos depois, numa grande empresa genuinamente brasileira. Eram 12 diretores. Cada um deles era servido por um carro confortável, sempre o último modelo, dirigido por um motorista particular. Eram 12 carros e 12 motoristas. Uma espécie de bonificação e, também, de projeção para a empresa e para seus diretores. O custo dessa benemerência era alto. E, com certeza, repassado para o custo dos produtos e dos serviços que a empresa produzia e realizava para a sua clientela. E esta, por sua vez, passava para os custos dos produtos e dos serviços que, do mesmo modo, realizava. E assim por diante.

Algumas observações sobre o JIT (*just-in-time*). O pessoal da área de produção faz questão de afirmar que é uma técnica nova, cuja intenção é melhorar os procedimentos de fabricação. Porém, o pessoal adepto da logística "jura" que é uma técnica pertencente a essa moderna área. Não dá para tratar dessa discussão inócua, embora bastante curiosa. Para nós, o JIT é uma prática bem criativa e suas virtudes são evidentes. Entretanto, ao longo da cadeia produtiva e de consumo, onde existem os fornecedores e os consumidores, haverá sempre alguns "gargalos".

Vejamos alguns exemplos muito simples.

Nos restaurantes *fast-food*, espalhados por todos os lugares do mundo, há sempre, se olharmos a totalidade da cadeia consumo-produção-consumo, alguma demora. A rapidez existente entre o pedido do consumidor e a entrega do pedido pronto para ser consumido parece demonstrar que tudo está perfeito. Acontece que para fazer um *cheeseburger* rapidamente é necessário que todos os seus ingredientes já estejam prontos, nas prateleiras da linha de produção. É necessário que grande parte dos materiais necessários já esteja estocada nas despensas dentro da cozinha. Sabemos que acontecerá prejuízo se a gerência somente acionar a fábrica distante, quando um cliente-consumidor fizer um pedido de um simples sanduíche de atum. Tal situação pode ser perfeitamente estendida para outros tipos de produção.

Quando precisamos comprar urgentemente um livro de pouca circulação, recorremos à internet. A internet é um procedimento real e indispensável. A editora que tem o livro fica a milhares de quilômetros de distância, mas faz a entrega em uma semana. É um tempo tremendamente rápido se nos lembrarmos da realidade de anos recentes. De qualquer modo, uma semana continua sendo uma semana!

Vejamos o que acontece todos os dias nas concessionárias de veículos: raramente, as concessionárias dispõem da peça que o cliente necessita. Há que se fazer o pedido à fábrica, que precisa passá-lo para a produção. Esta última verifica em que tempo poderá fabricar, não uma, mas uma boa quantidade dessa peça de acordo com a programação já estabelecida diante dos seus próprios fornecedores de materiais que têm as mesmas restrições. Quanto tempo o cliente inicial vai esperar pela peça que pediu? Podemos imaginar o que acontece com os motoristas de táxis. Estes não podem parar de trabalhar. Não podem ficar esperando que o espetáculo do JIT se encerre. Sabemos que os motoristas de táxi têm seguros de "lucros cessantes". Mas esse tipo de seguro não é barato. Principalmente, porque, quase todas as seguradoras fazem parte de algum banco poderoso.

Não é nossa intenção "botar areia" no pirão chamado JIT. Queremos apenas incluir na questão o nosso famoso "custo Brasil", decorrente, nesses casos, da falta de comunicação, da burocracia empresarial, dos problemas de trânsito urbano, dos transportes rodoviários, da papelada fiscal, da burocracia bancária e tantos outros empecilhos à implantação vantajosa do modelo JIT.

Custos da falta de bom senso

O bom senso é a varinha mágica de uma boa administração. Sempre ouvimos falar que "administração é 90% bom senso e 10% é técnica".

Em nosso país, poucas vezes os administradores públicos (principalmente estes) e privados agiram com algum bom senso. A falta de bom senso produz, naturalmente, maiores custos. Mais uma faceta do coletivo "custo Brasil".

Para iniciar, pensemos na quantidade inexplicável de registros existentes para pessoas jurídicas e pessoas físicas: CNPJ, inscrição municipal, inscrição estadual, CPF, identidade, carteira profissional, INSS, carteira de motorista, carteira de reservista, carteira de estudante, certidões de nascimento, casamento, óbito. Mais uma quantidade enorme de atestados e declarações. Contratos e distratos. Passaporte.

Existem pessoas físicas que carregam uma bolsa especial para transportar os mais de 50 carteiras e cartões. Se, por descuido, perdem essa bolsa, ficam desesperadas, entre outros motivos, pela perspectiva dos esforços titânicos e das dificuldades hercúleas para conseguir segundas vias de todos os documentos.

Outros só têm um cartão de crédito, uma conta bancária e uma única senha. Fazem todos os esforços e conduzem o pensamento para atingir essa situação finalmente tranqüila. Porém, se costumarem viajar de avião, vão ter cartões de milhagem, cada um deles com números e senhas diferentes. Se têm plano de saúde, mais um cartão diferente com número e senha próprios.

Bem recentemente, o aposentado do INSS tinha uma conta bancária exclusiva, no mesmo banco onde já era cliente antes de se aposentar. Hoje, felizmente, não é mais assim. O bom senso inspirador fez com que os responsáveis pelo INSS pensassem um pouco mais e abolissem toda essa parafernália.

Por incrível que pareça, a falta de bom senso acontece até em empresas pequenas de prestação de serviços, como as locadoras de filmes: cada cliente deve ter um cartão com número diferente e às vezes com dois tipos de senhas. Tais fatos surpreendentes acontecem inclusive nas cadeias gigantescas de supermercados: cada uma das empresas dota seus clientes de cartões próprios de compra. Essa estratégia se repete nas lojas de aparelhos eletroeletrônicos, farmácias, livrarias, óticas e tantas outras atividades.

Custos dos feriados

Por que tantos feriados? Atualmente, várias empresas de atendimento direto ao público não fecham nos feriados. Por exemplo, os mercados, as padarias, os restaurantes, as empresas de transporte. Mas a ECT, imprescindível para o desenvolvimento da nação, não funciona aos domingos. Mais ainda, suspende o funcionamento desde sexta-feira antes do carnaval até a quinta-feira seguinte. São cinco dias em que o Brasil não se corresponde (sem considerar os meios eletrônicos). Como alguns negócios não são realizados, surgem novos custos, além da perda de faturamento.

A administração direta dos governos, Executivo, Legislativo e Judiciário, não trabalha nos feriados. Nem nos "imprensados", entre os feriados e o final de semana. Será que essas atividades não são necessárias? As escolas, de todo o tipo, também deixam de funcionar. Nunca soubemos das razões específicas. Até mesmo as grandes universidades fecham as portas. Quando não é feriado propriamente, mas tem o "cheiro" de feriado, os governos inventaram o ponto facultativo. É um grande sofisma. Contam que um vigilante (daqueles grandalhões sem nenhum vestígio de bom senso) impediu que um funcionário entrasse no Ministério da Fazenda, no Rio de Janeiro, exatamente porque era "ponto facultativo". O funcionário, que necessitava terminar um trabalho urgente, tentou explicar ao guarda o que significava a palavra "facultativo", mas não deu em nada. Na verdade, de acordo com o sofisma, feriado e ponto facultativo, na prática, são sinônimos.

Tem-se em conta que o marechal Castello Branco, no início de seu governo, eliminou uma boa parte dos vários feriados que "pululavam" no calendário brasileiro. Mas a iniciativa durou pouco tempo, aos poucos eles foram voltando e foram sendo criados novos.

De qualquer modo, diante das mudanças globais na economia, muitas empresas, sobretudo as comerciais e algumas de serviço, resolveram não observar a série de feriados. Não há faturamento nos feriados, quando as empresas os observam à risca. Mas os custos fixos permanecem. Os prejuízos aparecem. Podemos afirmar, sem sombra de dúvidas, que tais custos ocultos fazem parte do coletivo "custo Brasil". É um desastre para as empresas.

Os custos da máquina oficial, composta pelos vários níveis e esferas governamentais, continuam acontecendo, mesmo quando paradas artificialmente com os feriados.

Não resta dúvida de que um feriado aqui e acolá é uma válvula de escape para os empregados e funcionários. Quem sabe os feriados sejam benéficos para a produtividade. É uma questão a ser verificada.

Custos do "fantasma" da inflação

O aumento dos preços, a indexação que não foi extirpada e que muito menos saiu da cabeça dos empresários, os juros de 150% ao ano dos cartões de crédito.

Um pouco de história, pela nossa visão.[18] Pode ser que, aqui e ali, os fatos colocados não sejam verdadeiros, mas foi a impressão que deixaram.

Cerca de 10 anos depois do golpe militar, o Brasil conseguiu passar de uma inflação de aproximadamente 100% ao ano para 12% a 15% ao ano. Infelizmente, aconteceu o "choque do petróleo" na metade do ano de 1973, quando a Opep, repentinamente, aumentou o valor do barril de US$ 2 para US$ 32. Nosso país, apesar de todos os esforços sinceros dos vários diretores e funcionários da Petrobras, continuava dependente da compra externa do petróleo. Os gastos com essas compras ficaram insuportáveis. Rapidamente, a inflação se instalou. Com todo o cuidado, o governo Geisel e seu genial ministro da Economia conseguiram uma taxa anual de inflação de 45%. Foi nesse mesmo governo que começamos a produzir álcool na intenção de suprir, pelo menos, as necessidades mais importantes dos fatores que movem a economia. O governo do general João Figueiredo ia satisfatoriamente, até o momento em que o presidente apresentou um problema cardíaco e precisou se submeter a uma intervenção cirúrgica em Cleveland, nos Estados Unidos. Com isso, perdeu totalmente aquele *élan* apresentado desde o começo de seu governo. Os problemas sucessivos se acumularam. A política, com "p" minúsculo, voltou à tona e influenciou, de modo negativo, a nossa economia. A inflação reapareceu, cada vez mais alta, a ponto de abalar tudo o que havia sido feito em termos de desenvolvimento. No período mais grave, em 1988, os políticos (de onde veio essa turma?), reunidos em assembléia, aprovaram a Constituição Federal, denominada "cidadã", mas sem sintonia com os problemas reais de um país pobre, atrasado, desmantelado, cheio de corruptos e corruptores. Tanto que, até hoje, os governantes e o povo sofrido se esforçam, mudando aqui e ali, retocando a Constituição, preparando-a para sustentar a vida de um país imenso e doente. Felizmente, tivemos a sorte de conseguir dois presidentes de boas intenções e dignos que, finalmente, implantaram, em 1994, um plano inteligente para a economia. A inflação há mais de 10 anos está razoavelmente controlada, apesar de sofrer sérios choques externos e, também internos, como a crise política de 2005. De

---

[18] Nossas observações são fruto de nosso entendimento das notícias, artigos e comentários constantes da mídia.

qualquer modo, não há um brasileiro, mais ou menos culto, como não há um empresário, mais ou menos inteligente, que não veja, uma vez ou outra, o fantasma da inflação, pelos corredores. A inflação foi um câncer, foi tratado. Mas, qualquer dor ou mal-estar que o país sente, como qualquer convalescente, começa a preocupar. E passa a fazer exames e testes para ver se o mal maior voltou.

Esse receio constante se traduz no aumento dos preços. Acreditamos no receio das forças livres do mercado. Mas sentimo-nos incapazes de entender os aumentos nos preços de serviços e componentes importantes para o desenvolvimento, muitos deles controlados e regulados pelo governo.

Tudo isso "cheira" a essa anomalia de nosso país que denominamos "custo Brasil". Faz parte da nossa economia.

Custos da corrupção

Vamos nos referir nesta seção, para efeitos de estreitamento do campo de observações, à corrupção de órgãos do governo, de todos os níveis e esferas, de empresas estatais, e de outras instituições de liames especiais com os governos propriamente ditos. Apesar de sabermos que existem casos de corrupção dentro das empresas privadas, eles não "sacodem" os custos, de modo amplo na economia, a menos que aconteçam em grandes empresas, com monopólios significativos.

Para quem nunca esteve envolvido diretamente com órgãos governamentais, é difícil ter certeza se essa onda arrasadora, tipo *tsunami*, é novidade, se é antiga, mas só ficou evidente agora, por causa da transparência geral ou pela força e independência da imprensa, dos organismos policiais e o Ministério Público. Será que isso é tudo produto do governo PT? Vejamos os casos de arrocho no IBGE, da censura na mídia, a tal de Ancinavi, da promoção do presidente do Banco Central a ministro, por meio de medida provisória, para deixá-lo de fora das incriminações e de julgamento. O PT atacou as finanças públicas tal qual uma erva daninha, tal qual uma nuvem de gafanhotos terrivelmente esfomeados.

Segundo constatação[19] de Fernando Almeida, presidente executivo do Conselho Empresarial Brasileiro para o Desenvolvimento Sustentável, "à medida que cresce a corrupção, baixa a produção do país".

"A corrupção não vai acabar", já dizia Domingos Poubel de Castro em palestra no Congresso Brasileiro de Contabilidade, realizado em outubro de 2000, em Goiânia.

Não é preciso empregarmos "provas matemáticas" para sustentarmos que os mais diversos tipos de corrupção aumentam os custos do coletivo "custo Bra-

---

[19] Primeira plenária da Sétima Conferência Internacional e Responsabilidade Social do Instituto Ethos realizada em São Paulo, de 7 a 10 de junho de 2005. Publicada na revista *Razão Social*, de 4 de julho de 2005, encarte do jornal *O Globo*.

sil". Tanto os casos de corrupção escancarados, terminados em "pizza", quanto os casos ainda não divulgados contribuem para o aumento de todos os custos.

Fica o alerta aos nossos contadores de custos e administradores para a necessidade de se definir esses custos, mesmo os provenientes dos casos de corrupção, classificá-los, registrá-los, se possível, e controlá-los. Desse modo podem experimentar a sensação de construir instrumentos gerenciais competitivos, dentro de nossas empresas.

Custos da lentidão da Justiça

Os responsáveis pelo Judiciário sabem das razões para tamanha lentidão. Existem e são reais. Porém, refletem negativamente nos custos da economia.

Como defini-los e quantificá-los?

Alguns poucos são visíveis. Os mais significativos estão escondidos. Quanto custa para uma empresa o tempo de espera por uma decisão judicial?

Os gastos visíveis são conhecidos por todos nós: pagamentos aos advogados, gastos para reunir a documentação, cartórios, deslocamentos, os gastos com as comunicações e outros tantos, perfeitamente objetivos e quantificados.

Os custos invisíveis existem, apesar de estarem escondidos. O desgaste, a expectativa de sucesso ou insucesso, o tempo consumido na sala de espera das audiências, o desespero por causa da demora, impedindo que o empresário trabalhe com a mesma atenção, o que pode causar prejuízos reais.

Concordamos que atualmente está bem melhor. A criação de juizados especiais possibilitou que as lides fossem resolvidas com menor lentidão. No entanto, ainda são poucas diante do grande volume de casos. Uma boa alma de bom senso fez o milagre, teve a idéia, a disposição e a autoridade para implantar ou fazer implantar esses juizados.

A computação melhorou bastante a atividade judicial, no que concerne às respostas para a sociedade. Como sempre achamos, a informática, apesar de cara ainda para muitos, é uma real "fada madrinha".

Cumpre lembrar que não estamos nos referindo aos custos próprios da atividade exercida pelos juízes e todos os funcionários da Justiça, bem como aos gastos com a burocracia, no bom sentido, do trabalho judicial, em termos de instalações, equipamentos, processos, viagens, energia, comunicações, estudos, remunerações diretas e indiretas, representações e todos os custos que fazem a Justiça funcionar. Esses custos estão embutidos no "custo Brasil" via tributos e encargos, pagos obrigatoriamente, até mesmo por quem jamais precisou recorrer ao Judiciário.

Custos da má vontade política

São os custos originados pela omissão do governo. Ações que não saem do papel porque as autoridades investidas parecem não ter interesse, por motivos "misteriosos" e "indecifráveis".

Por exemplo:

- terminar com o tráfico de drogas, atuando com rigor sobre os que vendem, mas, principalmente, sobre os que compram. Se não houver compradores, o tráfico, certamente, acabará;
- acabar, de uma vez por todas, usando o rigor e a seriedade, com o contrabando de armas modernas que chegam às mãos dos traficantes e bandidos de modo geral. Neste caso, levando-se em conta grandes interesses escondidos de poderosos brasileiros e estrangeiros pelo volume de dinheiro envolvido, apresenta-se, de cara lavada, a má vontade política dos governos e de uma parte da sociedade que vive em estado de hipocrisia;
- um conjunto de leis brandas que não pune com a severidade necessária e útil. Para piorar, as alterações propostas, movidas pelo bom senso, esbarram na má vontade política.

Como se nota com bastante clareza, existe em nosso país má vontade política para o ataque às muitas disfunções graves sociais e econômicas.

Custos da poluição

Segundo o *Dicionário Aurélio*, poluir significa sujar, corromper, macular, manchar a honra e a dignidade, profanar, deslustrar, desdourar, conspurcar e perverter-se. O termo poluição, conseqüentemente, quer definir o resultado da aplicação de todos os verbos mencionados.

Em dicionário enciclopédico (*Folha de S. Paulo*, 1996), aprendemos que poluição é a presença ou introdução, no meio ambiente, de substâncias nocivas à saúde humana, a outros animais e às plantas, ou que prejudicam o equilíbrio ecológico. Esse dicionário faz, ainda, uma afirmação vagamente verdadeira: "para os governos, o controle da poluição envolve a necessidade de escolher entre prioridades divergentes, como a saúde, a indústria e o comércio". A nosso ver, a afirmativa não foi bastante real, portanto não foi incisiva. Os autores deveriam enfatizar ou, até mesmo, radicalizar: "os governos não devem ter escolha; a prioridade é apenas uma, e somente uma: proteger o meio ambiente e salvar a vida no planeta". Os governantes e os governados devem priorizar o desenvolvimento tecnológico e o uso de recursos artificiais que definitivamente não "conspurquem" o meio ambiente. A afirmativa, acima apresentada, sugere, como uma das prioridades governamentais, a "saúde", porém, este termo quer significar, exatamente, a "saúde do meio ambiente" e não apenas a nossa saúde. Se nos basearmos nos sinônimos do termo "poluir", do *Dicionário Aurélio*, como "sujar", "corromper", "macular", "conspurcar" e "perverter", então podemos, até certo ponto, fazer uma leve ilação com o que está por trás dos temas propostos e que comentamos até aqui. Na verdade, parece-nos que estávamos tratando de poluentes espalhados pelo ambiente econômico em nosso país. Tudo é poluição! Podemos, com certeza, denominar "custo Brasil" todo o conjunto de custos resultantes das atividades, temas, situações e casos trazidos para estudarmos neste capítulo. Mas também podemos identificar a maior parte das atividades, temas, casos e situações como poluentes próprios do Brasil.

Nesse caso, os custos, ocultos ou não, devem ser definidos, classificados, medidos e administrados, pelo "dueto" — contador e administrador — como quaisquer outros tipos de custos.

Vamos tentar trazer uma relação, se não exaustiva, pelo menos bastante elucidativa dos casos traduzidos como poluição ambiental que acontecem em nosso território. Uma das características mais bem definidas dessa relação de casos está no fato de que são provenientes de negligência, de descaso, de incompetência, de falta de controle, de falta de vontade política tanto dos governos quanto das empresas e do próprio povo. Nada mais são do que o resultado da disputa entre duas orientações básicas: o interesse pelo desenvolvimento *versus* o interesse pelo controle da poluição ambiental. Duas "filosofias" até hoje antagônicas.

Se estivermos enganados, por favor, corrijam-nos.

O famoso efeito estufa, nas grandes metrópoles industriais, causado pela emissão incontrolável de gases como o dióxido de carbono e o dióxido de enxofre, a necessidade pela produção de produtos químicos fortemente poluentes quando consumidos, pelos seus usuários, sem cuidados especiais, o lixo industrial jogado em qualquer lugar, principalmente nos rios que abastecem de água milhões de pessoas, animais e plantas, a falta de esgotos onde são extremamente necessários, os despejos diretamente lançados no mar, nas baías e lagoas, acabando com a vida marinha, o uso descontrolado de equipamentos eletrônicos que disseminam radiação eletromagnética que provavelmente pode trazer uma série de doenças para a população, o barulho intenso nas grandes cidades, que causam problemas de audição e, cada vez mais, perturbam o descanso natural dos seus habitantes, a contaminação da água resultante de diversos poluentes, como o cádmio, o mercúrio e o alumínio, entre tantos outros, o desmatamento, não só para o comércio "ilegal" (entre aspas, porque não há vontade política), como para a troca estratégica de tipo de vegetação (soja, eucalipto, como exemplos) e limpeza necessária para abrir espaços para a pecuária e, ainda, a seca (se é que seja um poluente) bravia em algumas regiões brasileiras. Todos esses poluentes estão presentes no nosso país.

Como se nota, os poluentes ocasionam prejuízos e exigem que os governos, as empresas e as pessoas tomem precauções em termos de controle, de equipamentos e de inovações para reduzir, ou acabar, com eles.

Referências

A relação bibliográfica apresenta, além de obras e estudos dos demais custos, muitos livros e artigos que estão sendo produzidos em nosso país por estudiosos interessados e bem capacitados para alertar o Brasil nos cuidados com esse terrível fenômeno que surgiu com força durante o século XX.

CABRAL, Francisco Sarsfield. Opinião: O Estado somos nós. *Visão*, Portugal, 8 out. 2006.

CASTRO, Adelvandro Felício de. Contabilidade na gestão ambiental e social. *Revista Mineira de Contabilidade*, ano VII, n. 23, p. 16-22, 2006.

CAVALCANTE, Carmem Haab Lutre. Divulgação e transparência de informações ambientais. *Revista Brasileira de Contabilidade*, ano XXXV, n. 159. p. 59-73, 2006.

ESPAÇO ACADÊMICO. Disponível em: <www.espacoacademico.com.br/050/50cdominik.htm>. Acesso em: 20 ago. 2006.

FERREIRA, Araceli Cristina Sousa. *Contabilidade ambiental* — uma informação para o desenvolvimento sustentável. São Paulo: Atlas, 2003.

FERREIRA, Aurélio Buarque de Holanda. *Dicionário Aurélio básico da língua portuguesa.* Rio de Janeiro: Nova Fronteira, 1995.

JUNG, Luiz Willibaldo. Definição e formas de avaliação e registro de ativos ecológicos. *Revista Brasileira de Contabilidade*, n. 159, p. 29-43, maio/jun. 2006.

KRAEMER, Maria Elisabeth Pereira. Gestão de custos da qualidade ambiental. *Revista do Conselho Regional de Contabilidade de São Paulo*, ano 7, n. 28, p. 44-57, 2003.

LEONARDO, Vera Sirlene. Um estudo sobre os gastos ambientais presentes na contabilidade de indústrias químicas brasileiras. *Contabilidade Vista & Revista*, v. 17, n. 2, 2006.

LEONE, George S. Guerra Leone; LEONE, Rodrigo José Guerra. *Dicionário de custos.* São Paulo: Atlas, 2004.

NASCIMENTO, Diogo Toledo do; BERTOLUCCI, Aldo V. O custo da arrecadação de tributos federais. *Contabilidade & Finanças*, ano XVII, v. 3, 2006.

NERY, Daniel Christianini. Quanto custa ser um Brasil? *Autor*. Disponível em: <www.revistaautor.com.br/index.php?option=com_content&task=view&id=941&Itemid=44>. Acesso em: 14 set. 2006.

NOVA ENCICLOPÉDIA ILUSTRADA FOLHA. *Enciclopédia das Enciclopédias*; encartes nas edições de domingo da *Folha de S. Paulo*, p. 780-782, de mar. a dez. 1996.

OLIVEIRA, Gesner. Crime contra a economia, *Folha de S. Paulo*, 20 maio 2006, Folha Dinheiro — Opinião Econômica.

PAIVA, Paulo Roberto de. *Contabilidade ambiental* — evidenciação dos gastos ambientais com transparência e focada na prevenção. São Paulo: Atlas, 2003.

PINSKY, Jaime. *O Brasil tem futuro?* São Paulo: Contexto, 2006.

REDIG, Ana. Uma pedra no caminho do crescimento. *Rumos*. n. 225, mar./abr. 2006.

Revista editada pela ABDE, Associação Brasileira de Instituições Financeiras de Desenvolvimento.

RIBEIRO, Maísa de Souza. *Contabilidade e meio ambiente*. 1992. Dissertação (Mestrado) — Faculdade de Economia, Administração e Contabilidade da USP.

_____. *Custeio das atividades de natureza ambiental*. 1998. Tese (Doutorado) — Faculdade de Economia, Administração e Contabilidade.

RODRIGUES, Emanuel; MATOS, Junqueira de. *Indicadores econômico-financeiros e desempenho ambiental*. 2002. Dissertação (Mestrado) — Faculdade de Economia, Administração e Contabilidade, USP.

SAVALL, Henri; ZARDIT, Veronique. *Maîtriser lês coûts et les performances cachês*. Paris: Economica, 2003.

SANTOS, Adalto de Oliveira; SILVA, Fernando Benedito da; SOUZA, Marcos Francisco Rodrigues de. Contabilidade ambiental: um estudo sobre a sua aplicabilidade em empresas brasileiras. *Contabilidade & Finanças*, Fipecafi, p. 89-99, 2002.

SOUZA, Valdiva Rossato de; RIBEIRO, Maísa de Souza. Aplicação da contabilidade ambiental na indústria madeireira. *Contabilidade & Finanças*, São Paulo: Fipecafi, USP, ano XV, n. 35, v. 3, p. 4-67, 2004.

TINOCO, João Eduardo Prudencio; KRAEMER, Maria Elisabeth Pereira. *Contabilidade e gestão ambiental*. São Paulo: Atlas, 2004.

WERNKE, Rodney. Custos ambientais: uma abordagem teórica com ênfase na obtenção de vantagem competitiva. *Revista de Contabilidade do Conselho Regional de Contabilidade de São Paulo*, ano 5, n. 35, p. 40-49, 2001.

WIKIPEDIA. *Custo Brasil*. Disponível em: <http://pt.wikipedia.org/wiki/Custo_Brasil>. Acesso em: 20 ago. 2006.

Índice

A

Abastecimento de materiais 146
ABC 27, 36, 40, 63
Abnegação 69
Abrir ou fechar empresas 218
Absenteísmo 223
Acidente só geográfico 214
Ações 202
Ações de curto prazo 54
Ações dos próprios empresários 139
Ações dos próprios homens 139
Ações dos próprios prepostos das empresas 141
Ações estratégicas 54
Ações não estratégicas 54
Ações operacionais 141
Acompanhamento do desempenho logístico 160
Administração 86
Administração comercial 151, 158
Administração da cadeia de suprimentos 187
Administração da logística 154, 187
Administração da produção 157, 158
Administração de custos 35
Administração de devoluções 148
Administração de materiais 151, 157
Administração de suprimentos 151
Administração dos custos 19
Administração dos estoques 156
Administração financeira 22, 150
Administração geral 158
Administração logística 152, 153, 159, 161
Administração mais acurada dos gargalos 187
Administração por objetivos 27, 178, 195
Administração superior 197
Administrador 21
Administradores 26, 28
Administradores das empresas 23
Administrar custos 211
Administrar e gerir 35
Advertência 137
Afundado 102
Agências reguladoras 89
Agentes estranhos à empresa 211
Agentes externos 212
Ajuste macroeconômico 218
Akira Kurosawa 136
Alameda de duas mãos 206
Almoxarifado central 202
Almoxarifado menor 202
Alocação 55, 56, 58, 63
Alocação apropriada 150
Alocação de custos 56
Alocação de custos conjuntos 88
Alocação de custos diretos 57
Alocação dos custos 55, 56, 88

Alocações 57
Alocações arbitrárias 40
Alocações de custos 88
Alta qualidade 74, 198
Alternativa 58
Alternativas de investimentos de longo prazo 17
Alternativas operacionais 114, 115
Aluguel do escritório 148
Ambiente externo 141
Ambiente macroeconômico 141
Ameaça 48
Amortização 95, 96
Amostragem e a inferência estatística 173
Análise 81
Análise das despesas administrativas 203
Análise de crédito 148
Análise de custos 51, 150
Análise de custos (e receitas) diferenciais 102
Análise de custos (e receitas) incrementais 102
Análise de fazer-ou-comprar 115
Análise de investimentos 106, 173
Análise de resultados 171
Análise de valor 50
Análise diferencial 102, 103
Análise diferencial nas decisões 104
Análise do ponto de equilíbrio 168
Análise do retorno de investimentos 194
Análise dos custos 81
Análise dos investimentos de longo prazo 36
Análises das diferenças 171
Análises de correlação 174
Análises dos desvios 141
Análises econômicas 150
Análises financeiras 36
Ansiedade 220
Antagonismo 74
Antiaterogênica 203

Aparas 74, 84, 85
Aparelhos do aeromodelismo 168
Aparelhos formais de segurança 215
Aperfeiçoamento 71
Aperfeiçoamento contínuo 71
Aplicação de recursos 100
Aplicações de métodos quantitativos 195
Aplicativos 175
Apropriação 55, 58
Apropriação de custos 56, 57
Apropriações recíproca dos custos dos setores auxiliares 172
Apropriar 61
Arbitrárias 70
Área comercial 150
Arisxerxes 69, 71, 78
Aritmética simples 174
Armazenagem 148, 154, 197
Armazenamento 151
Arruelas 84
Artifício didático 78
Assistência médica 149
Assunção de compromisso 184
Atividade 52, 58
Atividade comercial 145, 147, 150
Atividade de distribuição 150
Atividade de produção 85, 147
Atividade permanente 183
Atividades 77, 190, 202
Atividades de marketing 151
Atividades de pesquisa e desenvolvimento 77
Atividades de segurança 214
Atividades logísticas 145
Atividades operacionais 119, 171
Atividades que adicionam valor 187
Atividades que não adicionam valor 187
Atividades relevantes 170
Atividades-meio 202
Ativos disponíveis 100

Ativos humanos 192
Ativos imobilizados 114, 192
Ativos permanentes 100
Atos e fatos econômicos 25
Atrasos 223
Atrasos de contas a receber de clientes 197
Atribuição 55, 58
Atribuição de custos 55
Atual conjuntura econômica globalizada 160
Auditor 53
Auditorias esporádicas nas operações dos almoxarifados 188
Aumento da febre 138
Aumento dos preços 229
Automação 52
Avaliação 158
Avanço da informática 153
Avanço tecnológico 150

B

Baixa eficiência portuária 212
Baixa qualidade 74
Balanced scorecard 27, 142, 177, 195
Balizadores 176, 177
Balizamentos 140, 142
Banco 118
Banco Central 18
Base 150
Base de rateio 87
Bases de volume 51, 54
Bebidas 134
Benchmarking 56, 161
Benchmarking externo 160
Benefícios futuros 61
Bico de alta patente 215
Binômio "indústria e desenvolvimento" 131
Bola de neve 216
Bom senso 86, 226

Bom senso gerencial 225
Burocracia 218
Burocracia estatal 218
Burocracia excessiva 212
Burocracia privada 217
Busca da qualidade 52

C

Cadeia consumo-produção-consumo 225
Cadeia de atividades 53
Cadeia de suprimentos 154, 156
Cadeia de valor 22, 53, 59
Cadeia produtiva 50
Cadernetas de poupança 114
Calcanhar-de-aquiles 70
Cálculo diferencial 170
Cálculo do grau de acabamento 90
Cálculo dos custos 89
Cálculo matricial 172
Camisa-de-força legal 158
Campanhas 214
Canais de distribuição 147
Cansativa tomografia 205
Capacidade 117, 119
Capacidade atingível 119
Capacidade de absorção 62
Capacidade de ensino 117
Capacidade de fabricação de produtos de longa duração 119
Capacidade de pesquisa 117
Capacidade de uma fábrica 118
Capacidade física 118
Capacidade instalada 103, 199
Capacidade instalada ociosa 211
Capacidade máxima 119
Capacidade não trabalhada 135
Capacidade não utilizada 119
Capacidade normal 119
Capacidade ociosa 119, 200
Capacidade prática 117, 118, 119

Capacidade produtiva 119
Capacidade selecionada 118
Capacidade teórica 117, 118
Capacidade utilizada das aeronaves 199
Capital 96
Capital *budgeting* 106
Capital intensivo 52
Carga excessiva nos custos de produção e de serviços 221
Carga tributária 193, 212, 221
Carga tributária brasileira 221
Caso da Avon 154
Caso da Sears 154
Caso dos grandes laboratórios farmacêuticos 154
Catálogos 154
Causa e efeito 62
Cenários econômicos globais 203
Centro processador de informações 39
Centros comerciais 146
Centros de custos 27
Chão-de-fábrica 20, 82, 191
Ciclo de vida dos produtos 22
Círculos de qualidade 50
Cliente 21, 29
Clientes externos 42
Cobrança 154
Cobras venenosas 206
Combinação de materiais de produção 141
Combinações 194
Comércio exterior 212
Comissão de Valores Mobiliários (CVM) 18
Comissões 214
Compartilhadas pelos objetos do custeio 60
Competência 42
"Competência" de atividades 72
"Competência" de exercícios 72
Competição 23

Competitividade das empresas 212
Complicação 168
Componentes 151
Comportamento 54, 169
Comportamentos dos custos 65
Compromissos financeiros 134
Comunicações 146, 187
Comunicações de distribuição 148
Comunicações de todos os tipos 217
Comunidade Econômica Européia 154
Conceito de não-flexibilidade 41
Concessionárias de veículos 226
Concorrência 89, 147
Concorrências 133
Condições 145
Condições comerciais variáveis 141
Condições operacionais 138
Conduta inflexível 41
Conhecimento agudo do processo fabril 90
Conjunto de administradores 25
Conjunto de órgãos em interação 132
Conjunto harmonioso 42
Conservadores 48
Consolo perverso 216
Consultor 53
Consultor externo 50, 131, 133, 188
Consultoria interna 160
Consumo de combustível nos postos de gasolina credenciados 188
Consumo dos recursos 76
Consumo exagerado de açúcar e sal 134
Contabilidade 24, 25, 86, 150
Contabilidade ambiental 25
Contabilidade de custos 17, 18, 19, 20, 21, 26, 33, 39, 47, 58, 171, 211
Contabilidade decisorial estratégica 20
Contabilidade estratégica 15
Contabilidade estratégica de custos 22
Contabilidade financeira 17, 18, 25, 76, 117

Contabilidade gerencial 17, 18, 19, 20, 21, 23, 24, 26, 58, 117
Contabilidade legal 25
Contabilidade moderna 117
Contabilidade para contadores 39
Contabilidade privada 116
Contabilidade social 25
Contabilização 47
Contabilizar 61
Contador 21
Contador de custos 19, 20, 22, 23, 27, 36, 37, 82
Contador gerencial 20, 37
Contador/administrador 30
Contadores de custos 19, 20, 28, 29
Contadores gerenciais 36, 37
Contador-geral 40
Contagem 25
Contraditório 23, 61
Contratar fornecedores 205
Contratar os serviços 205
Contratos com o governo 62
Contratos de empreitada 65
Controlador 22
Controladoria 20
Controle 82, 117, 158, 211
Controle da sociedade 219
Controle das retiradas 202
Controle de perdas e desperdícios 188
Controle de recursos 58
Controle de serviços malfeitos 197
Controle do estoque 148
Controle dos custos 82
Controle dos gastos 37
Controle gerencial 86, 191
Controle orçamentário 36
Controller 38
Controllers 36
Co-produtos 61
Corpo humano 132
Correções 82

Correios 217
Corrupção 229
Cortar custos 185
Cortar gastos 201
Crédito 150, 154
Crença 48
Criatividade 86
Crime contra a economia 215
Critério "de absorção" 40
Critério ABC (*activity based costing*) 57, 63, 70, 158
Critério da margem bruta 87
Critério das quantidades físicas 87
Critério de Custeamento ABC 195
Critério de custeio por absorção 118
Critérios de custeo por absorção 55
Critério de rateio 52
Critério do custeio direto 64
Critério do custeio por absorção 64, 70, 78, 135
Critério do custeio variável 72, 135
Critério do custo por absorção 136
Critério do valor realizável 87
Critério por absorção 40
Critérios de rateio 51, 54
Critérios nebulosos 86
Critérios quantitativos 65
Crueldade 216
Curativo simples 83
Curto prazo 54, 97, 111
Curva de aprendizagem 170
Custeamento baseado em atividades 27, 40, 70
Custeamento direto 64
Custeamento pela Responsabilidade 195
Custeamento por atividades 158
Custeio 57
Custeio ABC 149, 158, 169, 187
Custeio baseado em atividades 78
Custeio direto 77
Custeio *Kaizen* 187

Custeio por absorção 56, 63, 66, 135
Custeio variável 54, 66, 71
Custeio variável/direto 40
Custo 68, 96
Custo afundado 109
Custo alternativo 97
Custo atribuído 99
Custo baixo 146
Custo × benefício 60, 64, 201
Custo Brasil 23, 198, 211, 212
Custo certo 145
Custo da capacidade 95, 99, 117
Custo da poluição 23
Custo de aquisição 109
Custo de capacidade 99
Custo de capital 99, 105, 106
Custo de oportunidade 69, 95, 97, 102, 113, 114, 115
Custo de produção 97, 184
Custo de reposição 75
Custo de serviço 184
Custo de um produto 138
Custo desembolsável 102
Custo diferencial 103, 114
Custo direto 27
Custo do capital 95
Custo do capital próprio 100
Custo do ciclo de vidas dos produtos 187
Custo do período 120
Custo do produto 148
Custo de transporte 216
Custo evitável 99, 100, 102
Custo exato 67, 68, 71
Custo fixo 102
Custo futuro 109
Custo imputado 102, 107, 108
Custo incremental por unidade 104
Custo + lucro 65
Custo marginal 98, 104
Custo-meta 27, 187
Custo mínimo 154

Custo passado 109, 110
Custo perdido 99, 109
Custo pleno unitário 103
Custo por absorção 27
Custo por atividades 158
Custo produzido 107
Custo relevante 109
Custo total de produção 87
Custo total unitário 103
Custo variável 103
Customização 158
Customizado 174
Custos 57, 59, 60, 97, 117, 183
Custos administrativos 52
Custos afundados 95, 109
Custos ambientais 23
Custos Brasil visíveis 215
Custos com transportes terrestres 212
Custos comerciais 52, 147
Custos competitivos 23
Custos complexos 23
Custos comuns 70, 85, 86, 88, 89
Custos conjuntos 71, 86, 88, 89
Custos conjuntos alocados aos produtos particulares 88
Custos conjuntos totais 88
Custos contábeis 95, 108, 109, 116
Custos contra custos 205
Custos da capacidade ociosa 119, 120
Custos da capacidade utilizada 119
Custos da ociosidade 192
Custos da ociosidade dos investimentos fixos 200
Custos da poluição 23
Custos da produção conjunta 61
Custos da produtividade 133
Custos da qualidade 74, 75, 133, 200
Custos da segurança industrial 214
Custos da tecnologia 224
Custos de distribuição 52, 97, 145, 146, 148, 150, 159

Custos de fabricação 135
Custos de mão-de-obra 64
Custos de oportunidade 17, 76, 104
Custos de produção 51
Custos de um objeto 59
Custos desembolsáveis 97
Custos diferenciais 102, 103, 110, 116
Custos diferentes 17
Custos diferidos 95
Custos diretos 57, 60, 83, 85
Custos diretos ao objeto 64
Custos do sistema previdenciário 212
Custos dos departamentos de apoio 89
Custos dos feriados 227
Custos dos objetos 16, 64
Custos dos objetos de custeio 61
Custos dos produtos vendidos 89
Custos econômicos 108
Custos especiais 95
Custos evitáveis 104
Custos exatos 27, 76
Custos explícitos 95, 108, 116
Custos fabris 52
Custos fixos 64, 103, 104, 135
Custos fixos periódicos 135
Custos futuros 109
Custos gerais 52, 57, 149
Custos gerais e comerciais 149
Custos implícitos 95, 98, 108, 114, 117
Custos imputados 17, 76, 95, 107, 116
Custos indiretos de fabricação 59, 88
Custos indiretos totais 118
Custos inventados 76
Custos invisíveis 211, 214, 230
Custos invisíveis das doenças 224
Custos irreversíveis 95
Custos logísticos 146, 148
Custos mais taxas 61
Custos não-contábeis 95, 107, 116
Custos não-diferenciais 103
Custos ocultos 95, 133

Custos perdidos 95, 109
Custos previstos 53
Custos privados 117
Custos rateados 103
Custos reais 82
Custos relevantes 17, 102, 110, 112, 116
Custos são reflexos 19
Custos sociais 117
Custos totais 58
Custos trabalhistas 212
Custos variáveis 103, 110
Custos variáveis de fabricação 103
Custos visíveis 211

D

Dados de custos 22
Dados de entrada 116
Dados econômicos 166, 167
Dados financeiros 166
Dados físicos 26
Dados numéricos 166, 167
Dados qualitativos 104, 167, 168
Dados quantitativos 167, 171
Dar emprego à população 219
Débito e crédito 25
Decisão de fazer ou comprar 104
Decisão especial 205
Decisão judicial 230
Decisão não escolhida 115
Decisões 190, 202
Decisões de curto prazo 64, 102, 110, 170, 175
Decisões de investimento de capital 111
Decisões de investimentos em ativos permanentes 175
Decisões estratégicas 22, 133
Decisões gerenciais 57, 169
Decisões operacionais 193
Decisões sobre preços a longo prazo 110
Defeito-zero 50
Demonstração do valor adicionado 43

Demonstrações contábeis 25
Demonstrações contábeis obrigatórias 89
Denominador de taxa de absorção 119
Departamentalização 26, 27, 51
Departamento 52, 58
Departamento de origem 192
Departamento operacional 37
Departamentos 27, 53, 77
Depreciação 95, 96, 99, 109
Derramamento 74
Dersu Uzala 136
Desastres ambientais 23
Descaso 232
Descobertas 47
Descobrindo a pólvora 142
Desconforto 220
Desejos do mercado 156
Desempenho 89
Desempenho financeiro 138
Desempenho negativo 139
Desemprego tecnológico 216
Desenhos de fabricação 193
Desenvolvimento da informática 195
Desenvolvimento da logística 154
Desenvolvimento das comunicações 153
Desenvolvimentos de novos instrumentos gerenciais 187
Desesperança 220
Desgaste dos equipamentos 76
Desperdiçar recursos 206
Desperdícios 74, 184, 186, 195, 223
Desperdícios de recursos 211
Despesa 184
Despesas 26, 27, 59, 60, 70, 97, 117, 148, 183
Despesas administrativas 138
Despesas com escritório especializado 60
Despesas comerciais e administrativas 149
Despesas comuns 56, 60, 97
Despesas de distribuição 148
Despesas de energia elétrica 60

Despesas de manutenção 60
Despesas de salários 148
Despesas diretas 57
Despesas gerais 60
Despesas indiretas de fábrica 59
Despesas indiretas de fabricação 56, 59
Desprendimento 69
Desvios 53, 82, 140
Desvios e diferenças 177
Determinação 211
Determinação dos custos 56
Devoluções de mercadorias 197
Diagnóstico 137, 138, 140
Diferentes intensidades 90
Diferidos 76
Diferir 61
Dificuldade 68, 69
Diminuição da disponibilidade 184
Diminuição de vendas 138
Dinheiro 206
Direcionador 150
Direcionador de custos 73
Direcionadores de custos 75, 169
Direcionadores de recursos e de atividades 65
Diretabilidade 64
Disfunção 30
Disfunção do sistema 134
Disfunções 132, 139
Dispositivos 132
Dissabores 134
Distribuição 150, 151
Distribuição comercial 151
Distribuição de produtos 151
Distribuição de produtos e serviços 146
Distribuição física 151
Ditadura do mercado 23
Divisão proporcional 87
Documento hábil 41
Documentos hábeis 76
Downsizing 176, 184, 203, 207

Duelo 34
Dueto 19, 30, 33, 34, 35, 42, 64, 71, 82, 86, 138, 140, 149, 150, 167, 176, 207
Dueto harmonioso 20, 21, 33, 52, 134, 211

E

Economia de palitos 201
Economia empresarial 86
Economias externas 117
Econômico 165
Efeitos benéficos da gordura 203
Efeitos colaterais 112
Efeitos colaterais negativos 184, 197
Efetividade 117
Eficácia 117, 160, 207
Eficiência 117, 160, 207
Eficiências 119
Elisão 193
Embalagem 148
Emprego de capitais de terceiros de curto prazo 138
Emprego dos métodos quantitativos 175
Empresa 58
Empresa de aviação 118
Empresa gráfica 118
Empresas concessionárias de serviços públicos 61
Encargos indiretos de fabricação 59
Encargos obrigatórios 221
Encargos sociais 212
Encomenda 58
Energia 205, 206
Energia consumida 148
Engenharia de distribuição 151
Engenharia de produção 86
Engenheiros de produção 199
Enigmas 51
Ensino 149
Entidade 58
Entrega produtos 146

Entrega rápida 156
Entrega serviços 146
Equação básica do custo/benefício 200
Eqüidade 62
Equivalências 71, 81, 82, 83, 84, 85, 87, 88, 89, 119, 171
Equivalentes de produção 119
Equivaler 81
Escrituração 25, 26
Esforço 68, 69
Espaços limitados 50
Especial 58
Especialistas internos 131
Especializações 157
Espionagem 160
Estado de deterioração 212
Estado mórbido 137
Estalão 48
Estaleiro 118
Estaleiros 217
Estatística 187
Estatística descritiva 173
Estatísticas inter-relacionadas 176
Estimações 64, 69, 75, 193
Estocagem 148
Estocagem correta dos materiais e das mercadorias 188
Estoques 192
Estoques de produção 135
Estoques de segurança 156
Estradas esburacadas 216
Estradas federais 217
Estragos 195
Estrutura Conceitual Básica da Contabilidade 61
Estrutura tributária 212
Estudo 58
EVA 195
Evaporação 74
Evidência 137
Evidências 132

Evolução 47
Evolução humana 49
Exames pré-natais 204
Exato 67
Excesso de burocracia 217
Exigências do FASB (Financial Accounting Standards Board) 65
Expansão e sobrevivência 147
Experiência 90, 194
Exportação 212
Externalidades 117

F

Fábulas 51
Fada madrinha 172
Falta ao trabalho 223
Falta de bom senso 217, 226
Falta de controle 139, 232
Falta de produtos 155
Falta de qualidade 74
Falta de vontade 223
Falta de vontade política 232
Falta policiamento militar e civil 216
Família 48
Familiaridade 44, 206
Familiarização 82
Famosos gângsteres 216
Faro 141, 194
Fase "nobre" do sistema 116
Fase conjunta 86
Fator de decisão 114
Fator governante 73
Fatores desfavoráveis 212
Fatores governamentais dos custos 169
Fatores governantes 65, 75, 176
Fatores que movem a economia 228
Faturamento 154
Feeling 141
Ficção 78
Ficção científica 73, 156
Filas intermináveis 220
Filtro 48, 50, 54
Finalidades diferentes 17
Finalidades externas 116
Finalidades gerenciais 150
Finalidades gerenciais internas 64, 116
Finanças 25, 86, 165
Financeiro 165
Financiamentos 100
Financiamentos de terceiros 100
Financiamentos realizados por acionistas 100
Firmas de consultoria 118, 160
Físico 165
Físicos 192, 204
Flexibilidade 42, 61
Flexibilidade das informações 43
Flexibilização 61
Fluxo 151
Fluxo de Caixa Descontado 195
Fluxos financeiros 109
Forma arbitrária 88
Forma quantitativa 142
Fórmula da "taxa de absorção" 119
Fórmulas matemáticas 175
Fórmulas padronizadas 194
Fornecedor 29
Fornecedor das informações 21
Fornecedores de obras 61
Fragilidades 78
Fraudes 76
Função comercial 147, 151, 158
Função de distribuição física 146
Função de marketing e venda 146
Função de produção 146
Função financeira 39
Função social 219
Função social dos diversos níveis governamentais 219

G

Gama de indicadores 132
Gargalos 223
Gasto 184
Gasto de consumo 184
Gasto de investimento 184
Gasto efetivo 116
Gastos 59, 60, 97, 117, 148, 183
Gastos comerciais 149
Gastos de distribuição 158
Gastos de representação 197
Gastos diferidos 95
Gastos gerais de fabricação 59
Gastos gerais de manufatura 59
Gastos públicos 218
Gastos visíveis 230
Gecon 27
General Eletric 19
Gente de fora 131
Gerar 33, 35, 37
Gerência de custos 16
Gerência dos custos 20
Gerenciamento 37
Gerenciamento de custos 17
Gerenciamento dos custos 37
Gerenciar os custos 186
Gerente do setor operacional 19
Gerente industrial 135
Gerente-geral 22
Gerentes autorizados 202
Gerentes de linha 38
Gerentes internos 25
Gerentes operacionais internos 24
Gerir 26, 33, 35, 37
Gestão 25, 82
Gestão ambiental 25
Gestão de custos 17, 19, 22, 25, 26, 33, 35, 36, 55, 104, 211
Gestão de custos ambientais 22, 23
Gestão dos custos 21, 37, 47
Gestão Econômica 78

Gestão Econômica de Catelli 195
Gestão estratégica 16
Gestão estratégica de custos 15, 16, 22, 27
Gestão financeira 25
Gestão social 25
Gestor de custos 16
Gestor departamental 37
Gestores da contabilidade de custos 36
Gestores de custo 133
Gestores dos custos 26, 28
Gestores nas áreas de produção 36
Gestores para o custeio 36
Globalização de interesses comerciais 187
Gordura em demasia faz mal 203
Governos militares 217
Gráfico de Gantt 142
Gráfico de medições 176
Grande gargalo 157
Grau de acabamento 90
Grau de satisfação dos clientes 146
Graus de acabamento 90
Graus de risco 114

H

Harmonia 138, 207
Harmonização 70
Hipóteses simplificadoras 168
Histórias imaginárias 51
Homogeneizar 25
Hora certa 154
Horas trabalhadas 119
Hospital 118
Hotelaria 149

I

Ibracon 18
Ibre da Fundação Getulio Vargas 223
Idéia fixa 48, 49,
Idéia nova 48, 53

Idéia socialista 219
Idéias arraigadas 50
Idéias fixas 47
Identificação indireta 58
Imparcialidade 62
Implantação da produção *just-in-time* 187
Implantação dos sistemas de custos 139
Importação 212
Imposições legais 57, 65
Imposições naturais 139
Imposto de renda 108
Impostos no setor de alimentos 222
Impostos sem retorno 193
Impotência para reverter a situação 220
Imputação 101
Imputar 96
Incerteza 48
Incompetência 232
Inconsistências 119
Indicador 51
Indicador físico 137
Indicadores 140, 142, 159, 176, 177, 192, 194, 204
Indicadores adequados 190
Indicadores de atualização monetária 75
Indicadores de desempenho 160
Indicadores de desempenho operacional 170
Indicadores de eficácia 160
Indicadores econômicos 177
Indicadores sob medida 52, 160
Índices 177
Indícios 132
Indústria aeronáutica 217
Indústria automobilística 217
Inevitabilidade 57, 61, 62, 65
Inferência estatística 173
Inferno de Dante, O 136
Inflação 75, 228
Informações "agregadas" 40
Informações contábeis 38, 138

Informações contábeis gerenciais 40
Informações de custo sob medida 158
Informações de custos 21, 51, 53, 150
Informações econômicas 37
Informações especiais 168
Informações estratégicas 51, 54
Informações externas 65
Informações financeiras 37, 38
Informações flexíveis 42
Informações gerenciais 117, 189
Informações gerenciais de custos 202
Informações oportunas 53
Informar 33
Informática 40, 65, 146, 150, 158, 160, 171, 187
Informes internos gerenciais 72
Insatisfação 202, 220
Insegurança 202
INSS 18
Instrumentos estatísticos 65, 172
Instrumentos matemáticos 82, 172
Instrumentos matemáticos e estatísticos 65, 167
Insuficiência de investimentos públicos em infra-estrutura 212
Intangíveis 76
Integração de funções 161
Integração vertical 154
Integridade 73
Interessados externos 157
Interpretações 138
Invasão da Normandia 152
Inventário 25
Investigação 138
Investigação da concessão de créditos 197
Investigações esporádicas 188
Investigações permanentes 188
Investimentos 100
Investimentos de curto prazo 100
Investimentos de longo prazo 100, 106
Investimentos em ativos permanentes 138

Irrealistas 70
Irrecuperáveis 109

J

JIT (*just-in-time*) 156, 225, 226
JIT tremendão 155
Juros 95, 218
Juros imputados 98
Juros sobre o capital próprio 95
Just-in-time 22, 157

K

Kaizen 157, 185
Kanban 157

L

Laboratório farmacêutico 118
Lacuna inquietante 90
Lágrimas de crocodilo 216
Layout de uma fábrica 168
Le pays du tampon 218
Legislação fiscal complexa 212
Legislação societária 61
Legislação trabalhista obsoleta 212
Legislação tributária 60, 61
Lema da empresa 156
Lentidão da Justiça 230
Levanta a cortina 88
Licitações 89, 133
Linha de produção 90
Linha de produto 52
Linha de produtos 58
Localização da fábrica 148
Lodge 152
Logística 145, 151
Longa cadeia 156
Longo prazo 54, 98

Lote econômico de compras 170
Lucratividade 89
Lucro contábil 108
Lucro econômico 108
Lucro máximo 170
Lucro operacional 135
Lucro sobre as vendas 141
Lucro-meta 50
Lugar certo 145, 154
Luxo exuberante 205

M

Má produtividade 192
Má vontade política 230
Macroeconomia brasileira 223
Maiores custos 200
Mandamentos 29
Manopla da burocracia estatal 219
Manuais de controle 168
Manuais de procedimentos 168
Manuais de rotinas 168
Manufatura celular 22
Manuseio dos equipamentos caros 199
Manutenção dos equipamentos 148
Mão-de-obra 52, 60, 88
Mão-de-obra direta 59, 64
Maquete de um edifício 168
Marcha de Aníbal 152
Margem bruta 87, 148, 170
Margem bruta total 87
Margens de contribuição 56
Matching principle 72
Matemática 187
Materiais 60
Materiais de produção 151
Materiais diretos 59, 151
Materiais semi-acabados 151
Material de escritório 202
Material direto 64
Matéria-prima 88

Matérias-primas 151
Mecanização 160
Medição 117, 211
Medicina 132
Medições 25, 135, 142, 159, 176, 177, 194, 203
Medições de avaliação e controle do desepenho 159
Medições e controle 89
Medições gerenciais 176, 177
Medições monetárias 25
Medida exata 69
Medida física 87
Medidas de eficiência 160
Medidas físicas de controle 197
Medidas internas de desempenho 160
Meio externo 141
Melhor qualidade 200
Melhoramento contínuo 50
Melhoria contínua 74
Mensurações 81
Mercado interno 146
Mercados globais 154
Mestres e supervisores 199
Metade do campo 34
Metas 140
Metas e padrões 160
Método 165
Método das Restrições 78, 195
Método GP 77
Método JIT 156
Método *Kaizen* 71
Método quantitativo 166, 168
Método UEP 149
Métodos especiais 169
Métodos matemáticos 170
Métodos quantitativos 165, 166, 167, 172, 173
Métodos quantitativos sofisticados 167
Métodos quantitativos usuais 167
Métodos usuais 167

Mistérios 51
Mitologia grega 70
Mitomania 47, 51
Mitos 47, 51
Modelo 48, 166
Modelo matemático 171
Modelos 47, 172
Modelos da realidade 69
Modelos matemáticos 76, 166
Modelos-cópias 168
Modernidade 51
Momento certo 145
Monetário 165
Monetários puros 192
Monstruosos 216
Moral dos funcionários 202
Morte de seres humanos 214
Movimentação 148
Movimentação de materiais 148
Mudança 48
Mudanças 47, 53
Mudanças organizacionais 203
Mudou de órbita 49

N

Não-recorrentes 168
Não-sofisticados 167
Não-unanimidade 85
Natureza não recorrente 133
Natureza qualitativa 214
Necessidades gerenciais da logística 157
Necessidades gerenciais diferentes 116
Negligência 232
Negligências 139
Nervosismo 220
NIC (normas internacionais de contabilidade) 18
Níveis de completude 90
Níveis gerenciais 53, 64, 158, 189
Nível da capacidade 117

Nível de acabamento 90
Nível de capacidade 118
Nível interno 117
Normas brasileiras de contabilidade (NBCs) 18, 61
Novos cenários econômicos 187
Novos paradgmas 50
Numérico 165
Número de alunos 117
Número de assentos ocupados 199

O

Obesidade 134
Objetivos 29
Objetivos de custeio 36
Objeto 57, 58
Objeto "custos" 19
Objeto de custeio 72
Objeto do custeio 57, 72
Objetos 29, 58
Objetos de custeio 55, 56, 57, 58, 60
Objetos de custo 58
Objetos do custeio 29, 58, 70, 71, 72, 85
Objetos dos custos 29
Obra "revolucionária" 23
Obrigação 60
Obrigações exigíveis 100
Obrigações não-exigíveis 100
Obrigações no passivo 184
Obrigatoriedade 61, 65
Obsolescência 76
Obsolescência tecnológica 77
Omissões 139
Operação industrial 85
Operações 202
Operações comerciais 149
Operários e funcionários 199
Órbita 53
Órbitas 47
Orçamento base-zero 28, 178

Orçamento Base-Zero de Pyhr 195
Orçamento empresarial 21
Orçamento-programa 178
Orçamentos 51, 53, 142
Orçamentos-Programa na administração pública 195
Ordens de serviço 60
Organismo 138
Organismo empresarial 139, 141
Organismo humano 139
Organismo vivo 132
Órgãos superiores 22
Orientação contábil 59
Origens de recursos 100
Ótica contábil-financeira 116
Ótica privada 117
Ótica social 117
Overhead 52, 56, 83

P

Padrão 48
Padrões 47, 51, 53, 69, 134
Padrões de segurança 214
Padrões do consumo dos recursos 193
Padronizar 25
Painel de bordo 132
País do carimbo 218
Paisagem ambiental 133
Paradigma 49
Paradigmas 47
Paradoxais 166
Parafernália 132
Parâmetros controláveis 147
Passivo exigível 100
Passivo não-exigível 100
Patamar 138
Paternalista 219
Patrimônio 47
Peças 151
Peps 155, 156

Perdas 74, 117, 184, 186
Perdas consideráveis 192
Perdas materiais 214
Período 72
Pert 142
Pert/CPM 178, 195
Perversidade 211
Pesquisa de mercado 149, 151, 154
Pesquisadores-hora 117
Pessoal 206
Pessoal das operações 38
Pistas 194
Planejamento 53, 117, 187
Planejamento e controle computadorizados de necessidades de materiais 153
Planejamento e controle computadorizados dos recursos de manufatura 153
Planejamento e controle da produção 152
Planejamento malfeito 139
Planejamento tributário 193
Planilhas 193
Plano cartesiano 171
Plano Real 131
Planos de serviços 193
Poluição 231
Ponto de consumo 151
Ponto de origem 151
Ponto de separação 85, 86, 87, 88
Ponto de separação inicial 88
Ponto facultativo 227
Por cliente 147
Por encomenda 174
Por função 147
Por produto 147
Por território 147
Portador de custos 70
Portos 212
Posições de chefia 202
Prática de reduzir custos 203

Prazo de entrega 160
Preço de venda 103
Preços 141
Prestação de contas 25
Prestações de contas 197
Previsão de demanda 148
Previsões 82
Prima da rotina 133
Primeiros alpinistas 152
Primeiros elos da cadeia 156
Princípio da causação 29, 62
Princípio da competência 72
Princípio da confrontação entre receita e despesa 72
Princípio da inflexibilidade 41
Princípio de oportunidade 73
Princípio da oportunidade 72, 73
Princípio do casamento entre a renda e a despesa 72
Princípio do custo original 75
Princípio do registro pelo valor original 113
Princípio fundamental da competência 43
Princípios contábeis geralmente aceitos 18, 72
Princípios fundamentais 113
Princípios fundamentais de contabilidade (PFCs) 18, 61, 89, 157
Prioridades divergentes 231
Privação 69
Problemas de curto prazo 53, 54
Problemas de longo prazo 53
Problemas empresariais 166
Problemas gerenciais 166
Procedimento JIT 155, 156
Processamento de pedidos 148
Processo 58
Processo conjunto 88
Processo de produção 202
Processo operacional 81
Processos 52, 61, 77

Índice 251

Produção com defeito 74
Produção conjunta 85, 86, 119
Produção contínua 89
Produção industrial 85
Produção não acabada 90
Produtividade 51, 52
Produto 58
Produto certo 145, 154
Produtos agrícolas 146
Produtos conjuntos 71, 85
Produtos conjuntos principais 85
Produtos da agroindústria 146
Produtos da pecuária 146
Produtos de encomenda 146
Produtos de importação e de exportação 146
Produtos de produção em massa 146
Produtos e serviços defeituosos 211
Produtos industriais 146
Produtos industrializados 146
Produtos minerais 146
Produtos principais 85
Produtos sazonais 146
Produtos semi-acabados 151
Produtos vendidos 141
Programa 58
Programa de redução de custos 202
Programação linear 170
Projeto 194
Projeto de medições 142, 195
Promoção 58
Promoção de vendas 149
Propaganda 154
Proporcionalidades 86
Proporções 176, 177, 204
Propriedade 48
Proteger o meio ambiente 231
Protótipo de uma máquina 168
Provas 132
Prováveis resultados negativos 202
Provisões 75, 107

Publicidade 150, 154, 197
Público externo 24, 25, 43, 72
Pulinhos do gato 28
Pulo do gato 27, 28

Q

Quadro equilibrado de indicadores 177, 195
Qualidade 50, 198
Qualidade de atividades 52
Qualidade de produtos 52
Qualidade dos produtos 145
Qualidade dos produtos e serviços 177
Qualitativos 174
Quantidade alunos-hora 117
Quantidade de pesquisador 117
Quantitativo 165
Quantitativos 174
Quebras, As 74
Quebras nos estoques 76
Queda nas vendas 141
Quimeras 51
Quocientes 176, 177

R

Racionalização 184, 207
Racionalização das saídas dos vendedores 197
Radical 203
Rastreabilidade 57
Rastreamento 57
Rastreamento direto 57
Rastros 194
Rateio 55, 86
Rateio dos custos 70
Rateios 57, 60, 64, 86
Razões 25
Razonetes 25
Realidades 47, 51

Reaparelhamento dos portos 217
Reaproveitamento 148
Recadastramentos inusitados 219
Receita de juros 115
Receita Federal 18
Recepção dos materiais e de mercadorias 188
Recurso comum 57
Recursos comuns 70
Recursos disponíveis 53
Recursos escassos 71, 170
Recursos gerais 83
Recursos indiretos 83
Recursos requisitados 189
Redistribuição de renda 219, 222
Redução de custos 22, 37, 74, 154, 157, 161, 170, 183, 184, 185, 186, 204, 225
Redução de despesas 203
Redução de estruturas 176, 203
Redução de *lead time* 161
Reduções da estrutura 203
Reduções de custos 71
Reduzir custos 183, 202
Reduzir despesas 183
Reduzir gastos 183
Reengenharia 176, 184, 203, 207
Reflexo 64
Reflexões 134
Reflexos 53
Reflexos de ações 26, 64, 169, 190
Reformulação 133
Refugos 74, 195
Regime de caixa 43
Regime de competência 43
Registro da operação 73
Registros 82
Regras 47
Regressão linear 174
Regulamentações 60, 187
Regulamentos 47
Relação custo/benefício 60, 64, 158, 183, 200

Relacionamento causal 57
Relatórios contábeis 89
Relatórios contábeis externos 108
Relatórios de custos-padrão 142
Relatórios estritamente gerenciais 108
Relatórios gerenciais 27, 59
Relatórios gerenciais de custos 29
Relevância 56, 85, 192, 202
Remoção de refugos 148
Rendimentos 119
Rendimentos de escala 157
Renúncia 68
Requisição de materiais 58
Requisições 202
Resistência 47
Responsabilidade ambiental 177
Responsabilidade diante dos funcionários 177
Responsabilidade gerenciais internas 42
Responsabilidade objetiva 58
Responsabilidade perante os fornecedores 177
Responsabilidade social 177
Restaurantes *fast-food* 156, 225
Resultado bruto do período 135
Resultados contábeis diferentes 119
Resultados desfavoráveis 203
Retorno perdido 115
Retrabalhos 195
Revolução 47
Risco zero 114
RKW 77
Robotização 52, 160

S

Sacrifício 68, 69
Sacrifício de um ativo 69
Saída de caixa 115
Saldo de caixa 134
Saquinhos de amendoim 56

Sedentarismo 134
Segmentos da distribuição 148
Segmentos da logística 154
Segmentos de distribuição 147, 154, 159
Segurança 154
Segurança industrial 213
Segurança particular 214
Segurança privada 215
Seguro dos equipamentos 148
Separação 85
Serviço 58
Serviço ao cliente 148
Serviço de assistência aos clientes 154
Serviços 77
Serviços de atendimento aos clientes 197
Serviços de consultoria 217
Serviços prestados aos clientes após a venda 151
Setor contábil 25
Setor de manutenção 148
Setor de produção 202
Setores das atividades-fim 203
Setores operacionais 81
Simplificações 69
Simplificar 168
Sinais 30, 131, 132, 138, 190, 194, 201
Sinais e sintomas 132
Sinais eficazes 132
Sinal 137
Sinal de alerta 138
Sinal de diagnóstico 138
Sinalizar problemas 132
Síndrome 201
Sinistro círculo vicioso 219
Sintoma 137
Sintomas 30, 131, 132, 134, 138, 190, 194, 201
Sintomatologia 30, 137
Sintomatologia na gestão de custos 137
Sistema aberto 141
Sistema circulatório 134

Sistema computadorizado 116
Sistema contábil disponível 40
Sistema das unidades do esforço de produção 27
Sistema de custos 133
Sistema de custos-padrão 177
Sistema de informações gerenciais 58
Sistema logístico 145
Sistema nervoso 134
Sistemas de contabilidade gerencial 37
Sistemas internos 141
Sistemas organizacionais 132
Sistemas tradicionais 70
Slogan "cinqüenta anos em cinco" 131
Sobras 84, 85
Sociedade perversa 211
Sofisma 227
Sofisticados 167
Soluções de longo prazo 54
Sósia 87
Spread bancário 212
Subjetivas 70
Subjetividade 76, 115
Subjetivismo 41, 42
Subprodutos 61, 71, 85, 86
Sunk cost 109
Sunk costs 95
Suporte de peças e de serviços 148
Suporte documental 41
Supply chain 154, 187
Suprimentos 148
Susep 18

T

Tableau de bord 142, 195
Tamanho de pedido 147
Taxa de absorção 118, 119
Taxa de retorno 106
Taxa interna de retorno de um investimento 106

Taxas de juros 212
Taxas de produtividade 119
Taxas de rateio 192
Técnica 165
Técnica JIT 156
Técnicas 172
Técnicas estatística 166, 173, 174
Técnicas quantitativas 175
Técnicos franceses 217
Tecnologia 224
Tecnologia da logística 175
Tecnologia de produção 62
Temas gerenciais 187
Tempestividade 73
Tempo 206
Tempo de consulta 160
Tempo de separação do pedido 160
Tempo desejado 145
Tempo para entrada do pedido 160
Tendão de Aquiles 55
Teoria comportamental dos custos 169
Teoria das funções sistemáticas 134
Teoria das probabilidades 173
Teoria das restrições 27
Teoria de balizamentos 140
Teoria formal de logística integrada 153
Teoria microeconômica tradicional 117
Terapêutica 137, 138, 140
Terceirização verdadeira 205
Terceirizar 205
Terceiro elemento do custo 149
Termos físicos 204
Termos monetários 204
Tesouro 18
Tino 90, 141
Títulos do governo federal 114
Tomada de decisão de preços 110
Tomada de decisões 117, 187
Tomada de decisões empresariais 114
Torre de Babel 45
Trabalho 68, 69

Trabalho de má qualidade 223
Tradição 47, 48
Tradicionais 48
Tráfego e transporte 148
Tragédia 216
Transporte 154
Transporte aéreo 157
Transporte aéreo noturno 157
Transporte de produtos 197
Transportes 146, 187
Tratamento dispensado aos clientes 217
Triunfo do *design* 194

U

UEP 77
Última e definitiva fronteira 169
Unidade de medida 54
Unidades de medida 117
Unidades de produtos 119
Unidades equivalentes de produção 89
Unidades físicas 141, 142
Unidades monetárias 25, 27, 141
Uniformizar 25
US (unidade de serviço) 83
Uso das informações de custo 81
Uso de telefones fixos e celulares 197
Uso desregrado dos recursos caros e escassos 139
Uso dos recursos 186
Uso dos veículos 197
Uso gerencial interno 43
Uso interno 150
Uso interno e gerencial 65
Usuais 167
Usuário 29
Usuário da informação 35
Usuários 53
Usuários das informações 28
Usuários das informações de custos 29
Usuários internos 19

Utilização normalizada 118
Utilização programada 118
Utopia 28, 67, 68

V

Valor 81
Valor de contribuição 177
Valor de mercado 87
Valor de recuperação 109
Valor dos estoques 89, 134
Valor econômico adicionado 177
Valor inestimável das vidas 214
Valor presente líquido 106
Valores de venda 85
Vantagem competitiva 22, 185
Variações nos custos de produção 141
Variáveis operacionais 169
Variável 150
Venda 150
Venda de sucatas e aparas 188
Vendas 154
Verdadeiras camisas-de-força 221
Verticalização total 154
Viagem do descobrimento, A 137
Viagens de vendedores 197
Vida no planeta 231
Violência sem controle 214
Visão econômica 116
Volume de produção 51, 52
Volume de vendas 141
Voracidade sem limite 193

Impresso na Rotaplan Gráfica e Editora LTDA
www.rotaplangrafica.com.br
Tel.: 21-2201-1444